NF文庫
ノンフィクション

昭和20年3月26日
米軍が最初に上陸した島

沖縄　阿嘉島の戦い

中村仁勇

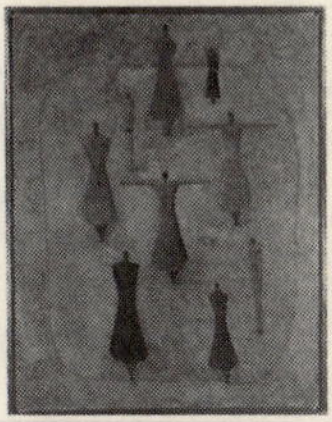

はじめに

一九四五（昭和二十）年三月二十六日午前八時過ぎ、米第七七歩兵師団第三〇五連隊第三大隊の約三〇〇人が阿嘉島の正面海岸に上陸した。以後三日間、日米双方の激しい戦闘が続いた。しかし、三月二十九日午前、米上陸軍は阿嘉島《あかじま》の日本軍や住民を島の山中に閉じ込めたまま、突如同島から撤収した。

その後、日本軍と住民は終戦の日まで、隣島の座間味《ざまみ》島の米軍守備隊と海峡を隔てて対峙した。この間日本軍も住民も、あらゆる不自由と飢餓という新たな闘いを強いられる。

この島での約五ヵ月間に起きたいろいろな出来事や日米両軍の戦闘については、これまで多くの阿嘉島駐屯の元日本兵が著書や手記を出版し、一方、住民も自らの体験を村史や県史などに載せている。これらの著作物により、阿嘉島の日米両軍の戦闘や住民の避難状況がおおむね明らかになった。

しかし、戦時中の阿嘉島で起きたいろいろな出来事を全て網羅することは困難で、戦記から欠落したことも多く、また新たな史実も判明した。本書は、私自身の戦争体験に加え、こうした戦記に洩れた米軍側の記録や、世間にあまりよく知られていない阿嘉島ならではの出来事などを追加・収録するために企画したものである。もちろん、既出の内容も一部含まれているが、それは私なりにまとめ直させてもらった。

具体的には、戦時中の阿嘉島で起きた出来事について、日米軍の記録、著作物、手記、日米の新聞・雑誌、聞き取り、それに少年義勇隊員の一人として直接阿嘉島の戦闘に参加した私自身の体験などをまとめてみた。

戦争体験は人それぞれ違う。また、当時起きた出来事の中には実際に体験した者でなければ理解できないことも多々ある。戦後六七年が過ぎた今、消え失せんとする記憶を呼び戻し、机上の資料にまなざしを集中しながら、ようやく本書の執筆を終えることができた。先達のこれまでの業績に加え、本書が阿嘉島戦記の欠落部分を少しでも補うことができれば満足である。書き残したこともまだ多くあるが、それは別の機会に譲りたい。

本書が平和の尊さを認識する上で、いささかなりとも世に貢献できれば幸いである。特に戦争を知らない若い世代の人たちが戦争の教訓を心に刻み、あらゆる分野で未来を開拓してほしい。

貴重な資料や情報を提供していただいた元戦隊の儀同保、深沢敬次郎、御簾納福三郎（故人）、柳本美量（故人）、野田義彦（故人）、阿嘉島の日米会談に関わったD・L・オズボーン（故人）、R・M・オダ（故人）、L・J・ホーナー（故人）、それに沖縄県公文書館の仲本和彦の各氏、そのほか写真の提供などいろいろとご協力いただいた多くの方々に衷心よりお礼申し上げたい。

なお、本書の推敲や英文資料の翻訳、研究・調査の一部を提供してくれた弟・仁政の労もねぎらいたい。

最後に、本書の上梓を心待ちにしながら、志半ばにして二年半前四七歳の若さで他界した息子の淳にこの書を捧げる。

二〇一二(平成二十四)年十二月

著者

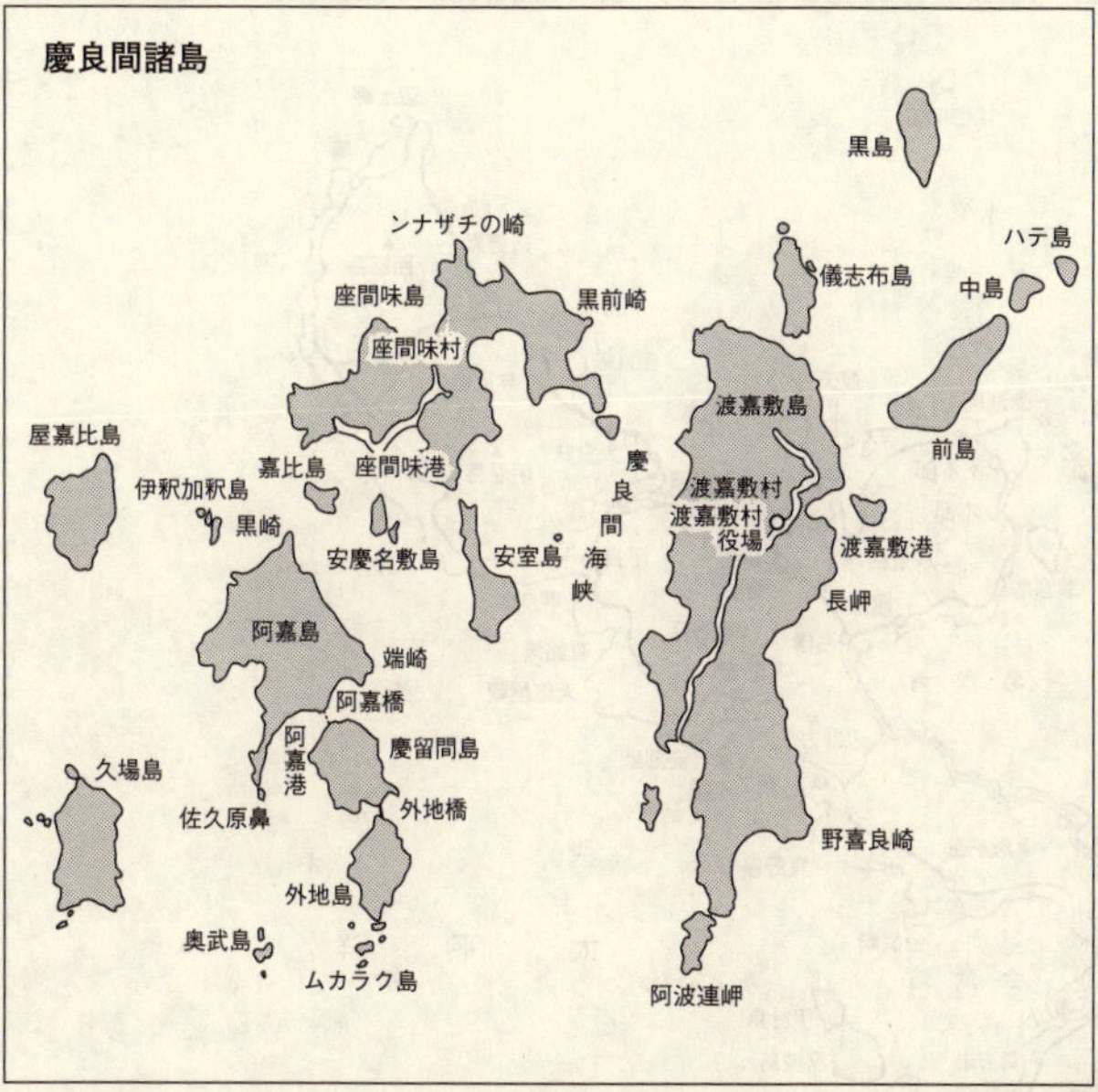
慶良間諸島
黒島
ンナザチの崎
儀志布島
ハテ島
中島
座間味島
黒前崎
座間味村
渡嘉敷島
前島
屋嘉比島
嘉比島
座間味港
慶良間海峡
渡嘉敷村
渡嘉敷村役場
伊釈加釈島
黒崎
安慶名敷島
安室島
渡嘉敷港
長岬
阿嘉島
端崎
阿嘉橋
阿嘉港
慶留間島
久場島
外地橋
佐久原鼻
野喜良崎
外地島
奥武島
ムカラク島
阿波連岬

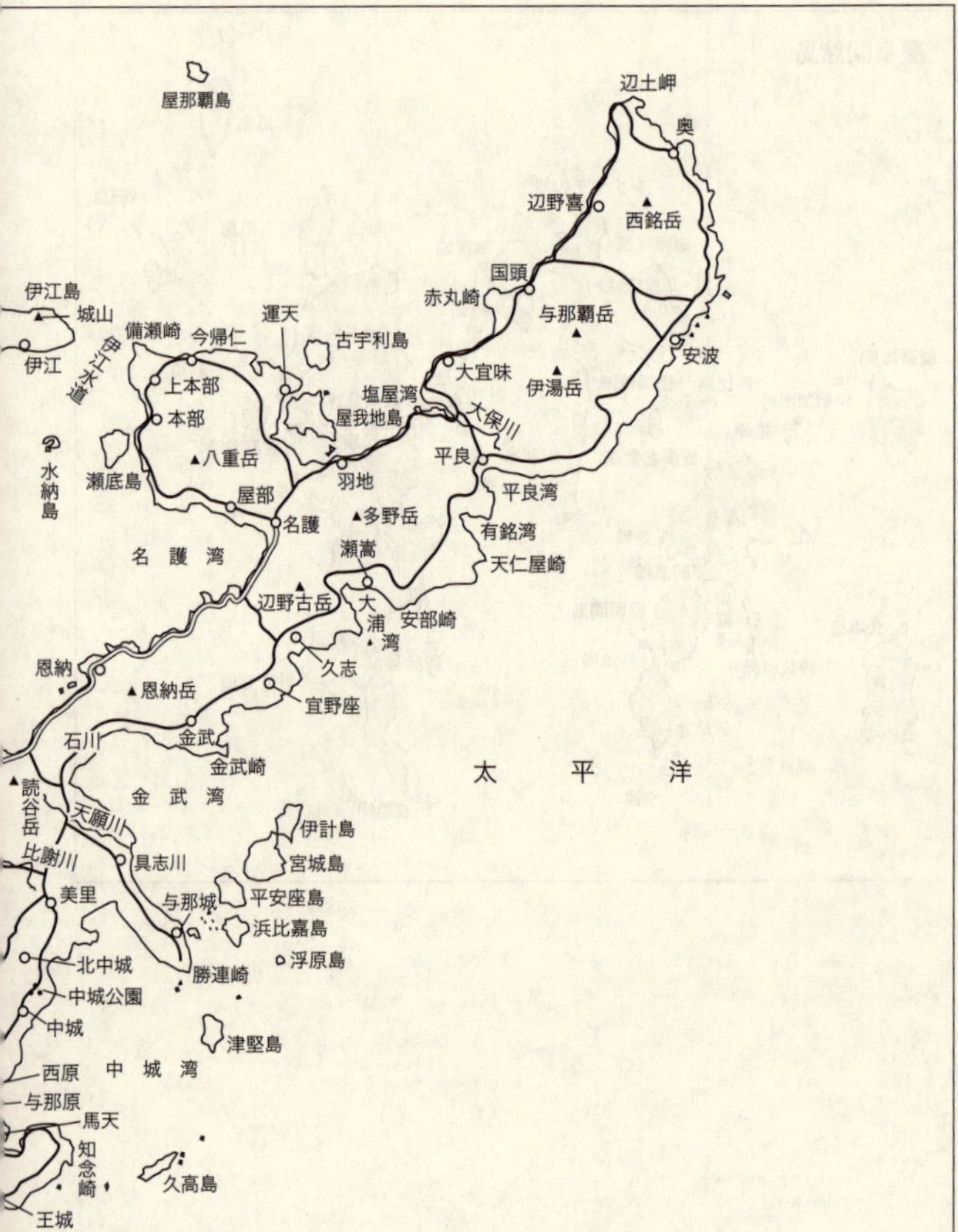

屋那覇島
辺土岬
奥
辺野喜
西銘岳
国頭
赤丸崎
与那覇岳
安波
伊江島
城山
伊江
伊江水道
備瀬崎
今帰仁
運天
古宇利島
大宜味
伊湯岳
上本部
本部
塩屋湾
屋我地島
大保川
水納島
八重岳
平良
瀬底島
羽地
平良湾
屋部
名護
多野岳
名護湾
有銘湾
瀬嵩
天仁屋崎
辺野古岳
大浦湾
安部崎
恩納
久志
恩納岳
宜野座
金武
石川
金武崎
太平洋
読谷岳
金武湾
天願川
伊計島
比謝川
具志川
宮城島
美里
与那城
平安座島
浜比嘉島
北中城
浮原島
勝連崎
中城公園
中城
津堅島
西原
中城湾
与那原
馬天
知念崎
久高島
王城
0
5
10km

東シナ海
粟国島
沖縄
残波岬
読谷
嘉手納
北谷
宜野湾
浦添
那覇
首里
波上宮
大嶺崎
南風平
豊見城
饒波川
東風平
与座岳
糸満
喜屋武崎
具志頭
慶伊瀬島
神山島
端島
中島
前島
ルカン礁
慶良間諸島
黒島
儀志布島
渡嘉敷島
野嘉良崎
慶良間海峡
座間味島
屋嘉比島
阿嘉島
久場島
慶留間島
外地島

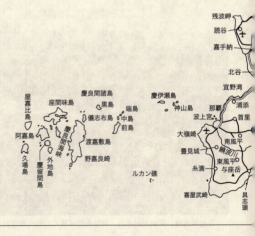

2007年9月、静かなたたずまいを見せる阿嘉島集落。正面の砂浜は1945年3月26日、沖縄戦において、米軍が最初に上陸した歴史的な場所である

慶良間内海。正面が阿嘉島、奥は座間味島、右端は慶留間島。1960年当時

戦前の阿嘉島集落。1945 年 3 月、米軍が撮影した（沖縄県公文書館所蔵）

昭和20年3月26日　米軍が最初に上陸した島——目次

第4章　米軍の慶良間諸島攻略作戦

第5章　米軍に肉迫する日本軍と「鬼畜米英」に脅える住民

第6章　住民の避難所生活始まる

昭和20年3月26日
米軍が最初に上陸した島

第1章　激化する戦局

戦時下の中学生活

県立一中に入学

一九四一（昭和十六）年十二月八日の日米開戦以来、一時優勢が伝えられていた日本軍は、開戦後約一年半過ぎた頃から、もっぱら守勢に転じ敗色が見え始めた。ミッドウェー海戦の完敗、ガダルカナル島撤退、山本五十六連合艦隊司令長官の戦死など、日本軍の劣勢は火を見るより明らかだった。しかし、大本営は、勝敗に関係なく、決まって「我が方の損害軽微なり」と発表し、日本軍の優勢を最後まで強調した。こうして、国民は、何も知らずに、戦争へ駆り出されていった。

私が沖縄県立第一中学校（以下、一中）に入学したのはちょうどその頃で、一九四三（昭和十八）年四月だった。同校を選んだ理由は、一中は国学の伝統を受け継ぐ名門校であると先輩らから薦められたからである。

入学式一週間前、私は入学手続きに必要な戸籍謄本を村役場で受け取り、母と二人で島を発った。しかし、学校で書類を提出したところ、私の名前が戸籍謄本と違うとのことで、入学手続きが保留となった。戸籍謄本をよく調べてみると、確かに私の名前が「仁勇」であるべきところを「仁男」と誤記されていた。

自分で勝手に訂正することはできず、結局、出身地の座間味村役場まで戻って訂正させる以外方法はなく、急遽島に戻ることにした。当時、村営の定期船は日帰りではなく、週二回で隔日運行であり、しかも片道約三時間も掛かった。やむを得ず、傭船《ようせん》することとなり、母に無駄な出費を強いる結果となった。母が怒っていたのを今でも思い出す。

当時は複写機などない時代で、書類は役場の担当職員が台帳からいちいち転記して作成したので、誤記がおこることも理解できるが、もっと慎重を期すべきだと思った。

このように、入学手続きの初っぱなからトラブルに直面し、離島出身であるが故の不便さを、いやが上にも痛感させられた。

入学式当日、私は母と二人で首里市営バスに乗り一中に向かった。当時は極度の石油不足で、バスも木炭を動力としていた時代である。馬力がなく首里の坂下を上がるのに精一杯で、速度は馬車並みだった。それはまだよい方で、満員の場合は完全にストップし、乗客が降りてバスを押すこともあった。

われわれが乗ったバスも、その日坂下の曲がり角の手前で完全にストップしてしまった。母と私はバスを降り、坂下を小走りで息も絶え絶え入学式場に向かった。

著者が入学した当時の
県立一中の校舎と校門

幸い、入学式は間に合った。式に参加した新入生は喜びと誇りで、皆、生き生きしていた。式場の講堂に掲げられた一中教育の大方針である尚温王《しょうおんおう》の「海邦養秀《かいほうようしゅう》」の扁額《へんがく》までもが、新入生を歓迎・激励しているかのように見えた。全県から入学した新入生は二五〇人で、全体が五組に等しく分けられた。

授業が始まる前に、新入生は真新しい教科書、国防色の制服、制帽、背嚢《はいのう》（従来の肩掛け鞄はその年から背嚢に替わる）がそれぞれ支給された。初めて着る制服の長ズボンはすねを脚絆《きゃはん》（細長い布）でしっかりと巻き付け、制帽には金色の徽章と、横一本の白線（布製の細テープ）を「戦闘帽」の周りに縫いつけた。これで、通学の準備は一応整った。

通学は、校則で健常者のバスの使用が禁止されていたので、徒歩で下宿から通うことになった。学校まで約四〇分の道のりだった。

登校や下校時は、上級生と出会うことが

牧志生徒会（向かって自転車の右隣が著者）。1943年7月

多かったが、そのつど、停止間敬礼（立ち止まって挙手の礼をすること）をさせられた。いちいち歩行を中断するのは面倒くさかったが、中学生になったという誇りも手伝って、あまり苦にならなかった。

下宿は姉（当時女子師範在学中）の知人の紹介で、那覇の牧志《まきし》町に決まった。幸い下宿先の家族に一中の先輩がおり非常に心強かった。また、牧志には生徒会（一中の歴史教諭の高良忠一先生が顧問）もあり、私を含めて牧志在住の中学生約三〇人が同会に所属していた。生徒会を通して多くの友人もでき、また先輩らには新学科の学習方法なども指導してもらった。

いよいよ授業が始まった。まず、担任教師の個性豊かな自己紹介が非常に印象的だった。これからの授業が楽しみでわくわくした。生徒同士の自己紹介や、郷里のよもやま話にも花が咲いた。このような交流を通して、次第に友人も増え、学園生活は楽しくなった。

物不足と厳しい学習環境

ところで、戦時下の物不足にはさすがに参った。国は「欲しがりません、勝つまでは」を宣伝文句に、一般消費物資や日用品を統制した。特に日用品の石けん、タオルなどが欠乏していた。幸い、私の場合は、母が離島で小さな商店を営んでいたので、あまり不自由しなかった。

学習環境も非常に厳しかった。特に、夜間の自宅学習が大変だった。電気の灯りが非常に暗い上、時節柄「灯火管制」[1]が敷かれ、電灯は外部に灯りが漏れないようジャバラの覆いが掛けられ、灯りは真下だけしか照らさなかった。それに消灯が午後十時ときた。また、停電も頻繁で、腰を据えて勉強できる状況ではなかった。

石油はいわゆる統制品で、当時一般には売られていなかった。学校で一度だけ石油の配給があったが、一人当たり、たったの一合でがっかりした。時々、下宿のおばさんにお願いして牛脂を入手し、それを皿に入れ、布切れを芯にしてランプ代わりに使用した。しかし、煤煙がひどいのには閉口した。

学期末試験のときは、昼夜送電を受けている先輩の家にお邪魔して、五、六人一緒に徹夜させてもらうこともあった。

石油といえば、当時、私の伯父が某会社の運搬船の船長をしており、事情を話したところ、入港時に船に来るよう言われた。約束の日に、先輩の佐久川嘉道さんと二人で自転車で那覇港へ向かった。石油瓶を佐久川先輩の自転車のハンドルにぶら下げ、それをレインコートでおおい隠した。予定通り伯父の船は入港（那覇港）しており、さっそく貴重な石油をちょうだいした。これで試験期間中の灯油は確保できてほっとした。

ところが、帰り際四〇〜五〇メートルほど岸壁から離れた所で警官のベルが鳴った。途端、しまったと思った。しかし、幸いにも警官は自転車の二人乗りを注意しただけで、大事な物には全く気づいていなかった。二人とも顔を見合わせてほっとするや、帰宅を急いだ。

学用品も欠乏し、学習用の用紙は半年に一度、市内の書籍会社で配給があるだけだった。しかも、それは質の悪いざら紙で、最高五〇枚までしか購入できなかった。漢字や英単語の書き取り練習には真っ黒になるまで使い、後は古雑誌などで代用した。

衣類は全面的に切符制になっていた。制服は入学時に購入した一着だけで、購入しようにも物がない。代替の制服はまたと入手できなかった。雨に濡れたときは、濡れた服はその日の晩で薪をたいて乾燥させた。着替えに困り、やむを得ず柔道着のズボンをはいて登校する生徒もいた。私は苦肉の策として、入学時に着ていた霜降り服[2]の半ズボンに布切れを継ぎ足して、その上から脚絆を巻いて間に合わせた。このように、時節柄、全てが我慢ずくめだった。

1、電灯の光などが外に漏れないように規制すること。
2、霜が降りたような白く細かい模様の入った生地で仕立てた服。

東条首相の来島

アッツ島の日本軍守備隊二五〇〇人が玉砕して約二ヵ月後の一九四三年七月、南方視察を終えた東条英機首相がマニラからの帰途、沖縄の戦時態勢視察のため、随員一〇人を従えて来島した。

日本の首相の来島は、当時の報道によれば、一八八七（明治二十）年の伊藤博文以来二度目だった。首相といえば、当時は天皇に次ぐ神様のような存在で、沿道は学校の児童・生徒や、近隣から動員された大勢の市民らが東条首相を迎えた。

首相が牧志の通りを経て首里へ行くことは事前に知らされていたため、県道（現在の国際通り〈むつみ橋と祭温橋《さいおんばし》の中間辺り〉）沿いにも、児童・生徒や隣近所のおばさんら二〇〜三〇人が、首相が来るのを首を長くして待っていた。当日、午前中の試験（期末試験だったと記憶）を終えて牧志の下宿先に戻っていた私も、沿道の人垣に加わることにした。

間もなく先導車のサイドカーが通過した。続いて首相の乗ったオープンカーが目の前を通過した。そのとき沿道の人が一斉に手を振った。私は制服・制帽だったので、ひとり挙手の礼をした。

これほど間近に首相を見るのはめったにないことで、若干緊張した。

首里城訪問後、首相一行は、波之上護国寺の向かいにあった沖縄で唯一近代設備を備えた「沖縄ホテル」で旅装を解いた。

その晩、辻町の料亭では、首相一行を歓迎するため、大宴会が催されたという。首相随員の佐藤中将や、外務次官、参謀ら十数人は、特高（特別高等警察の略。戦前左・右翼を取り締まるために設けられていた政治警察）課長の案内で同歓迎会に臨んだ。しかし、首相は自分の部屋から一歩も外に出ず、窓から夕暮れにかすむ慶良間諸島を遠望した後、早々と床に就いたとのことである。

想像するに、首相は、次はこの沖縄かと、対米戦略などを頭の中で練っていたのかも知れない。

全校挙げて大舛大尉を讃える

一九四三（昭和十八）年十月七日午後、一中の運動場は全校生徒で埋まった。間もなく、藤野憲夫校長は大勢の生徒と教官を前にして訓辞を述べた。校長によると、母校の先輩で陸軍士官学校（以下、陸士）出身の大舛松市中尉（沖縄県与那国《よなぐに》島出身）がガダルカナル島の戦闘で戦死し、「個人感状」を授与されたとのことだった。

当時、「個人感状」は戦死した軍人でその功績が特に顕著で、しかも天皇陛下の耳に達した者に贈られる軍人最高の栄誉であった。「大舛大尉に続け！」を合言葉に、一中は全校をあげて母校の先輩の栄誉を讃えた。

新聞、ラジオも「大舛大尉の武勲天聴に達せり」と最大級の賛辞を送った。全校生徒には大舛大尉の写真が配られ、校長室隣の会議室内に設けられた展示コーナーには、同大尉の遺品が展示された。

十一月には大舛大尉偉勲顕彰県民大会が、那覇市の奥武山競技場で盛大に行なわれ、また、同大尉の伝記「大舛大尉伝」も『沖縄新報』に連載された。那覇国民劇場では大尉の戦闘の様子を演じた演劇の団体見学もあった。

このように、大舛大尉の「個人感状」授与は母校一中だけでなく、全県民の誇りとして、大々的に、鳴り物入りで宣伝された。

その背景には、県民の戦意高揚と戦力の増強があった。すなわち、「大舛大尉に続け」は、母校の後輩だけでなく、多くの若者を戦争に駆り出す格好の宣伝道具として利用されたのだ。事実、国は軍事力の増強を図るため、陸士や海軍兵学校（海兵）、特別幹部候補生（特幹）、飛行予科練習生（予科練）などの新制度を通して、学業半ばの中学生まで戦場に駆り出そうと画策した。

陣地構築に駆り出される

一九四四（昭和十九）年二月十七日、十八日の二日間にわたり、米軍はトラック島（現ミクロネシア・チューク島）を空襲した。この空襲で、日本軍は、艦船や航空機に大きな損害を受けた。この攻撃は、日本軍側の予想よりも時期的に早かったため、特に大本営の衝撃は大きかったようだ。

これを受けて、同年三月二十二日、大本営は南西諸島方面の守備を固める目的で沖縄に第三十二軍（沖縄守備軍）を創設した。

以来、島全体はにわかに騒々しくなった。県道はこれまでの木炭バスや馬車に加え、軽快な金属性のエンジン音を発する速度の早い軍用トラックが、幹線道路を激しく往来するようになった。また、一中の校舎の一部も軍が使用し、生徒も出征兵士留守宅の奉仕作業や陣地構築のために動員された。しかし、まだ、学校の授業や学期末試験などに支障を来すほどではなかった。

ところで、日々戦況は悪化し、七月に入って、サイパン島の日本軍守備隊三万人の玉砕が伝えられ、米軍の沖縄進攻も取り沙汰されるようになると、もはや、授業どころの話ではなくなった。

われわれ中学生は、間もなく、連日、陣地構築に駆り出された。作業現場は那覇、南部から中部の読谷《よみたん》にまでまたがっていた。

北飛行場（読谷村）建設のときは、泊まり込みで作業した。宿泊は、読谷山国民学校の教室を使用させてもらった。そこへは、軽便鉄道で北の終点の嘉手納《かでな》駅まで行き、そこから徒歩で作業現場へ向かった。作業は芝植えが主だった。

しかし、食事のまずさには皆閉口した。何日も、芋が半分ほど入った混ぜご飯と具がほとんど入っていない味噌汁だけだった。

早朝、馬に乗った将校が作業現場に来て「ここに『不沈母艦』を造る。完成を急ぐよう全力を尽くせ」と訓示した。これがわれわれに対する初対面の挨拶だった。

北飛行場のほかに、那覇近郊では小禄飛行場やガザンビラ（現那覇市鏡原《きょうはら》）高射砲陣地の整地作業などに動員された。

南部の大里村《おおざと》では、自然の岩山を掘削して重砲陣地を築いた。作業はダイナマイトを使用したので非常に危険だった。爆風で散乱した岩石で重傷を負った兵士もいた。私たちの作業は砕いた岩石を敷きならすことだったが、決して安全ではなかった。

与那原《よなばる》では、集落の東側の丘に壕を掘る作業が比較的長く続いた。掘り出した土をトロッコに積み込み、レールの上を二人で操作しながら、北側の海岸まで運んで、そこに投棄した。何のための壕なのか、全く知らされなかった。戦後何年か経って初めて、そこが海上挺進第二十七戦隊（暁第一九七六六部隊）の特攻艇秘匿壕だったことが分かった。後ほど詳しく説明するが、同様な部隊は、慶良間《けらま》諸島を含む南西諸島の各地に、合計八個戦隊配備されていた。

1、戦時または事変に際して、天皇を軍事統帥面で補佐するためにできた作戦指導機関であり、国民への情報伝達の公的な窓口でもあった。（三国一朗著『戦中用語集』岩波新書、一九八五年）

米艦載機による初めての空襲（10・10空襲）と帰省

下宿を焼けだされる

一九四四（昭和十九）年十月十日、その日は与那原で作業の予定があり、朝早く那覇駅（現那覇バスターミナル）へ向かった。県庁の前を通って、武徳殿《ぶとく》（現県庁舎隣にあった）横に差しかかった時は、午前七時頃だった。

その時、突然機関砲や高射砲の発射音が聞こえ、同時に上空ではドカン、ドカン、と爆発音がした。「何だろう、演習かな……」と不審に思いながらも、駅へ向かって歩き続けた。道行く人も爆発音のする方向をけげんな目で見上げていた。空には高射砲弾が炸裂した後の黒い煙の塊が数個浮かび、その数はみるみる増えていく。

一方、雲間には銀色に輝く小型機の群れが編隊を組んで飛んでいる。まもなく、そのなかの一群が小禄《おろく》飛行場に急降下し始めた。続いて爆弾の破裂音が連続して響いた。その時、ようやく那覇市役所のサイレンが鳴りだした。

敵機来襲だ。道行く人は初めての空襲に気が動転した。私は時を移さず、通りがかりの人と共に武徳殿の建物の床下に避難しようとした。しかし、その試みは失敗した。仕方なく、先を走って行く人たちの後を追うことにした。行き着いたところは、県庁構内の那覇警察署に隣接する防空壕だった。この壕は屋根に丸太ん棒を渡して、その上に厚さ二〇～三〇センチほどの土を盛った奥行き約二メートル、横幅約二〇メートルほどの、土手を利用して造った簡易防空壕だった。急いでそこへ入り込み、しばらく身を潜めた。壕内にはすでに二〇～三〇人ほどの人が身を寄せていた。

米艦載機[1]は主に小禄飛行場や近くの那覇港に停泊中の艦船、港外で逃げまどう船舶などに、銃爆撃を繰り返しているようである。壕に入ってきた軍属らしい人の話によると、日本軍は丸山号百貨店（当時、那覇市東町の大門前《ウフジョウメー》通りにあり、大きさは民間の建物としては沖縄一）の屋上や、ガザンビラ、天久《あめく》の陣地などから、機関砲と高射砲で応戦しているとのことだった。爆弾の破裂音や機銃掃射の音は次第に激しくなる。

しかし、正午を少々過ぎた頃、突然銃爆撃音が途絶え、辺りが静かになった。壕から出て外を見ると、那覇港や小禄飛行場は黒煙に包まれているが、ついさっきまで暴れまわっていた艦載機の姿はどこにも見あたらない。誰かが「敵もお昼で帰ったんだ」と冗談交じりに口を開いた。これを契機に、潜んでいた人たちは、いっせいに壕を飛び出し、どこへとなく走り去った。

私も駅に行くことをあきらめ、牧志の下宿先（牧志二丁目＝現在の三越百貨店から国際通りを一〇〇メートルほど東へ行ったところを、左へ一五メートルほど中に入る）に戻ることにした。その頃、牧志一帯はまだ空襲を受けていなかった。

下宿に戻ると、間もなく、一緒に下宿していた垣花武一君（旧開南中学校一年在学中）が学校から急いで帰ってきた。続いて、近くに下宿していた金城幸善君（県立第二中学校二年在学中）もやって来た。三人はお互いの安否を気遣い、急遽寄り集まったのだが、お互いの無事を確認して安堵した。三人は同郷で、小学校の同級生でもある。突然の空襲は三人にとっても大きなショックだった。そこに、一中の先輩である佐久川嘉道さんも心配して訪ねて来てくれた。

そうこうするうちに、市街地への空襲が始まった。下宿の向かいの小高い丘に上って、付近の様子を見ていると、突然希望ヶ丘南端の壺屋入口付近にあった製瓦工場が直撃弾を受け一瞬にして破壊された。この爆撃で、近くの壕に避難していた兵士と住民合わせて十数人が死傷した。われわれ四人も爆風でよろめき、急いで下宿先の防空壕に逃げ帰った。下宿先の庭に掘った壕は一九四四（昭和十九）年の初め、軍の指示と県の指導で、防火用水の施設とともに屋敷内の一角に丸太を組み合わせて作った大人五、六人が避難可能な簡易防空壕だった。

午後三時過ぎ頃だったと記憶している。牧志一帯の空襲が激しくなった。耳をつんざくような機銃掃射の後、地面をたたきつけるような音がして何かが庭先に落下した。短い円筒形をした物体は玄関先でシュー、シューという音を立てながら、筒の先からオレンジ色の炎を勢いよく噴射していた。壕に一緒に避難していた隣の家の上江洲さんが「おい、焼夷弾だ！消そうか」と大声を張りあげた。しかし、艦載機による執拗な機銃掃射のため、壕の外に出ることができず消火するのをあきらめた。

危険を感じた三人は、壕から飛び出し、牧志ウガンの松林の中に逃げ込み、松の大木の根っこにしゃがみ込んだ。

しばらくすると、牧志一帯の爆撃が止んだ。あたりを見渡すと周辺の木造家屋が、あちらこちらで燃えている。三人はその場を離れ、安里川を横切る鉄道（現在のひめゆり通り）沿いに与儀方面に避難することにした。

途中、空腹のあまり線路沿いのサトウキビ畑からキビ二、三本を失敬し、壺屋入口の井戸端で皮をむいて甘い汁を吸った。三人は顔を見合わせながら互いの無事を確かめ合い、しばらくその場でくつろぐことにした。

その時、突然「爆弾」が落ちた。「そこを汚してはいかん！」男の怒鳴り声である。びっくりして顔を上げると目の前に一人の男が立っていた。この人物は三人が井戸端に放置したキビ滓のことで怒っているようだった。

われわれは非を認めて一応わびを入れておいた。確かにわれわれの行為は大いに非難されるべきだ。しかし、三人は生死をさまよったあげく、やっとそこにたどり着いたばかりである。しかも空襲はまだ終わっていない。それからどうなるかも全く見当がつかない。公衆道徳の魂みたいな、この壺屋の知名士らしい御仁の言動は、実に情けなく思った。これは空襲避難中の余話である。

午後四時ごろになると市街地の爆撃は止み、空には、もはや機影も見あたらない。空襲が終わったようだった。

銃爆撃の恐怖から解放されると、三人は、下宿先のことが気になり、急いで牧志に戻ることにした。途中、目を四方に転じると、多くの建物から黒煙が立ちのぼっていた。心配していたとおり、下宿も完全に焼失し見る影もなかった。宿はもちろん、所持品一切を失った武一君と私は、一時途方に暮れた。

幸い、幸善君の下宿は火災を免れていたので、二人とも、とりあえずそこに居候させてもらうことにした。

これが私の初めての戦争体験である。

この日の空襲で沖縄本島のほか、南西諸島の主要な島々（奄美大島・徳之島・宮古島・石垣島・大東島）及び周辺離島が米艦載機の銃爆撃を受けた。

10・10空襲はもともと米軍のフィリピン侵攻作戦の一環として実施されたもので、同作戦を阻害する南西諸島の日本軍の軍事拠点が真っ先に狙われたようだ。同空襲に参加した米軍は、ハルゼー提督（Admiral William F. Halsey）が率いる米第三艦隊第三八高速空母機動部隊（航空母艦九隻、戦艦六隻など約一〇〇隻で編成）だった。

当日の空襲は第一次から第五次までの五回で、最小一〇分から最大一時間半の間隔で行なわれ、午前六時四十分から午後三時四十五分まで続いた。沖縄本島では第一次と第二次の爆撃が飛行場と艦船、第三次が港湾施設、第四、五次が那覇の市街地だった。十二時半までに軍事施設や艦船の攻撃を終えた米艦載機は、午後は集中して那覇の市街地を無差別攻撃し、市内の建物の約九〇パーセントを破壊し、市民に多くの死傷者が出た。

来襲した機数は南西諸島全体で延べ約一四〇〇機（うち沖縄本島は約九〇〇）に上った。

県全体の住民の死者は三三〇人（そのうち那覇市二五五）、負傷者四五五人（同三五八）。家屋の全焼一万一四五一件（同一万一〇一〇）。日本軍戦死者は二一八人（第三十二軍一三六、海軍八二）、戦傷者は二四三人（第三十二軍二二七、海軍一六）に上った。艦船の損害（沈没・炎上）は二一六隻（陸軍七〇、海軍五八、民間八八）だった。ほかに、軍需物資、航空機二九機が破壊された。[2]

1、艦載機（米軍の艦上戦闘機のことを当時はそう呼んだ）の「カーチス」と「グラマン」の両機種が同空襲に投入された。

2、防衛庁防衛研修所戦史室（戦史叢書）『沖縄方面陸軍作戦』朝雲新聞社、昭和四十三年一月一日。

通信要員としての訓練始まる

ところで、10・10空襲から二週間ほど経って登校してみると、学校の校舎には大きな被害はなかった。しかし、生徒一人（二年四組）が空爆の犠牲になった。空襲前に本土へ疎開した者や本島北部に避難した者もいて、その日の登校者数は一〇〇人足らずだったように記憶している。その後、日が経つにつれその数は多少増えたが、はじめての空襲に皆動揺していた。

十一月に入って、私たち二年生は、軍の指導の下、通信要員としての訓練を受けることになった。

米軍の沖縄進攻を必至とみた軍は、訓練後は、軍の組織にわれわれを編入し、補助戦力として戦場に投入する方針のようだった。そのことを承知のうえ、皆も国のためにと、日々訓練に励んだ。訓練の実施に伴い、陣地構築などの肉体労働からは解放された。

訓練教官は通信部隊（電信第三十六連隊）の将校や下士官で構成され、授業は学校の剣道場で行なわれた。最初はモールス信号の符号をいろはの順で覚えることから始まった。例えば、イはイトー（・—）、ロはロジョーホコー（・—・—）、ハはハーモニカ（—・・・）など、いちいち暗記した。

続いての訓練は、通信機の操作法だった。これに慣れるにも苦労した。例えば、電鍵（キー）は、指先で叩くのではなく、指先を軽く器機に置き、手首を上下させて打つよう指導されたが、上手に手首が動かなかった。

送受信の基礎的な訓練が一応終わると、モールス符号の正確さを期すことと送信時の電鍵操作などの訓練が、引き続き毎日行なわれた。

例年なら十二月にもなれば待望の冬休みがあり、帰省が大変楽しみだったが、今年はとてもそんな状況ではない。休みは取れないかもしれないとの噂も流れていた。

しかし、空襲以来家族とも会っていないので、休暇を貰い一時帰省することに決めた。村の定期船が空襲で沈没したため、残された交通機関は木造軍用連絡船一隻だけであった。民間人の利用は厳しく制限されていたが、無理にお願いして帰省することができた。

・「友軍機」阿嘉島を機銃掃射

10・10空襲は離島の慶良間諸島にまで及んだ。私の故郷・阿嘉島でも、当日米艦載機による空襲の洗礼を受けた。当時私の家族は母、姉、弟が島に住んでいたが、幸い皆無事だった。以下、家族の話を基に阿嘉島の空襲の概況をまとめてみた。

当日午前九時頃、見なれない外形をした四機編隊の飛行機が、島の上空を北西から南東の方向に飛び去った。その直後、西方から低空飛行で飛来した一群がいきなり集落に機関銃掃射を浴びせた。突然の銃撃にびっくりした住民は右往左往した。しかし、多くの住民は友軍機（日本軍機のことを当時はそう呼んだ）の演習だろうと思い、避難しようとはしなかった。最も頼りにしていた日本軍でさえ、「友軍機の演習だろう」と取り合ってくれなかった。だが、住民の間に負傷者が出たことで、住民も日本軍もやっと空襲に気づき避難し始めた。

それにしても、初回の機銃掃射後、米艦載機は集落や構築中の日本軍の基地には目もくれず、もっぱら船舶に攻撃の目標を定めているようだった。幸い、当日、阿嘉島の港や湾内には一隻の船舶も停泊しておらず、したがって船舶の損害はなかった。

午前の機銃掃射による被害は軍民合わせて負傷者二人（住民）だけだった。機銃掃射で足に重傷を負った男性は、屋敷内で豚をつぶしていたところを被弾した。阿嘉島に対するその日の攻撃はこれが最初で最後だった。

私の家族三人は、庭先から二〇～三〇メールほど離れた桑畑の中に造っていた簡易防空壕（砂地に穴を掘り、壁は板で補強し、屋根は丸太を敷き詰めてその上に砂を被せただけ）に終日避難し何事もなかった。

集落への攻撃は午前の一回限りだったが、島の上を高度を比較的低く保ちながら沖縄本島と洋上の母艦を往復する艦載機の爆音は、第五波の攻撃が終わる午後四時ごろまで断続的に続いた。この爆音の震動で、避難していた壕の天井から砂が雨のように頭上に降り注いだ。

わが家と同じように、住民のほとんどが庭先の簡易防空壕や集落に隣接する山手の壕に避難して無事だった。

なお、日本軍に徴用されていた阿嘉島のカツオ漁船が、那覇港沖で撃沈され、乗組員に死傷者がでたとの悲報が、後日もたらされた。

カツオ漁船盛興丸の悲劇

戦前、阿嘉島の住民の多くは半農半漁で生計を立てていた。なかでも、漁業、すなわちカツオ漁業は現金収入を保証する島唯一の重要な産業であった。ところが、戦局が悪化するなかで、一九四四年九月、島で操業していたカツオ漁船盛興《せいこう》丸は日本軍（球部隊）に徴用され、村のカツオ節加工場は閉鎖をよぎなくされた。その後、同船は操業の拠点を那覇港に移し、漁獲はすべて日本軍に納めた。乗組員は船長を含め二三人で、全員が阿嘉島出身者だった。

沖縄本島に移動して間もない十月十日午前六時頃、盛興丸はいつものように糸満沖で餌を船内の生けすに移しかえ、沖の漁場に向かう準備をしていた。ちょうどその時、読谷方面から飛来した飛行機の一群が低空飛行で盛興丸に接近し、いきなり機関銃掃射を浴びせた。空襲に気づいた船長は直ちに操業を打ち切り、同船を那覇港に向け全速力で移動した。しかし、避難するつもりだった那覇港もすでに艦載機の銃爆撃に遭い、接岸できる状態ではなかった。そこで、急遽避難先を母港の阿嘉島に変更し、船を反転させエンジンを全開した。

これが災いの元となった。米艦載機は日本軍の飛行場や港湾施設、それに艦船を徹底して狙っていたのである。阿嘉島へ向かう那覇港沖の盛興丸に対し米機は執拗に銃爆撃をくり返した。

まもなく、同船は機関室に被弾し火災を起こした。船倉の入り口や甲板にはすでに息絶えた船員や、両足を負傷して動けなくなった船員らが横たわり、船中がパニックに陥った。それでも、動ける者は懸命に負傷者を船内から救出し、船倉の蓋などの上に乗せて燃えさかる船から遠ざけて避難させた。生き残った者（その中には重軽傷もいた）は、その後海中に飛び込み、陸に向かって泳いだ。

当時盛興丸の機関士だった与那嶺正太郎さんは、足に重傷を負いながらも海中に飛び込み、かろうじて一命を取り止めた一人である。与那嶺さんはその時の様子を次のように語ってくれた。

機関室で機銃掃射を受け、右足に重傷を負った。しかし被弾した瞬間は痛みもあまり感じなかったので、傷のことはさして気にしていなかった。ところが、機関室から脱出する際、右足の自由がきかないことに気づき、初めて重傷であることに気づいた。

機関室内の火災はみるみるうちに船全体に広がり、一刻も早く船を脱出しなければならない。無我夢中でほかの乗組員と共に海中に飛び込んだ。だが、自由の利かない右足のため、いくら焦っても体をうまく前に泳ぎ進めることができず、とうとう海中に一人取り残されてしまった。

その時、幸運にも、空襲の合間をぬって救助活動をしていた日本海軍の救助艇が、与那嶺さんに猛スピードで近づいて来た。「助かった！」と与那嶺さんは思わず叫んだ。救助艇は与那嶺さんを甲板に引き上げると、全速力で那覇港へ向け引っ返した。艇には、与那嶺さんのほかに両足に重傷を負った盛興丸の同僚船員の国吉次郎さんがすでに救助され甲板に横たわっていた。二人は傷の痛みに堪えながらも生還を喜び、互いに励まし合った。

まもなく、救助艇は那覇港南岸の旧水産学校近くに接岸した。だが、接岸するやいなや、第二次の空襲が始まり、港も再び艦載機の銃爆撃の目標になった。あわてた救助艇の乗員は、与那嶺さんら負傷者を船の甲板に放置したまま、下船してしまった。置き去りになった与那嶺さんら歩けない者は、甲板の上で艦載機の銃爆撃にさらされたのだ。

しかし、与那嶺さんは、決して諦めなかった。銃爆撃の最中、最後の力を振り絞ると、甲板上を同一方向にくるくると寝返りを打つように船縁まで転がり、海中に逃れた。幸い、すぐ近くに岸壁からロープが垂れ下がっている箇所があった。空爆の合間を見はからい、死力を尽くしてそのロープをたぐり岸壁をよじ登った。その後、地べたを這い、散乱する障害物を一つ一つかき分けながら波止場を抜け出し、やっと、近くの岩山の小さな壕に避難することができた。

一息つくと、救助艇の甲板に残してきた同僚のことが心配になった。自分一人だけ脱出してきたことを、後ろめたく思って悩んだ。助けようにもどうにもならないときだってあるのだ、と自ら言い聞かしたものの、同僚として非常に残念でならなかった。今もって国吉さんの消息は不明である。

しばらくすると壕の外で声がして、数人の兵士が与那嶺さんが避難している壕に入ってきた。事情を知った彼らは、直ちに与那嶺さんを近くに放置されていた戸板の上に横たえ、市内の陸軍病院（現在の城岳小学校）へ向かった。幸い途中病院車と遭遇し、それに乗り換え無事病院に収容された。

しかし、安心したのもつかの間、そこも空爆の危険があるということで、南風原《はえばる》の陸軍野戦病院に移送されることになった。ところが、軍も負傷者搬送用の車両が不足していて、移動は民間の荷車を使用することになった。途中、悪路が続き負傷した足に激痛が走った。そこで、付添いの看護婦に頼み込んで、皮だけでつながっていた右足を、膝下からメスで切り離してもらった。痛みは少しは和らいだ。間もなく目的地の南風原の病院に到着し、治療が始まる。

以上が、撃沈された盛興丸から救助された与那嶺さんの話のあらましである。

その日の空襲では乗組員の仲村三郎さんと仲村蒲さんが銃撃で船内で死亡し、前述したとおり国吉さんは救助後、垣花《かきのはな》海岸で行方不明となった。負傷者は与那嶺さんの他に仲村太郎、垣花松介、上原長吉さんらがいたが、仲村さんは自力で陸に泳ぎついた後、南風原の病院に十二月まで入院した。ほかの二人は軽傷だった。そのほかの乗組員は命からがら陸に泳ぎ着き、一命を取り止めた。

なお、与那嶺さんは軍医の計らいで神奈川県相模原病院に移送され、義足で歩けるまでに傷は治り、終戦後、故郷の阿嘉島に戻った。

10・10空襲による盛興丸の悲劇は、島の住民にも大きな衝撃を与えた。

阿嘉島で別れた与那嶺武雄・太郎兄弟

冬休みで帰省していた私は、日ごと悪化する戦局に懸念を抱き、那覇に戻るか、それとも島に残るか決断しかねていた。そんななか、島出身中学生のリーダー格だった沖縄師範学校本科二年在籍中の与那嶺武雄氏から、一緒に那覇に戻るよう強く勧められた。しかし、決心がつかず苦しんだ。

忘れもしない、一九四五年一月五日の早朝、与那嶺兄弟（弟の太郎は同じく沖縄師範学校予科一年在籍中）が母親を伴ってわざわざ私の家を訪ね、那覇行きの船に一緒に乗るよう誘った。しかし、与那嶺親子と玄関で応対した私の母は、準備不足を口実に（実は母としては私を那覇に戻したくなかったのだ）せっかくの誘いを無情にも断わった。しかたなく、与那嶺兄弟は二人だけで軍用連絡船に乗り、本島に戻った。これが彼らとの最後の別れになった。

同年三月三十一日、米軍が沖縄本島に上陸する前日、武雄氏は鉄血勤皇隊員、太郎は第二野戦築城隊にそれぞれ配属され戦闘に参加するが、両人とも本島南部で戦死した。以下、私が得た情報などを基に与那嶺兄弟の最期の様子を追ってみることにする。

武雄先輩の消息については、戦後沖縄本島から生還した基地隊の西尾（戦後大地に改姓）

敏郎氏（基地隊本体が阿嘉島駐屯中は班長として全部隊の炊事を統括した）の証言があるので紹介しておく。

戦闘の最中、本島南部（知念半島と思われる）で彼が西尾氏ら日本兵数人が潜んでいた壕に、たまたま一人で入ってきた。彼は阿嘉島出身で沖縄師範学校生だと名乗り、阿嘉島玉砕を報じた新聞記事らしきものを西尾氏らに示しながら、悲嘆にくれていたという。武器をまったく所持していないらしく、西尾氏らに手榴弾を譲ってくれるよう頼み、西尾氏が一個譲った。

その日はしばらく一緒に壕で過ごし、阿嘉島のこともいろいろ話題に上がったという。だが、夜になって突如西尾氏らに別れを告げ、一人で壕を出ていった。その直後、外で爆発音が聞こえた。出て見ると武雄先輩が手榴弾で自決していたという。

あとで西尾氏は、手榴弾を譲ったことを非常に悔やんだ。身を守るための武器として与えた手榴弾で、自決するとは思わなかった。半年間も駐屯して、いろいろ世話になった阿嘉島の出身で、しかも前途ある若者が目の前で壮絶な死を遂げてしまったことは、非常に残念だった。

戦後間もなく、西尾氏はそのことを阿嘉島の知人与那嶺正夫氏（故人）に手紙で伝えていた。苗字が同じ「与那嶺」だったことから与那嶺正夫氏の親戚ではないかと西尾氏は思ったようだ。

私は出張の際、岐阜県中津川市で西尾氏にお会いする機会があった。酒を酌み交わしながら、阿嘉島に駐屯していた頃のことや、戦闘中武雄先輩に遭遇した時の情況などについて、いろいろと話してくれた。

一九六四（昭和三十九）年夏、沖縄を訪れた西尾氏は、戦友と共に敗走した南部戦跡一帯を訪ねてみたが、残念ながら彼が自決した場所（西尾氏らが潜んでいた壕のあった場所）を探し当てることはできなかった。なお、西尾氏は、同氏への思いを、自作の詩歌に次のようにしたためている。

「負傷せる師範の生徒は右の手に手榴弾をかかえ、さようならと言いき」[2]

一方、弟の太郎については、以下のような同級生の証言がある。

沖縄戦末期の六月下旬、同級生四、五人と共に本島最南端の海岸近くまで追いつめられた。途中、太郎は腹部に重傷を負い、級友らが懸命に手当をしたが歩ける状態ではなく、太郎は級友らに自分を置いて逃げるように勧めた。級友らはなす術もなく、彼を岩影に避難させ、断腸の思いでその場を去った。

戦後級友らがその場所を探し回ったが、残念ながら遺骨を見つけることはできなかったという。

このようにして、与那嶺武雄・太郎兄弟は帰らぬ人となってしまった。一九四五年一月五日早朝のことが忘れられない。

一方、私は那覇に戻る機会を完全に失い、島に残ることにした。しかし、前述したように、阿嘉島も決して平穏な所ではなかった。同年三月二十六日の米軍上陸、その後約半年間続いた山中での孤立無援の戦いが、実はその先に待ち受けていたのである。

1、太平洋戦争末期の沖縄戦で動員された学徒隊。

2、大地敏郎著『沖縄戦記―喜寿の春』、平成七（一九九五）年八月十日。

第2章　特攻艇基地となった阿嘉島

究極の特攻戦術

米軍の沖縄進攻に備え、大本営は第三十二軍（沖縄守備軍）と協議した結果の判断として、一九四四年九月から明くる年の二月にかけて、慶良間《けらま》諸島の阿嘉《あか》島、慶留間《けるま》島、座間味《ざまみ》島、渡嘉敷《とかしき》島に水上特攻艇の基地を設営し、海上挺進戦隊（以下、戦隊）の三個戦隊、総勢約三一二人（各隊一〇四人）と三〇〇隻（同一〇〇隻）の陸軍特攻艇[1]（㋹艇＝通称マルレ）を配備した。また、戦隊の到着に先駆けて、基地設営と戦隊支援のため、海上挺進基地大隊（以下、基地隊）の三個大隊約二七〇〇人（各約九〇〇人）も対になって配置された。

特攻艇配備の目的は、沖縄本島上陸のために同島西方海域に集結が予想される米艦船団を、海上で特攻攻撃することにあった。

ところで、戦隊とは具体的にどのような戦闘集団だったのか。その実態については、関係者以外終戦まで誰も知らなかった。秘密を絶対条件とする同隊の性格上当然のことだと思う。

幸い、戦後、陸軍船舶特幹第一期生会の尽力によりその全容が明らかになった。
以下、同会編集の『㋹の戦史―陸軍水上特攻の記録』[2]を基に、水上特攻の発想と同隊の創設、艇の性能や破壊力、戦闘方法、部隊の編成、沖縄戦での配備状況などについて紹介させていただく。あわせて、阿嘉島・慶留間島に配備された第二戦隊と基地第二大隊の戦時中の動向などについても触れてみたい。

ガダルカナル島撤退作戦（一九四三〈昭和十八〉年一月）後、日本陸軍は戦闘全般にわたり劣勢に立たされた。このことが水上特攻という究極の戦術を編みだす主な要因となったようだ。従来、日本が採用した上陸作戦が奇襲戦法であったのに対し、米軍の戦法は上陸予定の海岸一帯をあらかじめ艦艇や艦載機で砲爆撃し、その後水陸両用戦車とともに上陸するいわゆる強襲戦法であった。

米軍のこうした上陸戦法に備えるためには、日本軍はこれまでの戦闘方法を変更しなければならなかった。しかし、陸海軍としては航空兵力に頼るだけで、ほかに有効な方策も立てられなかった。ところが、日本の航空兵力も一九四三年後半には、米軍に主導権を握られるようになった。このため、日本軍は上陸前に敵船団を海上で撃滅する方法を編みださなければならなかった。手っ取り早い方法が特攻戦法だった。

こうした発想は、後に大本営によって正式な戦法として採用され、海上挺進戦隊が編成されるようになった。

この着想に基づいて、小型快速艇がいろいろ試作され、その中の一隻で大本営陸軍部が試作した一号艇（防諜上、連絡艇〈㋹艇〉と称した）が陸軍によって最終的に採用された。さっそく、大量生産にかかり、戦隊が発足した一九四四（昭和十九）年八月頃までに、約三〇〇〇隻が建造されたという。

艇は、全長五・六メートル、全幅一・八メートル、エンジン七五〜八〇馬力、最大速力二三〜二五ノットで、船体はベニヤ板製だった。一二〇キロ爆雷を一個ずつ操縦席の両舷側に装着（後に、破壊力を高めるため、艇の後部に二五〇キロ爆雷一個を搭載するように改められた）し、目標艦船に接近した際、艇の先端に取り付けた激突板を船腹にぶつけるか、または操縦者が操作して投下するようにしてあり、爆雷は投下後七秒で爆発する信管を使用してあった。

マルレの使用方法および戦闘方法について、大本営は各船舶部隊に対し、基本方針として次の六項目を提示した。

一、攻撃艇部隊は戦闘地域における最高指揮官の直轄とすること。

二、計画の秘密を絶対の用件とすること。

三、基地の秘匿と掩護を十分にすること。

四、攻撃は奇襲で、大量の艇を一斉に使用すること。

五、攻撃の時機は敵上陸当日の夜明けか、やむを得ない場合には上陸直後の夜とする。攻撃目標は輸送船団を原則として、やむを得ない場合には小型艦艇（駆逐艦など）とすること。

六、攻撃要領は一個戦隊、または一個中隊ごとに、なるべく多方面から敵船団を攻撃する。

攻撃は、体当たり攻撃を原則とし、敵船に触れたときに爆雷を投下し、撃沈を図ること。

戦闘要員については、隊員は愛国心が強く、しかも決死的勇気のある若い現役兵が充てられた。戦隊長には陸士出身の年齢の若い少佐か大尉[3]（陸士五一～五四期で年齢は二四歳から二八歳）、中隊長には船舶兵（主として陸士五七期で年齢は二〇～二三歳まで）、群長（小隊長）には船舶兵甲種幹部候補生（主として一〇期で年齢は二二歳から二四歳まで）で甲幹試験に合格した者がそれぞれ採用された。

なお船舶特幹（船舶兵甲種幹部候補生の略）の隊員および下士官候補者の全員は、乗艇時以前に伍長に任官させることになった。これは特攻戦死者を、隊員は少尉に（将校は二階級）特進させるための特別措置によるものだった。

沖縄に配備された八個戦隊のうち、第一～三戦隊は慶良間諸島、第四戦隊は宮古島、第二十六～二十九戦隊は沖縄本島の糸満、与那原、湊川、那覇に、昭和十九年九月から明くる年の二月にかけて、それぞれ配備された。[4]

慶良間諸島では、第一戦隊が座間味島、第二戦隊が阿嘉島・慶留間島、第三戦隊が渡嘉敷島にそれぞれ基地を構えた。

以上、『㋹の戦史―陸軍水上特攻の記録』の「第一部　海上挺身隊の発足」を基に概略をまとめてみた。

1、海軍にも類似の水上特攻艇「震洋」があり、また水中特攻艇として「回天」があった。
2、陸軍船舶特幹第一期生会『㋹の戦史—陸軍水上特攻の記録』（改訂・増補版）編集主幹・中溝二郎、二〇〇七年）。なお、㋹の戦史については同書が詳しい
3、旧日本陸軍の階級は低い方から二等兵・一等兵・上等兵・兵長（以上を総称して兵と呼んだ）、伍長・軍曹・曹長（下士官）、准尉（准将校）、少尉・中尉・大尉・少佐・中佐・大佐・少将・中将・大将（将校）、元帥（非常在）に区分されていた。
4、戦隊は沖縄のほかに、台湾やフィリピンのルソン島などにも配備された。

阿嘉島の戦隊

十二月の冬休みを利用して一時帰省してみると、島には日本軍が駐屯し、人口も約一四〇〇[1]（住民の数は約四〇〇人）に膨れ上がっていた。また、集落から離れた島の海岸沿いや向かいの慶留間島海岸では、特攻艇基地の設営が極秘裏に進められていた。

野田義彦大尉（陸士五二期＝一九四四年十二月少佐に進級）を隊長とする第二戦隊（球第一六七七八部隊）が阿嘉島に上陸したのは、一九四四年九月二十六日の夜だった。しかし、全部隊がそろったのは十一月八日以降のことである。十一月八日に来襲した台風により、艇八隻が那覇港で沈没事故を起こし、到着が遅れたからだった。

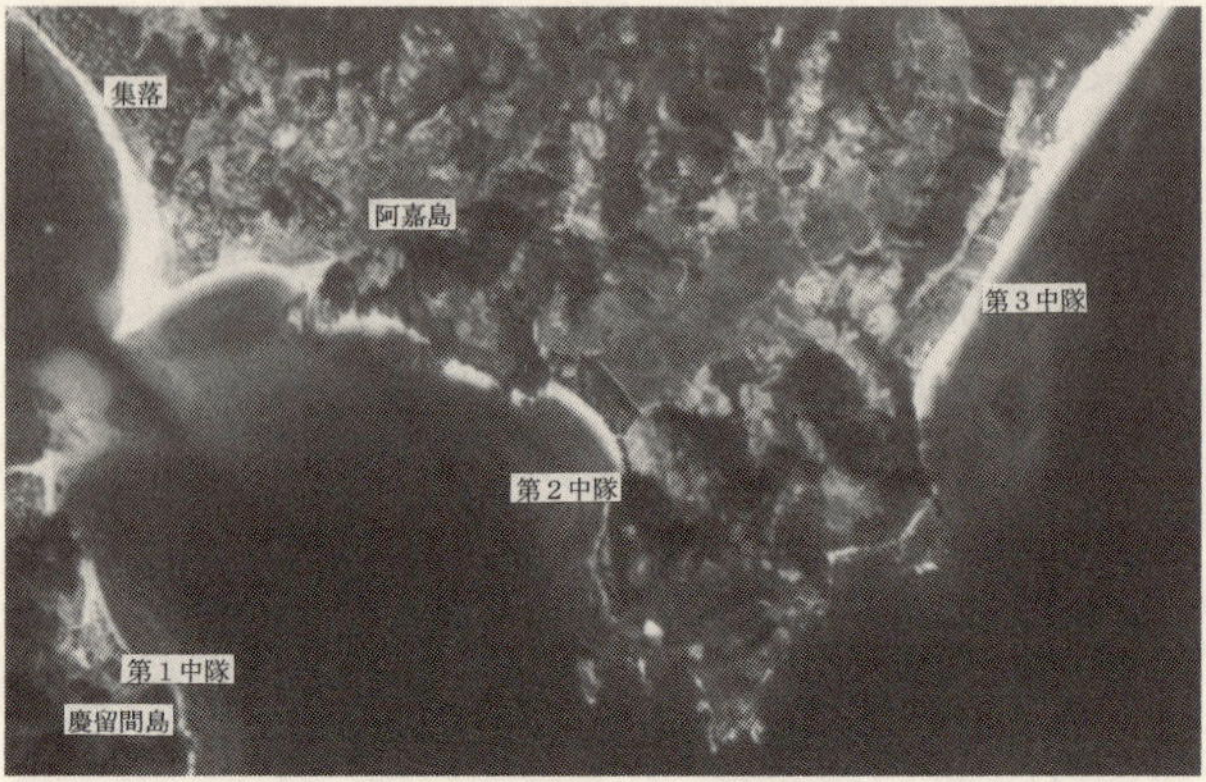

海上挺進戦隊第二戦隊の特攻艇基地

野田戦隊長のほか、同戦隊の陣容は副官として竹田義之少尉、第一中隊長大下真男少尉、第二中隊長中川好延少尉、第三中隊長原稔少尉（いずれも陸士五七期）で、各中隊の群長（小隊長）は船舶特幹出身一〇期の見習士官（一九四五年一月少尉に進級）、隊員はすべて船舶特幹第一期生で十代の若い隊員で構成されていた。

しかし、同部隊の任務や規模などは、軍の機密上、住民には全く知らされなかった。

基地は、第一中隊が慶留間島（同島東側の阿嘉島に面した通称アカムティ）、第二中隊が阿嘉島のマジャ[2]、第三中隊が同島ニシバマの海岸一帯にそれぞれ設営された。各中隊はおのおの三〇隻の艇を擁し、残り一〇隻は戦隊本部の指揮下に置かれて、それぞれの壕に秘匿された。

戦闘に備えて、隊員は民家や学校の校舎に宿営し訓練を始めた。しかし、大まかな洋上訓練は阿嘉島に来るまでに、すでに香川県の小豆島や豊島の訓練基地で済ませていたこともあり、また艇そのものが夜間攻撃を戦術とする秘密兵器であったため、阿嘉島住民のほとんどは、その「雄姿」を見ることはなかった。隊員たちは士気高揚のためか、朝な夕な「船舶隊の歌」や「特幹の歌」などを歌いながら、集落の内外を行軍していた。以下に「船舶隊の歌」の一番の歌詞を『㋹の戦史—陸軍水上特攻の記録』から引用する。

暁映ゆる瀬戸の海
　昇る朝日の島影に
偲ぶ神武の御東征《みいくさ》や
　五条の勅諭畏《みことかしこ》みて
兵《つわもの》我等海の子は
　水漬《みづ》く屍《かばね》と身を捧ぐ
ああ忠烈の船舶隊

特攻艇基地の設営が完了すると、隊員は各中隊の茅葺兵舎（各基地に隣接して設営）に移動し、訓練や艇の整備などに一日の大半を割いた。その間、戦局は日一日と緊迫化する。特に、一九四四年七月のサイパン島玉砕後の日本軍の劣勢は歴然としていた。明くる年の二月になると、栗林忠道中将以下約二万二〇〇〇の日本兵が守備する硫黄島にリッチモンド・ターナー中将が率いる一一万余の米軍の大部隊が上陸し、日本軍守備隊は大苦戦を強いられていた。

また、一月から三月にかけては米艦載機による空襲の頻度も増し、米軍による沖縄進攻も時間の問題とされ、隊員の緊張もしだいに高まっていった。

1、対になって配備されていた第三戦隊及び基地第三大隊の合計約一〇〇〇人を含む。

2、場所名は原則その土地の呼称（カタカナ書き）を使用する。

戦隊を支援する基地隊

基地第三大隊（球第一六七八九部隊）は戦隊と対になって阿嘉島に配備された。

同隊は、大隊長（以下、隊長）古賀宗市大尉（一九四四年十二月少佐に進級）指揮下に三個中隊と大隊本部など、総勢約九〇〇人で編成されていた。隊員の多くは召集の補充兵で、その大部分は和歌山県、静岡県、大阪府の出身者だった。

同隊は、特攻艇基地の設営や艇の整備、艇を秘匿壕から引き出すことなどを主な任務としたが、任務遂行後は陸上守備隊としての戦闘任務も併せて担っており、戦闘用の兵器として、重機関銃二梃、軽機関銃一〇梃、擲弾筒（榴弾を発射する小型で筒状の火器）一六梃、小銃二〇〇梃、その他に相当量の手榴弾を保有し、兵や下士官は原則として小銃を各自携帯していた。

基地隊が阿嘉島に配備されたのは、戦隊が到着する約二週間前の一九四四年九月九日だった(戦隊の第三中隊と整備中隊の一部は十一月に遅れて到着)。一週間の船旅の後、島に上陸した基地隊の兵士たちは直ちに集落前の広場や海岸にテントを張り野営した。しかし、しばらくすると、中隊別に集落の民家に分宿する。

間もなく、特攻艇基地の設営作業が始まり、工事中のダイナマイトの爆発音が集落にも容赦なく響いてきた。

基地の構築が進むなか、民家に分宿していた各中隊は、それぞれ秘匿基地付近に設営された茅葺兵舎に移動した。分宿中住民と親しくなった兵士の中には、移動後も民家をたびたび訪れては雑談にふけ、嵐の前の平和なひとときを楽しんでいた。

特攻艇基地の設営には約五ヵ月を要した。この間、10・10空襲や明けて一月の米艦載機による空襲にも遭遇したが、連絡船一隻が爆沈された以外、基地隊の被害はほとんどなかった。

一方、住民は農産物の供出や兵舎の設営などで、軍に進んで協力した。特に茅葺兵舎の設営には、手慣れた住民の協力が必要とされた。

自宅を隊長宿舎に提供していた私の伯父は、糸満の漁師と協力して新鮮な魚を軍に提供し喜ばれた。

ところで、明くる年の二月十八日、突如基地隊の主力約七〇〇人が沖縄本島に移動した。これは沖縄本島の第九師団(武部隊)が前年十二月下旬台湾に転進したため、手薄になった本島の防衛兵力を補充するために行なわれた措置だった。

阿嘉島に残った兵力は、一個中隊（中隊長庄田忠弐大尉[2]以下一七五人）と整備中隊（中隊長鈴木茂治大尉以下五九人）ら合計二三四人。

基地隊主力の本島移駐と相前後して、約二〇〇人の朝鮮人軍夫（水上勤務一〇三中隊）と統率する二一人の将校・下士官が阿嘉島に到着し、基地隊の残存兵力と共に戦隊長の指揮下に入った。彼らの主な任務は陣地構築や特攻艇を秘匿壕から引き出し出撃の準備を整えることだった。

なお、本島に移駐した基地隊は独立混成第四十四師団に配属され、米軍の沖縄本島上陸後、最後の防備陣地を那覇の天久西方台地に張ったが五月十五日、古賀隊長以下部隊の主力は、そこで戦死したとされる。

1、陸軍船舶特幹第一期生会『㋹の戦史―陸軍水上特攻の記録』（前掲）。

2、中隊長の庄田忠弐大尉は本島出張中に米軍が阿嘉島に上陸したため、帰島できず、そこで戦死する。

わが家を訪れた古賀隊長

基地隊の古賀宗市隊長は威厳のある生粋の軍人だった。反面、性格は温厚で人間味のある家族思いの隊長だった。部下や住民の信頼も厚く、特攻艇基地の設営も予定どおり進んだ。以下、古賀隊長の人間的側面について触れてみたい。

古賀隊長は私の伯父の家（戦禍を免れ現存）を宿舎にしていた。約一五畳ほどもある「一番座」に起居し、専属の当番兵が付いていた。私の家は細い通りを挟んで、伯父の家の斜め前に位置していた。このため、古賀隊長は時々わが家を訪れた。

当時、わが家は食糧品や日常雑貨などを商う小さな店舗を営んでいたので、軍への宿舎の提供は免除されていた。しかし、屋敷内の井戸端にあった風呂場（五右衛門風呂）は基地隊第二中隊の浴場として使用された。このため、わが家に頻繁に立ち寄る兵士や将校も少なくなかった。その中にはオルガンを弾きに来た富永一等兵や染谷少尉[1]らもいた。

しかし、何と言っても、わが家の賓客は古賀隊長だった。

古賀隊長は一日の軍務が終えた後や日曜日の夕方など、裏門からわが家の庭に入り、縁側に腰を下ろして母とよく話をしていた。話題は隊長自身の戦争体験（中国戦線）や故郷の家族の話が中心だった。

中国戦線については、戦車隊の指揮官として死線をさまよった話など、よく聞かされた。また、予想される米軍の侵攻に対しても「俺は絶対に死なない」と言い切るほど、実戦には自信がおありのようだった。

家族や故郷の話では、隊長の子息がたまたま私の弟と同じ年齢だったこともあって、弟の頭をなでながら子供の話をよくしていた。おそらく、弟に故郷に残してきた愛息のことをだぶらせて、懐かしく思っていたのであろう。談笑中の隊長は普通の一家のあるじみたいで、勤務中の厳めしさからはとうてい想像できない柔和な表情をしていた。沖縄本島へ移駐するまでの約半年間、わが家を自分の家のように気軽に訪れた。

隊長がわが家をよく訪れることを知った部隊炊事班長の西尾伍長は、ある日、私を軍の炊事場近くの民家（屋号＝ノンドロチグァー）の庭先の地下冷蔵庫（地下の自然の冷気を利用した簡易冷蔵庫）に連れていき、大きな鯛一尾を母に渡すよう言いつけた。その日の夕方、母は、さっそく刺身にして隊長に差し出した。魚のでどころに気づかない隊長は、美味しそうにいただき、母にお礼を述べていたという。

ところで、ある日の夕方、隊長が突然悲しい知らせを持ってきた。奥さんが産後の病で急逝したとのことだった。隊長は顔にはあまり表わさなかったが、非常に悲嘆しているように感じた。一人で悲しみに絶えている隊長の姿に、母も同情を禁じ得なかった。慰めの言葉もなかった。

その後も何事もなかったかのように、軍務に励んでいる隊長の姿、それは痛々しかった。母は、母性本能から、母親に先立たれた隊長の子供たちのことを不憫に思い、当時としては貴重品だった黒糖、練乳それに鰹節などを小包にして、隊長の故郷である佐賀の留守宅に郵送した。

一方、冬休みで帰省していた私は、隊長に帰省の挨拶をするため、当番兵を通して面会の日程を取ってもらった。面会当日、当番兵の大畑上等兵の案内で隊長が待つ畳の部屋に通された。その時、隊長は何やら手紙らしいものを書いておられた。書き損じた便箋が座卓の上に幾つも丸めて置かれていた。

私はひざまずいたまま深々と頭を下げ、自己紹介と帰省中であることを伝え、挨拶に代えた。隊長はうなずきながら、勉学に一層いそしむよう激励され、当時としては珍しいカルピスまでごちそうになった。短い面会時間ではあったが、極度の緊張感から非常に長く感じられた。なお、後で知ったことだが、私がお会いした時したためていた手紙は、隊長が沖縄から実家に宛てた便りの最後の一つだった。

戦後しばらく経ってから、隊長の子息の古賀輝昭氏に福岡で会う機会があった。輝昭氏は当時九州電力労働組合執行委員長（後、福岡市・市議）で忙しくしていたが、仕事の合間をぬって会ってくれた。二人は隊長の思い出話にふけり、時間が経つのを忘れた。

その後私は、佐賀の隊長の実家まで足をのばし、墓参りした。幸いに、そこで隊長のお母様、娘の洋子さん、それに実兄の古賀経夫さんにお会いすることができた。経夫さんの話で、私の母が阿嘉島から送った小包は届いていなかったことが分かった。戦時中のことでもあり、ある程度予想されたことではあったが、しごく残念だった。

一方、隊長が阿嘉島から最後に送った手紙はちゃんと届いていて、訪問のついでに、その手紙を読ませてもらった。その中には、子供たちのことを頼むという主旨のことが記されていて、死を覚悟した文面になっていた。これが古賀隊長の最後の便りとなったようだ。

1、染谷少尉は基地隊第二中隊の小隊長で、米軍が阿嘉島に上陸した三日後に米軍に投降した。その後、米軍と協力し、阿嘉島日本軍守備隊の降伏勧告のため奔走した。このことについては、あとで詳しく述べる。

第3章　水上特攻作戦の破綻——慶良間諸島の場合

水上特攻の脆さ露呈する

一九四五年一月〜二月にかけて、慶良間諸島でも米艦載機やB29重爆撃機の飛来が相次いだ。艦載機は主に湾内の船舶を狙い、一方、B29は飛行雲を上空に残しながらもっぱら偵察飛行を繰り返していた。このように、戦局は日々緊迫し、特に硫黄島上陸（同年二月十九日）後の米機動部隊の動向が心配された。

そんななか、三月二十三日、ついに、ヘルキャット（F6F Hellcat）を中心とする米艦載機が大挙し沖縄諸島を襲った。この日の空襲の特徴は、特に慶良間諸島では、飛来機数がこれまでになく多く、銃爆撃の目標が船舶や日本軍の基地だけではなく、集落にまで及んだことである。明くる二十四日も空爆は終日続いた。この二日間の空爆で慶良間諸島の特攻艇多数が破壊された。しかし、まだ出撃の機会を失ったわけではなかった。

空襲開始から三日目の二十五日、ついに艦艇による同諸島への艦砲射撃も始まる。果たして、三月二十六日午前、米軍は、海空からの砲爆撃のあと、阿嘉島、座間味島、慶留間島、外地島《ほかじ》、屋嘉比島《やかび》に上陸した。

このため、砲爆撃を逃れて座間味島や阿嘉島・慶留間島に残っていた特攻艇までもが、ごく一部を除いて、出撃がほとんど不可能になった。一方、渡嘉敷島駐屯の第三戦隊では、米軍上陸がほかの島より一日遅れの二十七日になったため、二十六日の時点ではほとんどの艇がまだ無傷のまま残っていた。しかし、これらの艇もその日の未明、二隻を除く全艇が湾内で自沈した。これは船舶団団長の命令によるものだった。

このように、慶良間諸島の水上特攻作戦は、米軍の上陸という予期せぬ事態に遭遇し、事実上破綻した。

以下、各戦隊の戦闘情況を概観したい。

無念の涙をのむ特攻隊員

「海上戦闘取りやめ!」——野田第二戦隊長の決断

前述したとおり、三月二十三日の午後始まった米艦載機の銃爆撃により、阿嘉島駐屯第二戦隊の特攻艇多数が被害を受けた。二十三日の空襲時、第三中隊の基地で艦載機の攻撃にさらされた元特幹の儀同保氏は、当時の状況を自著『ある沖縄戦——慶良間戦記』[1]の中で次のように記している。

——三月二十三日昼近くに、前々日の情報にあった輸送船団を伴う米軍機動部隊は、〝沖縄の南方二〇〇キロの海上に接近した〟という新しい軍司令部情報のあったことが、本部から各隊へ伝令により知らされた。（中略）

この午後、先日現われたのと同じ飛行艇が、乗組員の顔も見えそうな低空で宿舎の上を横切り、また秘匿場の沖に爆弾らしきものを投下し、水しぶきの上がるのが見えた。〝いよいよ今度は本ものだ〟と、また秘匿場に走った。

第三中隊の特攻艇基地があったニシバマ。1972 年頃

ところが、日々緊迫してくる中にありながら、壕の湿気でエンジンがさびたり、バッテリーがあがるという理由で、舟艇は壕の外に引き出され、小枝や草などの簡単な偽装をしたままにしてあった。

これで空襲を受けたら、ひとたまりもない。すぐ駆けつけた整備中隊や基地隊の兵隊と引き入れ作業にかかった。二、三隻終えた頃、金属的な爆音が聞こえ始めた。

「さあくるぞ、早くしろ」と言っているとき、見なれた形のグラマンが四機、慶留間の山の上から姿を現わし、一列隊型でこの浜辺に向かって降下してきた。「空襲、敵機だ」空の見張りをしていた私は、叫びながら一番近い自分の舟艇壕に走り込んだ。それがかえって壕のありかを教えることになったらしく、走ると同時に後ろが燃え上がった。「やられた！」とふり返ると、入り口に並べてあった私と坪井の艇が炎に包まれ、そこから吹き出す黒煙がこの壕の入口を覆った。

グラマン機が通過する音は、その後も何回が続いたが、三、四〇分してようやくやんだ。煙のため息苦しくなっていたので、生き返った思いで外に出ると、近辺にあった舟艇は全部焼かれて、エンジンやタンクなどの残骸だけが砂の上に転がっていた。（中略）

それにしても、陸軍最後の秘密兵器として、日本の命運をかけるというこの舟艇をあっという間に二十数隻も失ったことは、取り返しのつかない大失態であった。（後略）――

この時点で、第三中隊の特攻出撃はほとんど不可能となった。

一方、マジャ海岸に基地を構えていた第二中隊の艇は、米軍の上陸直後まで、相当数破壊されずに秘匿壕に残っていた。

以下、当時第二中隊の中隊長だった中川好延氏（故人）[2]の手記を基に、同中隊が出撃を断念するまでの経緯を概括する。

米軍が阿嘉島に上陸した三月二十六日、中川好延少尉が率いる第二中隊は同日未明、出撃隊員三一人全員とそれを支援する基地隊や朝鮮人軍夫合わせて約一〇〇人が、同海岸の秘匿壕の一つに集結した。この壕は木々が生い茂るハンタ山の南西側傾斜に掘られ、壕の入り口は偽装網などで巧みに覆い隠してあった。このため艦載機や艦艇に事前に発見されることはなかった。隊員は壕内の三つの坑道に分散し出撃の準備を整え、あとは戦隊長の命令を待つだけであった。

米軍の攻撃をうけたハンタ山の第二中隊の特攻艇秘匿壕跡（2005年3月26日、撮影）。右に立つ墓標は第二戦隊で最初に戦死したとされる高橋隊員のもの

しかし、島の正面海岸に上陸した米軍は、同日午前、水陸両用戦車などを伴い同隊の基地に進撃してきた。秘匿壕正面の海岸には複数の戦車が上陸し、特攻艇を壕から引き出すために敷設したレールを破壊し始めた。

同時に、二人の米兵が壕入口を覆った偽装網のはぎ取りに掛かった。一〇〇人以上の日本軍がこの壕に潜んでいるとは、つゆ知らずそのような大胆な行動に出たと思うが、日本軍にしてみればそのまま見過ごすわけにはいかなかった。二人の米兵はその場で日本軍に射殺された。

だが、その後の米軍側の報復が恐ろしかった。戦車四両と兵一個中隊規模で約二時間も攻撃を集中した。戦車も砲弾を撃ち尽くし、交代の戦車が揚陸されるほど凄まじい反撃だった。

この仕返しで日本軍側は隊員一人が戦死した。また、壕内に保管してあった爆雷にも穴が開き、危うく爆発するところだった。敵の手榴弾は黒煙と焔と熱気を壕内に送り込んだ。何万発食らったか分からないが、犠牲者が一人で済んだことは奇跡だった。

午後七時頃、日が暮れると同時にすべての物音は止んだ。

被害を調査した結果、舟艇に若干の損傷はあったものの、大部分は出撃可能であることが分かった。また、壕入口で射殺した米兵二人の死体はそのまま放置されていた。どうやら、二次被害を恐れた米軍側が、死体の即時収容をためらったようだ。

約五時間にも及ぶ米軍の包囲網からやっと解放された三〇人の隊員は、さっそく三つのルートに分かれ、各群、群長を先頭に野田山に向け壕を出発した。その最先頭には中川中隊長が三人の伝令を率いて全中隊を指揮・誘導した。中隊長の命令は「山頂に追い上げられた戦隊主力を救援するため、それを包囲する米軍を後方より攻撃する」であった。

こうして、米軍がまったく気づかないうちに、約一〇〇人の兵が壕を脱出し、山頂の戦隊本部にたどり着くことができた。

ところで、野田山に到着すると、日中の米軍の猛攻により甚大な被害が心配されていた山中の戦隊本部や基地隊は、意外と損害が少なく、特に戦隊長以下全将校が無事だったことには驚きを禁じ得なかった。そんななかで、戦隊長は舟艇の出撃や夜間の斬り込みなどの準備で忙しく立ち回っていた。このためか、奇跡的に脱出に成功した第二中隊の戦闘報告にも、ろくに耳を傾けず、慰労の言葉一つもなかった。至極残念だった。

間もなく戦隊長の命令が出た。命令の内容はその日上陸した米軍に対し、全部隊で夜襲を敢行するということだった。具体的には「一時ニ部落ニ突入、ソノ混乱ニ乗ジ舟艇ヲ出撃サセヨ」だった。戦隊長の作戦では、特攻艇基地には戦隊員を、集落には陸上戦闘の主力である鈴木大尉指揮下の基地隊を、それぞれ投入するということだった。

米兵が試乗する特攻艇。これは米軍上陸後に捕獲された第二中隊の所属艇である（米軍撮影、沖縄県公文書館）

この作戦により、第二中隊は脱出してきたばかりの壕へ逆戻りすることになった。さっそく行動開始である。途中、夜半過ぎごろ、けたたましい機関銃音が集落方面から聞こえてきた。隊員は時機を逸しないようマジャの秘匿壕に急行し、即刻出撃準備に着手した。しかし、運悪く壕の正面の海上には米軍の水陸両用戦車数両が待機していて、艇を引き出す作業はほとんど不可能な状態だった。こうなっては、戦隊長の判断を待つしかない。

時刻は午前四時半、夜明けまでに敵の妨害がなければ三〇艇は出撃可能だが、作業が黎明に及ぶと、艦艇攻撃の成否は不明というのが担当である基地隊宮島中尉の意見であった。

この時、ひょっこり戦隊長が現われた。一通りの状況を見聞するなり「出撃は止めた！陸上戦闘の用意」というと、戦隊長は山へ引き上げた。

戦隊長の命令に対し、ほとんどの隊員が不満を呈した。しかし、中隊長の計らいで、ひとまずその場は収まった。このように、米軍上陸後最初の夜の特攻出撃は断念せざるを得なかった。

二日目の夜、すなわち三月二十七日の夜から同二十八日未明にかけて、戦隊は二回目の特攻出撃を試みることにした。前夜のような集落への斬り込みは止め、基地隊を含む全部隊は特攻艇の出撃に戦力を集中することになった。

しかし、マジャの秘匿壕に到着してみると、前夜まで無傷だった艇は使用できないように巧妙に傷めつけられていた。その上、地雷が敷設されている形跡もあった。

この状況は戦隊長をして「海上戦闘はとり止め。爾後《じご》は陸上戦闘に専念す」との命令を下させた。こうして、マジャの第二中隊の特攻出撃も完全に破綻した。出撃の望みを抱いて壕に結集した隊員は、無念の涙をのんだ。

なお、艇の搭乗者については、可動可能な舟艇の数に限りがあったため、戦隊長の命令であらかじめ搭乗者リスト（例えば将校優先など）が作成されていた。このため戦隊内では一時不穏な空気が漂っていたという。

最後の望みは、慶留間島の第一中隊だけであった。しかし、後述する四隻を除き、同中隊も上陸当日ほとんどの艇が米上陸軍により破壊されるか、隊員の爆雷自爆などにより、残るすべての艇を失った。

このように、第二戦隊の特攻出撃はごく一部を除いて大失敗に終わった。

1、儀同保『ある沖縄戦―慶良間戦記』日本図書センター、一九九二年。

2、中川好延（編者・大和瀬克司）『零対無限大』―沖縄慶良間列島阿嘉島での或る海上挺身隊中隊長の実戦手記、昭和三十四（一九五九）年。

特攻艇の自沈と渡嘉敷島の戦隊

米軍が慶良間諸島に上陸する直前の三月二十二日から同二十六日にかけて、戦隊を統括する第三十二軍第十一船舶団団長の大町茂大佐一行一五人が、軍備視察のため慶良間諸島を訪れた。しかし、視察の最終段階で、渡嘉敷島駐屯の第三戦隊は、同団長の命令により特攻艇の自沈を余儀なくされた。

以下、同視察団の慶良間諸島視察と、夢想だにしなかった第三戦隊の特攻艇自沈の経緯を、大佐一行の随員の一人であった石田四郎元少尉の手記[1]（中村により抄録）でたどることにする。

――大町大佐一行は、三月二十二日那覇港を出発し、その日の夜、座間味島に到着した。明くる二十三日、同島駐屯の第一戦隊（戦隊長・梅沢裕少佐）の軍備視察を始めたが、昼頃から始まった米艦載機による空襲のため、巡視は予定どおりには運ばなかった。

二十四日午前四時頃、二隻のくり舟（サバニ）で次の視察予定地である阿嘉島に上陸した。空襲のさ中、同島駐屯の第二戦隊（戦隊長・野田義彦少佐）の視察を行う。二十五日の午後には、艦載機の空襲に加え、阿嘉島を含む慶良間諸島全域が米艦艇の砲撃を受けた。

戦況の容易ならぬことを憂慮した団長の大町大佐は二十五日午後十時頃、第二戦隊の特攻艇二隻に随員五人と分乗し、一路沖縄本島を目指して阿嘉島を発った。

阿嘉島を出発した二隻の艇は、途中慶良間海峡で米艦艇の砲撃を受け、行く手を阻まれたが、かろうじて渡嘉敷島の阿波連に接岸することができた。

ちょうどその頃、渡嘉敷島の第三戦隊では、沖縄本島へ転進のため、暗闇の中、全艇の出撃準備を進めていた。このことを知った大町大佐は、赤松戦隊長を「貴様逃げる気か！」と一喝し、直ちに作業を中止するよう命じた。

これに対し赤松戦隊長は、第三十二軍から「敵情判断不明、部隊は状況有利ならざるときは本島糸満付近に転進せよ[2]」との指示電報があったことを大佐に伝える。

それでも大佐は赤松戦隊長の「本島転進」を了承せず、自らは本島に帰還する準備をし、戦隊長に対し一個群（九隻で編成）でもって、一行を沖縄本島に送りとどけるよう命じた。

しかし、この命令に対し隊内では不満が噴出した。困り果てた赤松戦隊長は、代案として、全戦隊の沖縄本島転進を大佐に具申した。この申し入れを大佐はしぶしぶ了承した。

さっそく戦隊は全特攻艇の出撃準備を再開した（阿波連に基地を構える第一中隊は湾内に侵入した米駆逐艦のため出撃は不可＝引用者）。しかし、予想以上に作業が難航し、残る全艇

渡嘉敷島で自沈した第三戦隊の特攻艇群（1945年3月、米軍撮影）

を浮かべることができた時は夜が明け始めていた。こうなると艇の本島への転進はあきらめざるを得ない。

そこで、赤松戦隊長は再度計画の変更を申し出た。新しい案は沖縄本島への転進ではなく、出撃可能な全艇でもって慶良間海域の敵艦船を攻撃することだった。

だが、大佐はこの案を拒否するとともに、揚陸可能な二隻を除く全艇の自沈を命じた。戦隊長はやむを得ず隊員に対し愛艇の破壊を命じた。これで、第三戦隊の出撃も完全に破綻した。

二十六日午後十時頃、二隻の艇にすべてを託し、大町大佐一行は沖縄本島を目指して渡嘉敷島を発った。

二隻の艇は渡嘉敷島西岸を北上し、前島南方から那覇に向かう航路をとった。しかし、二番艇は儀志《ぎし》布《ふ》島東方において浸水のため二十七日午前一時頃沈没、三池少佐以下全員が泳いで渡嘉敷島に戻った。

一方、一番艇については、前島の南方を東進中であるのを二番艇の搭乗員が視認していたが、その後は消息を絶ち、全員戦死した。なお、一番艇には団長の大町大佐、副官の山口中尉ら五人が搭乗していた。——

以上、船舶団団長大町大佐による慶良間諸島視察と特攻艇自沈命令の経緯を、石田四郎元少尉の手記で追ってみた。

なお、出撃の機会を失った第三戦隊は、約半年間山中の陣地に立てこもり、八月二十四日米軍に投降した。

1、石田四郎「沖縄第三十二軍第十一船舶団団長―大町茂大佐の海上戦死」（悲壮なり慶良間列島巡視）。

2、三月二十五日午前、第三十二軍は現地部隊（第三戦隊以外）から米軍が慶良間諸島に上陸したとの報（誤報）を受けており、二十五日慶良間諸島の海上挺進戦隊に転進を命じたとされる。

砂浜に立つ一本の墓標

戦前、座間味村の久場《くば》島と屋嘉比島には銅採掘所があり、多くの人が本島（主として現本部町）から出稼ぎに来ていた。だが、終戦後同採掘所が閉鎖されると、両島は無人島と化した。両島の中で、久場島は慶良間諸島の西南端に位置し、村内で最も標高の高い久場岳（標高二七〇メートル）がそびえる孤島である。食糧の乏しかった終戦直後は、山桃を採るため周辺の島々から人々が集まった。近年は、釣りやダイビングを楽しむ県内外の観光客らで賑わっている。

終戦直後、この島の北西部の小さな海岸の砂浜に一本の墓標が立っていた。海岸は普段は波が高く、舟の接岸が難しい場所である。このため、釣人らは誰の墓標か知らなかった。また、墓標は誰が、いつ建てたのかも、まったく不明だった。

しかし、戦後間もなくして、この墓標を建てた人が判明した。その人は戦時中この島に住んでいた銅山関係者の一人。彼の話によると、この墓標は戦中海岸に漂着した元日本兵のもので、所属部隊は不明だが、氏名や階級は所持品（遺品）などから山口栄中尉と判明した。一九四五年四月下旬、同中尉の遺体が海岸に漂着したところを砂浜に埋葬し、墓標を建てたとのことである。

ところが、戦後幾度となく来襲した台風のため、同海岸一帯は原形を留めないほど変貌し、墓標もいつの間にか砂浜から消えてしまった。また、時間の経過とともに、その存在すら人々の記憶から消え去った。墓標が立っていた位置も現在では確認が非常に困難な状況になっている。故郷に帰れる日を待ちわびていた故人は、さぞかし無念に思っていることだろう。ただ、この海岸の砂浜のどこかに、今なお山口栄中尉が眠っていることは確かであり、近い将来遺骨が故郷に帰れることを祈りたい。

それにしても、所属部隊不明の山口中尉の亡きがらがどういう経緯をたどって久場島に漂着したのか、戦後、皆目見当がつかなかった。

そうこうするうち、関係者の話から、山口中尉の所属部隊などが判明した。同中尉は、米軍の上陸前日まで阿嘉島の軍備視察をしていた大町大佐の副官で同視察団の随員の一人だったのである。

このことは、当時同じく大町大佐の随員の一人だった石田四郎元少尉の手記の中にも記されている。[1] 石田元少尉によると、阿嘉島から渡嘉敷に渡った副官の山口中尉は三月二十六日夜、大町大佐らと共に特攻艇に搭乗し沖縄本島に向かった後、前島の南方方面で消息を絶ったという。

上述したとおり、山口中尉のほか、同じ艇に搭乗していた船舶団団長の大町茂大佐ら四名も全員洋上で戦死した。[2] その中で、山口中尉の遺体だけが、はるばる久場島の海岸に漂着したことは奇跡だ。久場島の砂浜に立っていた一本の墓標は、壮絶な洋上戦死を遂げた山口栄中尉のモニュメントだったのだ。

1、石田四郎「沖縄第三十二軍第十一船舶団団長―大町茂大佐の海上戦死―」(前掲)。

2、山口中尉のほかに艇を操縦していた中島一郎少尉の遺体は渡嘉敷村の前島に漂着し、住民が手厚く砂浜に葬ったとされるが、台風などの高波のため同少尉の遺骨も流失して発見されなかったという。

米軍の野営陣地に突入した座間味島の戦隊

座間味島駐屯の第一戦隊は、米軍上陸前の空襲や艦砲射撃で、古座間味に基地を構える三個中隊のうち、第一及び第二中隊の特攻艇秘匿壕や弾薬壕が破壊された。このため戦隊長は特攻出撃を断念し、全戦隊に対し部隊本部後方の番所山に集結するよう命令した。

しかし、途中、両中隊は二十六日夜半から二十七日未明にかけて高月山付近と、座間味から阿佐に通ずる主要道路に設置された米軍の機関銃陣地に斬り込みを決行した。この戦闘で、将校全員と隊員のほとんどが戦死した。

一方、第三中隊は、秘匿壕が本隊と離れた古座間味海岸の西先端にあったため、番所山への集合命令がほかの中隊より遅れて伝わった。このため同中隊は、二十七日午前零時過ぎ、砂浜沿いに高月山をめざし同海岸の米軍陣地の強行突破を試みた。しかし、計画は失敗に終わった。この戦闘で中隊長、群長、そのほか二人の隊員を失った。残存隊員は元の壕に引っ返し、以後約二週間そこに潜伏することになった。

四月八日、潜伏していた三中隊の隊員は、慶良間海峡の米船団に対し、単独で水上特攻を行なうことにし、秘匿壕にあった同中隊の七隻の艇で出撃を試みた。しかし状況が許さず、出撃を断念した。残った七隻の艇は、四月十日の米軍の攻撃でほとんど破壊された。

このように、第一戦隊も特攻出撃の機会を完全に絶たれてしまった。

なお、陸上戦に巻き込まれた同戦隊の犠牲者は慶良間諸島のどの戦隊よりも多く、全隊員一〇四人中七〇人（約六七パーセント）が戦死した。

もともと陸上戦を想定していなかった水上特攻隊員が、実戦経験を積み、近代装備で身を固めた米上陸軍に対し、旧式の拳銃やサーベルなどで肉迫攻撃を挑んだこと自体無茶な話で、戦死した隊員が惨めに思えてならない。[1]

このように、慶良間諸島駐屯全三個戦隊による水上特攻の破綻は、第三十二軍の期待を裏切る結果となった。

1．陸軍船舶特幹第一期生会『㋹の戦史―陸軍水上特攻の記録』（前掲）。

唯一出撃に成功した慶留間島の四艇

先に述べたとおり、米軍は日本軍の予想に反して、[1]三月二十六日午前、慶良間諸島の座間味島、阿嘉島、慶留間島などに、明くる二十七日には渡嘉敷島などにそれぞれ上陸した。不意をつかれた、慶良間諸島の戦隊は特攻出撃の機会を失った。

そんななか、ごく一部ではあるが、唯一出撃に成功した中隊があった。

この中隊は慶留間島に分駐していた第二戦隊第一中隊。二十六日夜、戦隊長の出撃命令を同島に渡った第三中隊の篠崎隊員から受け取った第一中隊の隊長大下真男少尉は、群長引田耕一郎少尉、本部付予備隊長帆足孝夫少尉（米軍上陸前夜、阿嘉島から戦隊長の命令で急遽同島に派遣される）ら総勢二〇人で攻撃隊を編成し、二十八日の夜明け前、四隻の艇に分乗して出撃した。

しかし、出撃直後、引田少尉艇とほかの一艇は、慶良間海峡で米艦艇を攻撃中、海上で撃破され、全員戦死した。

一方、大下中隊長らが搭乗したほかの二艇は、同海峡に停泊中の米艦船を攻撃した後、沖縄本島に転進し、慶良間諸島の戦況を第三十二軍司令部に報告する。

戦果として、大下隊は駆逐艦一隻を撃沈し、輸送船二隻を撃破したと報告している。この情報の信憑性について、儀同保氏は次のように述べている。[2]

――アメリカ軍の記録によれば三月二十六日から三十一日までの間に、この海峡（正確には慶良間海峡とはしていない……）で「駆逐艦一、掃海艇一が触雷で沈み、ＬＣＩ（Ｇ）一が敵水雷艇と遭遇して損傷を受けた」としている。

だがここにいう触雷、つまり浮遊機雷に接触したということは、夜間であれば事実かどうか疑わしい、またこの海峡に日本海軍の水雷艇が出て来たとは到底考えられない状況なので、これが大下隊の攻撃によるものではないか、という推測は相当固いものと言ってよい。――

なお、米軍側の別の記録によると、二十八日未明、慶良間海峡の南西側（外地島の東方）に投錨していた対潜網敷設艦テラビンス（USS Terebinth ＡＮ－59＝一一〇〇トン）が暗闇の中、無灯火で同艦に突進してくる高速艇を見張りが発見した。見張りは直ちに同艇に合図を送り応答を求めたが、何の返事もなかったため小火器（射程が近すぎて三インチ砲は使用不可）で攻撃した。

高速艇はテラビンスのすぐ側まで接近し爆雷を投下するや、急旋回して走り去った。その直後、艦は物凄い衝撃をうけた。幸い艦には大きな損傷はなかったという。

恐らく、この攻撃も大下隊によるものと推測される。なぜなら、攻撃の日時場所などが大下隊の出撃時の状況と符合する。

これら四隻が、慶良間諸島の基地から出撃した唯一の特攻艇であり、沖縄戦最初の水上特攻とされる。

なお、出撃した隊員とこれを支援した基地小隊（慶留間島に分駐していた基地大隊第一中隊第一小隊＝小隊長中村健次郎中尉）は第三十二軍最高指揮官・牛島満中将から感状を授与され、戦隊の海上戦死者は特攻戦死として将校は大尉に、隊員は少尉にそれぞれ特進した[3]。

次は、大下隊の出撃を報じた『朝日新聞』の記事と陸軍省発表の大下隊の戦闘概要である。

――（戦闘概要）

大下水上特別攻撃隊

同配属部隊

右は陸軍少尉大下真男指揮の下昭和二十年三月二十三日以降沖縄群島に来襲せる敵艦隊に対し水上特攻攻撃として挺身攻撃の機を窺いつつありしが敵の砲爆撃刻々熾烈を加ふるに伴ひ舟艇の行動困難を極め隊長先ず傷つき隊員亦その舟艇と運命を倶にし兵力遂に二十数名に減じたるも屈することなく隠忍すること数日待望の突入命令特別幹部候補生篠崎純一の敵中遊泳突破により伝達せらるるや協力部隊の援護下克く四艇を攻撃発進位置に集結二十八日払

暁至厳なる敵警戒線を突破して慶良間海峡の敵泊地に潜入、敵に肉薄必殺の猛攻を加へ駆逐艦一隻を撃沈、大型輸送船二隻を大破炎上せしむるの赫赫たる戦果を収む。――

一方、慶留間島で出撃の機を逸したほかの隊員は、群長の高原少尉以下全員が米軍の攻撃

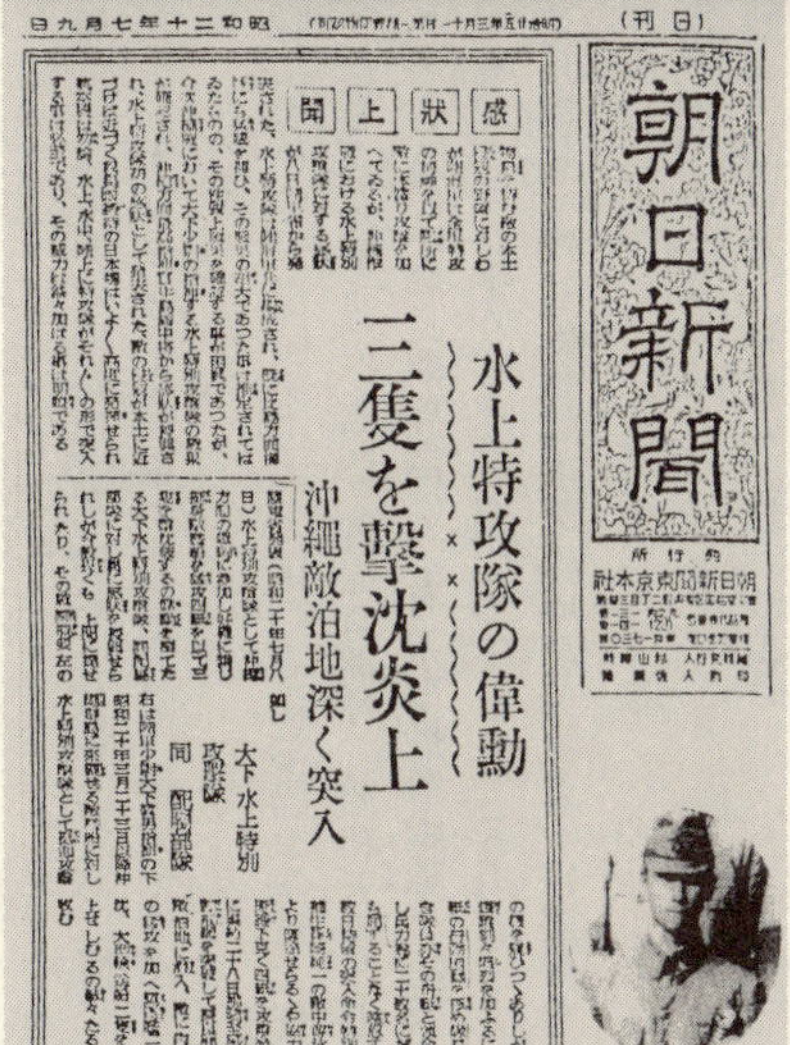

昭和二十年七月九日

（日刊）

朝日新聞

感状上聞

水上特攻隊の偉勳

三隻を撃沈炎上

沖縄敵泊地深く突入

大下水上特別攻撃隊

同　配属部隊

上、特攻艇の攻撃をうけた対潜網敷設艦テレビンス（米軍撮影）
下、1945年7月9日付『朝日新聞』の記事

か自決により戦死した。

また、本島に転進した大下少尉らは、第二十四師団指揮下の船舶工兵第二十六大隊に配属され、沖縄本島南部に転進したが、六月二十日与座岳で米軍の猛攻を受け隊員全員が戦死したとされる。

1、慶良間諸島に配備された戦隊について、当時第三十二軍の高級参謀（陸軍大佐）だった八原博通氏は自著（『沖縄決戦―高級参謀の手記』読売新聞社、昭和五十年七月三十一日）の中で次のように述べている。「慶良間群島に、有力な挺進戦隊を配備するに当たり、私はかかる状況（米軍の上陸により特攻艇の出撃が不可能となったこと＝引用者）の現出する公算は五十と覚悟し、残りの戦隊攻撃の成功公算五十に期待をかけ、敢えて冒険的配置を具申したのであった」。

2、儀同保『ある沖縄戦―慶良間戦記』（前掲）。

3、陸軍船舶特幹一期生『㋹の戦史―陸軍水上特攻の記録』（前掲）。

特攻艇の確認に失敗した米軍

『㋹の戦史―陸軍水上特攻の記録』によると、海上挺進戦隊創設後、水上特攻艇（マルレ）が初めて出撃した日は一九四五年一月九日で、場所はルソン島リンガエン湾だった。この戦闘には第十二戦隊が出撃したとされる。[1] 以来、米軍は日本陸軍の特攻艇の存在を承知していた。しかし、慶良間諸島に進攻した米軍は、慶良間諸島に配備された同艇について、確かな情報を持ち合わせていなかったようだ。

沖縄進攻に先立ち、米第五八機動部隊などから発進した艦載機は沖縄本島やその周辺離島を、延べ三〇九五機にわたり攻撃を加えた。攻撃の主目標は航空機だったが、空爆の目標の一つに海岸部の壕などに秘匿された「小型ボート」あるいは「水陸両用戦車」（これらは米軍上陸後マルレと判明した）が含まれていた。[2]

出撃した特攻艇の秘匿壕跡（慶留間島のアカムテイ）

　しかし、慶良間諸島に秘匿された特攻艇については、米軍側は空撮により沿岸部の壕からレール（特攻艇を海上に下ろすための軌道）が直接海岸に延びていることは知っていたが、それが特攻艇を海面に下ろすための施設の一部であるとは認識していなかった。いろいろ検討した結果、秘匿されたこれらの「兵器」は島を防禦するための水陸両用戦車だと決め込んでしまった。

　慶良間諸島上陸前日の三月二十五日に米軍情報将校（Intelligence Officer, Amphibious Group

Seven）が西部諸島攻撃部隊司令官に提出した阿嘉島空襲に関する極秘文書（メモ）[3]でも、特攻艇の配備は確認されていない。次は同メモの内容である。

——興味深いのは阿嘉島の「偽装された二三隻の上陸用舟艇」についての報告である。これらの「上陸用舟艇」は水陸両用戦車が格納されているものと考えられていた二一基の壕がある場所（ニシバマの第二戦隊第三中隊の基地と思われる＝引用者）で見つかった。高速で飛行する航空機では偽装された「上陸用舟艇」と水陸両用戦車を識別することは容易ではないが、同艇が地上を移動できることから推して、これらの「上陸用舟艇」は戦車の可能性が高い（傍点は引用者）。

何れにせよ、阿嘉島だけでなく座間味島や渡嘉敷島でも見かけるこれらの「上陸用舟艇」は、投錨地を確保する前に全て破壊しておく必要がある。——

すなわち、阿嘉島を含む慶良間諸島の島々に上陸した米第七七歩兵師団は、上陸するまで同諸島に配備された特攻艇の存在を確認できなかったのである。[4]

T・E・クルー（T. E. Crew）[5]も慶良間諸島における第七七歩兵師団の二大誤算の一つに特攻艇の配備を確認できなかったことを挙げている（ちなみに、二つ目は慶良間諸島の日本軍守備隊の兵力を、米軍側が過大評価していたこと）。

前述したように、特攻艇基地は秘密裏に設営され、訓練も主として夜間、しかも人目の付かぬ場所で行なわれた。このような徹底した秘密主義が功を奏したせいか、米軍は特攻艇の存在を確認することができなかった。スパイの暗躍が取り沙汰されるなか、米軍側に特攻艇の配備が最後まで発覚しなかったことは、奇跡とも言える。

なお、スパイ疑惑について、座間味島に配備されていた第一戦隊の梅沢裕元戦隊長は戦後次のように述べている。参考までに、引用させてもらう[6]。

——三月二十六日の事である。この朝奇怪な発見あり、之れ迄戦隊長、副官等と共に行動起居していたK中尉（基地隊との連絡将校）が米軍戦闘服を着用し、ジープで走っているなどの部下及び村民の報告に一同愕然、Kは米軍のスパイだった。米軍は巧みに宇品より潜入させていたのだ。㋹壕への的確な艦砲射撃といい、食料倉庫の発見汚染といい、その他戦闘中山上と沖合いとの怪しい電灯信号。また、戦後交流の当時の小学生がゴムボートのフロッグマンが西の阿真部落海岸にて村民と話していたのを時々望見したいうことが判った。結局何もかも彼らに判っていたのだ。水上特攻を懼れる米軍は比島戦の㋹で知り、三十戦隊のトップの我が戦隊に狙いをつけたのだ。——

いずれにしても、特攻艇の存在を慶良間諸島上陸まで米軍側が確認できなかったことは、上記メモなどから明らかである。

1、陸軍船舶特幹第一期生『㋹の戦史—陸軍水上特攻の記録』（前掲）。

2、Appleman, R.E. et al（1984）Softening Up the Target.『OKINAWA: THE LAST BATTLE』63-64.Washington,D.C.C Center of Military History, United States Army.

3、Intelligence Summary 25/0900, Box: 11569, Folder: 2, Folder Title: 377-2.3: 77thInfantryDivision-G2 Message, File: Kerama Retto（26-31 Mar 1945）, 77th Infantry Division, World War II Operations（1940-1948）, Records of the Adjutant General's Office（RG407）, NATIONAL ARCHIVES AND RECORDS ADMINISTRATION（米国国立公文書館・記録管理庁〈NARA〉＝国立国会図書館所蔵）。

4、三月二十六日〜二十八日に慶良間諸島で発見された資料が、米第六軍がリンガエン湾の戦闘で押収したものに類似していたことから、慶良間諸島でのマルレの存在が最終的に確認された。［Appendix 1 to G-2 Periodic Report No. 3, 29 March 1945, Box 11561, Folder: 1, Folder Title: 377-2. 1: 77th Infantry Division-G-2 Periodic Reports? Kerama Retto〈26 Mar-Apr 1945〉, 77th Infantry Division, World War II Operations〈1940-1948〉, RG 407, NARA.］

なお、米軍は特攻艇のことを自殺艇と呼び、英語ではJap Suicide Craft, Jap Suicide Boat, Suicide Barge, Suicide Attack Boat などと呼んでいた。また、戦隊のことを、Sea Raiding（Suicide）Unit（squadron, battalion）や Amphibious

Assault Unit などと称した。

5、Crew, T. E. (2007) COMBAT LOADED-Across the Pacific on the USS Tate: Texas A & M University Press, College Station.

6、「1」に同じ。

第4章　米軍の慶良間諸島攻略作戦

米西部諸島攻撃部隊

米軍が慶良間諸島に上陸したのは、沖縄本島上陸一週間前のことだった。これは沖縄守備軍第三十二軍の大方の予想を裏切った。第三十二軍としては、米軍は直接沖縄本島に上陸するものと予想し、その態勢を整えていた。このため、慶良間諸島に三〇〇隻の水上特攻艇を配備し、本島周辺、特に嘉手納沖に集結が予想される米艦船を背後から攻撃する作戦を練った。しかし、この作戦は米軍の慶良間諸島上陸で破綻した。

慶良間諸島攻略作戦は、米国統合参謀本部が一九四四（昭和十九）年暮れに決定した沖縄攻略作戦〈作戦名〈暗号〉はアイスバーグ作戦＝Operation Iceberg〉の一環として計画されたものである。

これは米第五一機動部隊（合同遠征部隊）のターナー提督（Vice Admiral R. A. Turner）の提案によるもので、その目的は、慶良間諸島に沖縄本島上陸・攻略作戦の足がかりにするための海軍の前進基地（米艦船の避難・投錨、燃料・弾薬などの補給及び損傷した艦船の修理が主目的）と飛行艇基地（対潜哨戒や捜索・救助活動が主目的）を確保するとともに、那覇から約一九キロ離れた慶良間諸島最東端の慶伊瀬《けいいせ》島（珊瑚礁でできた四つの無人島で構成＝渡嘉敷村）に長距離野戦砲陣地を構築することにあった[1]。

本章では主として米軍側の記録[2]を基に、これまで、余りよく知られていなかった慶良間諸島攻略作戦を統括した西部諸島攻撃部隊（Western Islands Attack Group〈Task Group 51.1〉）と上陸部隊の第七七歩兵師団（77th Infantry Division）の作戦一般を概観する。

慶良間諸島上陸作戦は西部諸島攻撃部隊（司令官I・N・キーランド提督〈Rear Admiral Ingolf N. Kiland〉）が作戦全般を統括し、その配下に陸軍の第七七歩兵師団を中核とする西部諸島上陸部隊（Western Islands Landing Force＝Task Group 56.4＝司令官A・D・ブルース少将〈Major Gen. A. D. Bruce〉）と同部隊を支援する攻撃輸送艦隊（Trans Ron 17・TG51・1・1〉）や西部諸島水陸両用トラックター小艦隊（Western Islands Tractor Flotilla〈TG51・1・6〉）など五つの部隊が参加した。

艦隊（艦船団）は、司令艦マウント・マッキンリー（USS Mount McKinley〈AFC－7〉、一万二五五〇トン）を中心に、大型攻撃輸送艦（AKA攻撃貨物船やAPA攻撃輸送艦など）一九隻、水中爆破チーム輸送駆逐艦二隻、戦車揚陸艦（LST）一八隻、中型揚陸艦（LSM）一一隻、小型揚陸艦（LCI）など数隻、調査船一隻、タグボートおよび修理船各二隻、タンカー二隻、水上機母艦数隻、ビクトリー型弾薬輸送船二隻、ブイや防潜網を搭載した機雷掃海艇数隻、輸送船を改造した病院船一隻——などで編成された。そのほか、上陸を支援するためにアイスバーグ作戦傘下の第五一及び五四機動部隊の艦艇多数が加わった。

ここでは、上陸作戦に直接加わった艦艇や、米軍側が予想した日本軍の装備と兵力、米軍による上陸地点の水中事前調査などについて、入手した米軍の資料を基に概略まとめてみた。

1、Morison, S.E『Victory in the Pacific』1945-History of United States Naval Operations inWorld War II vol XIV. Boston: Little, Brown and Co.

2、77th INFANTRY DIVISION OPERATION REPORT ICEBERG PHASE I, Box 11550, Folder: 4, Folder Title: 377-0.3: 77th Infantry Division-After Action Report-Iceberg Operations? Kerama Retto & Keise Shima (26? 31 Mar 1945), 77th Infantry Division, NARA ()。

上陸作戦に関わった四隻の米艦

慶良間諸島攻略作戦に参加した米軍の艦船は、上述したように数十隻に上る。その中で、特に上陸部隊を海上から直接支援あるいは指揮した主な艦艇四隻について、手短にまとめてみた。

慶良間諸島上陸三日前、同諸島を砲撃した米艦は、戦艦アーカンソー（Arkansas〈BB－33〉、二万七二四三トン）と二隻の重巡洋艦サンフランシスコ（USS San Francisco〈CA－

38〉、九九五〇トン）とミネアポリス（USS Minneapolis〈CA－36〉、九九五〇トン）だった。この攻撃はアイスバーグ作戦で陸地に対する最初の艦砲射撃だったとされる。[1]

特に両巡洋艦は米軍上陸前日の三月二十五日も、慶良間諸島の上陸予定地の海岸を再度砲撃し、水中爆破チームによる湾内の障害物やリーフの調査活動を掩護した。また、上陸当日の二十六日にも、阿嘉島、慶留間島、座間味島などを砲撃し、上陸部隊を直接支援する。上陸当日の朝、私自身も白や黒色などで迷彩を施した重巡の砲撃を目撃した一人である。上下左右に砲身の方向を変えながら火を噴く重巡の巨砲は不気味だった。その時の模様は後で詳述する。

慶良間諸島制圧後、両艦は沖縄本島に移動し、米上陸軍を支援した。終戦後、サンフランシスコは一九四六年、ミネアポリスは一九四七年それぞれ退役した。[2]

慶良間諸島を砲撃した重巡サンフランシスコ（米軍撮影）

阿嘉島に部隊を上陸させた四隻の戦車揚陸艦の一つにLST－771がいる。[3]同艦はフィリピンのレイテ湾で米第七七歩兵師団の兵士を乗せ、三月二十六日阿嘉島の上陸作戦に参加した。

上陸作戦後、同艦は急ごしらえの病院船として使用されたが、慶良間諸島制圧後の三月二十九日、阿嘉島の上陸部隊や水陸両用軌道車（以下水陸両用戦車と略称する）を収容し、沖縄本島の南東洋上に向け慶良間海峡を離れた。そこで、兵員の休養もかねて、約二週間の洋上待機を命じられ、次の任務に備えた。

阿嘉島に部隊を上陸させたLST771（米軍撮影）

新任務は、沖縄本島本部半島の五、六キロ西方に浮かぶ伊江《いえ》島の攻略だった。四月十六日、同艦は阿嘉島に上陸した同じ部隊を伊江島の西南海岸に上陸させる。

その後、弾薬補給船として、沖縄本島と慶良間海峡を往復し、膨大な量の弾薬（米海軍史上、一回の作戦でこれほど大量の弾薬を使用した例は過去にないとされる）を戦艦、巡洋艦、駆逐艦などに補給した。

慶良間海峡では、毎晩、しかも頻繁に特攻機が来襲するため乗員はほとんど睡眠が取れなかった。一晩に四、五回警報が鳴ることもあった。その後は決まって「煙幕をはれ！」の放送が海峡に流れた。風があまりない時は、煙幕の厚い層が海峡を覆い、特攻機から艦船を護ってくれた。

弾薬補給の任務が終わった後は、ガソリンや煙幕用油などの補給の任についた。弾薬輸送も危険だったが、これらの積載物は容易に引火するとんだ代物で、乗員の緊張は並大抵ではなかった。

慶良間諸島に来て約二ヵ月も過ぎたのに、残念ながら、島々の美しい岬や陸地は船上から眺めるだけで、一歩も足を踏み入れたことはなかった。

慶良間海峡投錨中、しばしば島の海岸の洞窟や茂みの中から二、三人の日本兵が海岸に姿を現わし、停泊中の米艦船に向けしきりに白布を振っていた。時には、一度に一〇人の日本兵が投降したこともある。また、ある時は二人の兵士が三日間も海岸で救出を待っていた。渡嘉敷島から臼砲で攻撃されたこともあるが、幸い被害はなかった。そんな時はより安全な場所を求めて海峡内を移動した。

五月末、同艦は使用済みの薬莢などを同海峡の艦艇から回収し、後方へ移動するよう命じられた。一九四五年六月七日、阿嘉島に部隊を上陸させて約二ヵ月半後、戦車揚陸艦ＬＳＴ－771は慶良間海峡を離れサイパン島へ向かった。一九四六年五月十四日、同艦はカリフォルニア州サン・ペドロ（San Pedro）で退役する。

慶良間諸島の攻略作戦全般を洋上で指揮した司令艦マウント・マッキンリーは西部諸島攻撃部隊の旗艦であった。

フィリピンのレイテ湾を一九四五年三月二十一日に発った同艦は、慶良間諸島上陸作戦の日程に合わせて同諸島沖に到着し、三月二十六日、二十七日の両日、第七七歩兵師団の上陸作戦を洋上から指揮した。その後二ヵ月間、慶良間諸島海域に留まった。洋上では特攻機の攻撃を頻繁に受けたが幸い無事だった。

慶良間攻略の司令艦マウント・マッキンリー（米軍撮影）

同司令艦は、特に水陸両用トラックター部隊と上陸部隊の作戦を有機的、かつ円滑に行なうための最新の情報器機を備えるとともに、広範な戦闘情報を迅速に処理できる装備が施され、いわば洋上の総司令部であった。

五月二十二日、沖縄攻略作戦の任務を終えた同艦は慶良間諸島海域を離れサイパン、ホノルル経由サンフランシスコへ移動する。しかし、九月には佐世保に戻り、占領軍の佐世保と呉への進駐を指揮した。一九四六年から一九四八年にかけては南太平洋のビキニ環礁などで行なわれた原爆実験（作戦名はCrossroads）などの指揮にも直接関わった。なお、朝鮮戦争中の一九五〇年九月、マッカーサー元帥が陸海空全軍による総攻撃の指揮を執ったのも同艦からだった。

一九七九年、司令艦マウント・マッキンリーは退役、廃艦となる。[4]

1、Crew, T.E.『COMBAT ROADED』Across the Pacific on the USS Tate（前掲）。
2、USS San Francisco〈CA-38〉-Wikipedia〈http://www.navsource.org/archives/o4/036/0403605.jp〉（accessed 11:00 JST. Feb. 22, 2009）・
3、USS LST-771〈http://www.uscg.mil/History/WEBCUTTERS/LST-771.htm〉（accessed 12:55 JST. July 15, 2009）
4、http://en.wikipedia.org/wiki/USS Mount McKinley（AGC-7）（accessed 14:45 JST. Feb. 21, 2009）・

米軍が予想した日本軍の兵力や装備

慶良間諸島に配備された日本軍の駐留目的や装備（特攻艇を含む）・兵力などについては、事前の空撮を含めいろいろな情報を入手していたにもかかわらず、米軍はその全貌を十分に把握できていなかった。例えば、特攻艇についてだが、前述した米軍将校のメモや米軍上陸約一週間前に師団情報部が司令部に提出した報告書などからも分かるとおり、米軍側は特攻艇の存在をはっきりとは認めていない。

このように、綿密な事前調査などを基に上陸作戦を展開した割には、米軍の認識と判断は若干甘かった感がしないでもない。逆に言えば、日本軍の徹底した機密保持が功を奏したとも考えられる。

以下は、米軍上陸一週間前の一九四五年三月二十日、師団情報部（G－2）が司令部にあてた極秘文書[1]（TOP SECRET）の概要である。

——日本軍の防禦陣地は阿嘉島、座間味島、安室《あむろ》島、渡嘉敷島にはその存在が確認されているが、屋嘉比島、久場島、慶留間島、外地島には認められない。

これらの陣地はすべて慶良間内海に面して構築され、同内海を取り巻く島々の沿岸には、沿岸砲二基（一〇五ミリ砲と推測される）、砲台四基、壕内に格納された車両八〇両（水陸両用戦車の可能性大なり）、機関銃陣地五三箇所、舟艇六六隻（小型船や上陸用舟艇など）、規格兵舎七棟、無線通信所二箇所——などが配備されている。

ただし、水陸両用戦車と思われる八〇両については、特攻艇の可能性も若干残ってはいるが、それが仮に水陸両用戦車だとすると、四〇〇〇人ほどの搭乗員が必要となり、司令部要員や支援部隊などを合わせると、恐らく七〇〇〇人規模の部隊になるものと推定される。

また、もし、その八〇両が米軍のアムトラック（上陸の際兵員輸送などに使用される水陸両用戦車の俗称の一つ）型であるとすれば、八〇両で一五〇〇人から二〇〇〇人の兵員が輸送可能である。

入手した写真資料だけから判断すると、恐らく慶良間諸島には水陸両用部隊七〇〇人、歩兵一個大隊九〇〇人、沿岸警備隊二五人、通信隊二五人で、合計で約一六五〇人の部隊が駐屯しているものと考えられる。

陣地の防禦は、慶良間諸島の中では座間味島が最も堅固で、続いて渡嘉敷島、阿嘉島、安室島の順で固いようだ。

この規模の兵力だと、同諸島守備隊が担い得る可能な軍事行動は以下の範囲に限られる。

1、それぞれの基地の守備をする。

2、小規模単位の部隊による水上・陸上での攻撃を行なう．

3、慶良間諸島に駐屯する全部隊が特定の一個の島に集結し強固な守備を固める。

4、全部隊で逆上陸を敢行する。

5、海上での大小の艦船の攻撃を行なう。——

そのほか、同報告書は島の住民について、住民は米軍に対し必ずしも強い敵意を抱いているとは思えないとも述べている。

報告の主な点は以上のとおりだが、その時点の判断では、日本軍による慶良間諸島の防禦は、阿嘉島、座間味島、渡嘉敷島の壕などに格納されている三七ミリ砲などを装備した八〇両余の「水陸両用戦車」（実際は特攻艇）の働き次第だと米軍側は判断していた。

このように、西部諸島攻撃部隊や第七七歩兵師団は、上陸直前まで慶良間諸島に配備された日本軍の駐留目的（特攻艇基地）や装備・兵力を十分に把握できていなかったのだ。

1、G-2 ESTIMATE OF THE SITUATON-ICEBERG, KERAMA RETTO, 20 March 1945, Box: 11569, Folder: 1, Folder Title: 377-2. 3: 77th Infantry Division

G-2 Massage, File: Kerama Retto (29 Mar 1945), 77th Infantry Division（前掲）。

水中爆破チームの事前調査

慶良間諸島の水中事前調査は、上陸を目前にした三月二十五日未明、ジョイ提督（Rear Admiral C. Turner Joy）指揮下の二隻の巡洋艦と三隻の駆逐艦の砲撃で開始された。午前六時、水中爆破チームが搭乗する巡洋輸送艦や機雷掃海艇が同諸島沿岸に到着し、間もなく水中爆破チームが各島の上陸予定地点で調査活動を開始した。

調査は、第一チームが阿嘉島・慶留間島・外地島・久場島の四島、第二チームが座間味島・屋嘉比島・安室島の三島、第三チームが渡嘉敷島の一島をそれぞれ担当した。上陸用舟艇（LCVP）で乗り入れた水中爆破チームは、本隊の上陸に備えて、各上陸予定地点の湾内の障害物、水深、リーフなどの情況を詳細に調査した。

この間、同チームの活動を掩護するため、空と海から上陸予定地の海岸一帯に砲爆撃を加えた。この猛攻に気を奪われたのか、同チームに対する日本軍の妨害はなかった。

調査の結果、久場島と屋嘉比島は湾内のリーフの情況や水深の関係上、上陸用舟艇が使用できないことが分かった。このことは同日午後、直ちに司令艦マウント・マッキンリー上の西部諸島攻撃部隊司令官キーランド提督と第七七歩兵師団長ブルース少将に報告された。これに基づき、最終的な上陸作戦が決定された。[1]

なお、同調査前日の三月二十四日、慶良間諸島南方の広大な海域では、沖縄東方海上に展開していた第五八機動部隊の空母や戦艦の掩護の下、機雷の除去作戦が展開された。同二十五日にはW・H・ブランディー海軍中将（Vice Admiral William H. Blandy）が率いる水陸両用支援部隊も同海域に到着し、掃海作戦は一層強化された。その日の夜までに慶良間諸島の南方の海域から同諸島に至る幅約七マイル（約一一キロ）の海域で、また同諸島南西方面ではより広い海域で、それぞれ掃海が実施された。しかし、同作戦では機雷は発見されなかった。[2]

1、Morison, S. E.『Victory in the Pacific』History of United States Naval Operations in WWII（前掲）。

2、Appleman R. E., et al. Seisure of the Kerama Islands.『OKINAWA: THE LAST BATTLE』51-63（前掲）。

米第七七歩兵師団

太平洋戦争末期、米軍が慶良間諸島を攻略したことはよく知られているが、上陸部隊の全貌や戦闘・作戦全般については、必ずしも明らかになっていなかった。

ここでは、慶良間諸島に上陸した米第七七歩兵師団の編成、戦歴、特徴、実戦訓練、上陸作戦、戦闘概況、慶良間諸島守備隊の駐留などについて同師団の報告書を基にまとめてみた。

そのほか、沖縄戦で日本の領土に最初に足を踏み入れた米兵や、米軍上陸後行方不明だった日本軍将校の投降についての逸話も付記した。

師団の編成と戦歴

第七七歩兵師団は一九一七年八月、ニューヨーク市の召集兵を中心に編成され、第一次世界大戦時はフランスで参戦した。二年後の一九一九年四月、米国に帰還するが、師団はそこでいったん解団する。しかし、太平洋戦争勃発一年後の一九四二年三月、再編成され西太平洋、フィリピン諸島南部、琉球諸島を主戦場に、日本軍と激闘を交えた。太平洋戦争だけで七四六一人の犠牲者（戦死、負傷、捕虜、行方不明者を含む）を出した。授与された感状やメダルも数多く、これにより同師団の名は広く知られるようになった。

兵士の大多数がニューヨーク市出身者で占められていたため、ニックネームは「自由の女神師団」で、紋章には自由の女神像が選ばれた。第二次世界大戦時、兵士は青色の縦長台形に金色の女神像を描いた紋章をヘルメットの両側面に印し、師団の伝統を誇示した。

同師団の中核部隊は第三〇五、三〇六、三〇七連隊と第九〇二野戦砲大隊で、これらの部隊を補充部隊の第三〇二工兵隊や第三〇二医療部隊、それに師団司令部、憲兵隊、物資補給部、偵察部隊、通信隊などが支えた。さらに、装甲、諜報、爆弾処理、対空砲火、水陸両用戦車などの専門分野を担当する専従班も師団の組織下に置かれた。

慶良間諸島攻略以前の同師団の戦歴は、一九四四年七月二十一日のグアム島上陸（戦闘終結が八月八日）を皮切りに、十一月二十三日レイテ島東海岸のオーマック（Ormoc）上陸

（十二月十日制圧）、その後同島北部の掃討作戦に移る。一九四五年二月五日、同島での全作戦を終了したあと、休養と次期作戦に備えて洋上で待機する。

テキサス州出身の意気盛んなアンドルー・D・ブルース陸軍少将（Gen. Andrew D. Bruce, 一九四三年五月〜一九四六年二月）が率いる同師団は、機動性と強襲力を誇る部隊で、グアム島における戦闘では、共同作戦では決まって陸軍を批判する海兵隊でさえ同師団を第七七「海兵」師団とあがめるほど、すばらしい戦績を残した。また、オーマック島作戦では日本軍の抵抗を三週間で抑え、レイテ戦を勝利に導いた。

一九四五年二月五日以降洋上待機していた同師団は、次期作戦に慶良間諸島攻略を命じられた。一連の事前演習やオリエンテーションを経て、師団は西部諸島攻撃部隊の傘下、艦船団を組んで一路慶良間諸島に向かった。三月二十六日午前、阿嘉島を皮切りに慶良間諸島のほかの四島に上陸、明くる二十七日に渡嘉敷島と久場島に上陸した。二十九日までに、慶良間諸島全域を制圧した。その後、師団は一個大隊を座間味島に残し同諸島を撤収する。四月一日から十五日まで、休養と次期作戦のため洋上待機を命じられる。

しかし、四月二日午後七時、洋上の待機海域へ移動中、強襲艦（USS HENRICO＝APA－45）が特攻機の攻撃を受け甚大な被害を受けた。この攻撃で将校や兵合わせて四九人が死亡し、その中には連隊長や二人の部隊司令官が含まれていた。また、作戦に必要な貴重な書類、記録、地図なども失った。同艦は、その後前線から離脱し慶良間海峡に戻り、避難した。

四月十六日、予定どおり同師団の第三〇五連隊第一及び第三大隊（座間味島と阿嘉島に上陸した同じ部隊）が次の攻撃目標である伊江島に上陸した。数日間の激戦の末、同島を占領した。有名な従軍記者アーニー・パイルが戦死したのもこの戦闘においてだった。

四月二十五日、沖縄本島に転進し、第九六師団と交代する（四月二十八日）。日増しに激しくなる日本軍の抵抗を潰《つぶ》しながら、師団は第一海兵師団と共に首里を攻撃、二十九日から三十一日にかけて同地域を攻落した。六月、第二四軍団の右翼を担当し日本軍の壕群を潰す作戦を展開した。

七月、師団は沖縄本島を撤収しフィリピンのセブ島に移動、日本本土進攻作戦の準備に取り掛かった。日本の敗戦に伴い一九四五年十月、占領軍として日本本土に進駐した。駐留数ヵ月後の一九四六年三月十五日、戦時編制から解除される。

以上が第七七歩兵師団の編成と戦歴の概要である。[1]

1、77th Sustainment Brigade (United States), United States Army Center of Military History document『The Army Almanac』A Book of Facts Concerning the Army of the United States, U. S. Government Printing Office.

上陸演習とオリエンテーション

慶良間諸島攻略作戦に先だち、戦闘（上陸）部隊の米第七七歩兵師団第三〇五連隊の三個大隊は、地理的条件が慶良間諸島に類似したフィリピンのレイテ島南東海岸の小島で、上陸演習（暗号は作戦計画I—慶良間列島）を実施した。

三月十四日早朝、演習部隊は全員戦車揚陸艦などに乗り込み、目的地を目指して海岸を発った。しかし、同連隊の第一及び第二大隊は戦車揚陸艦の故障や悪天候のため予定通り演習を行なうことができなかった。水陸両用戦車で向かった第三大隊だけが予定どおり午前八時、目的地の海岸に到着し計画どおり演習を実施した。

この演習で、荒天のため戦車揚陸艦、車両類、武器、兵員に損害が出た。このため明くる三月十五日に予定されていた第一及び第三大隊の演習は取りやめになり、第二大隊のみが上陸用舟艇による演習に参加した。

このように事前の上陸演習は悪天候や時間の制約などにより、予定どおり実施することはできなかった。

演習終了後、戦闘部隊の同師団は、さっそく戦車揚陸艦や中型揚陸艦などを核とする西部諸島水陸両用トラックター小艦隊と、攻撃貨物船や攻撃輸送艦を中心に編成した攻撃輸送船団の二団に分かれ、速度の遅い前者は三月二十日、後者は同二十二日、それぞれレイテを慶良間諸島向け出発し、三月二十六日早朝までに同諸島海域にそろって到着した。

途中、船上では事前に準備された研修などが行なわれた。研修の内容は任務遂行に関わるオリエンテーションが主であった。例えば、初めて上陸作戦に参加する兵員の教育もその一つだった。加えて、琉球諸島の地図（二万五〇〇〇分の一）、住民、政治、習慣、歴史、地理、気候、地形などについての講義も行なわれた。南西諸島に関する冊子（極秘扱い）も一〇人に一人の割合で兵員に配布される。

オリエンテーションなどは、ほとんどの場合、船内のメスホール（食堂）や、コンパートメント（兵員室）、甲板などで予告なしに行なわれた。

このように、上陸演習や事前のオリエンテーションも一通り終了し、一九四五年三月二十六日の日を迎えたのである。

慶良間諸島上陸

上陸前夜（三月二十五日夜）、慶良間諸島の空には十三夜の月が浮かび、美しい夜だった。海上は波静かで、気温は華氏六一度（摂氏一六・一度）。

明くる三月二十六日午前四時三十分、南西諸島攻撃部隊は久場島（慶良間諸島の西南端に位置）の西方約六マイル（約九・六キロ）の洋上に集結した。そのあと水陸両用トラックター[1]小艦隊だけが上陸予定地点に更に移動し、そこで二群に分かれた。第一群（戦車揚陸艦〈LST〉と中型上陸用舟艇〈LSM〉合わせて一四隻などで編成）が久場島の南南西約二マイル（約三・二キロ）沖に、第二群（戦車揚陸艦四隻）は屋嘉比島（慶良間諸島の西北端）の北方約二マイル沖にそれぞれ移動し、上陸作戦の準備を整えた。

間もなく、重巡洋艦二隻（サンフランシスコとミネアポリス）、駆逐艦四隻、小型砲艦二四隻などで編成した上陸支援艦隊が、各上陸地点の海岸や日本軍施設に砲撃を開始する。

午前六時四十分、久場島沖の戦車揚陸艦上で待機していた第一群の上陸部隊は、水陸両用戦車（LVT＝Landing Vehicle Tracked）[2]に乗り換え、海軍の先導艇（通常小型上陸用舟艇

米第77歩兵師団による慶良間諸島侵攻作戦[4]

注　1. 黒矢印は3月26日に上陸した島
　　2. 白矢印は3月27日に上陸した島
　　3. 各矢印に続く数字は所属部隊を示す。
　　例えば数字の「3/305」は第305連隊第3大隊（阿嘉島上陸部隊）

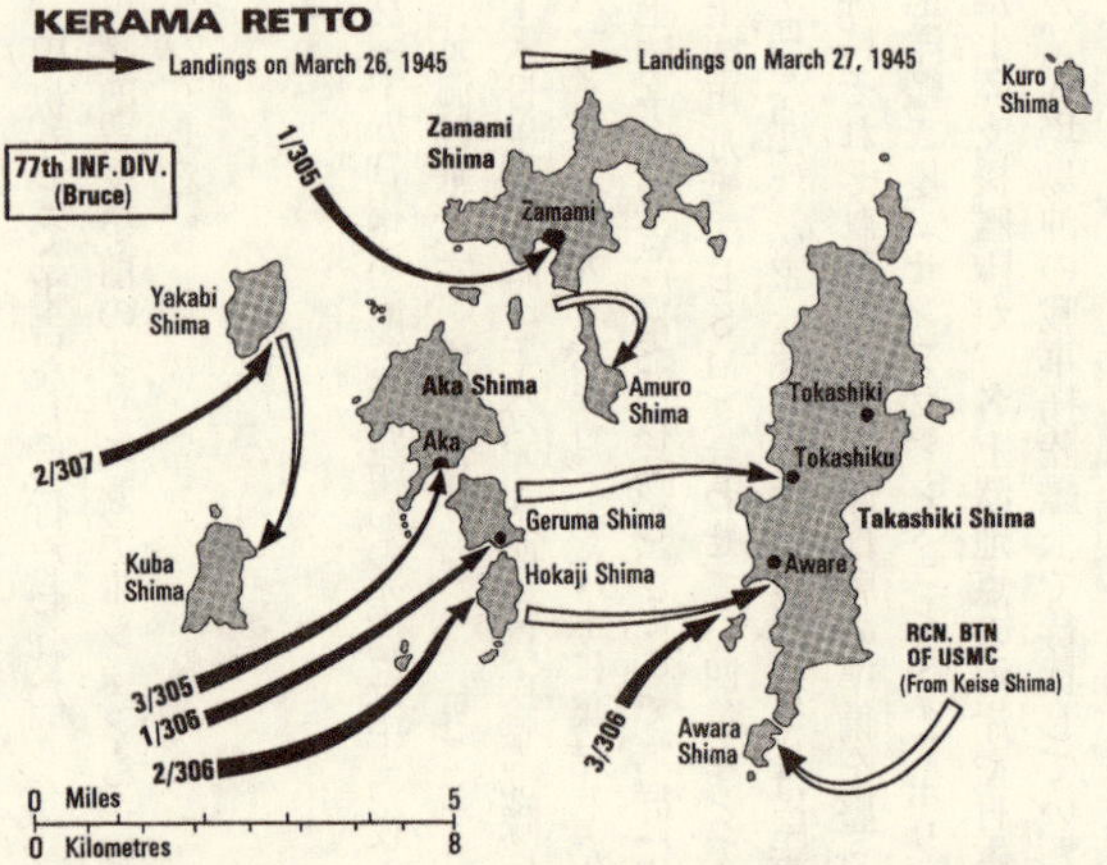

＝LCVP）を先頭に進路を一斉に北東に取り進撃を開始した。上陸部隊は途中阿嘉島沖で二手に分かれた。一個大隊（第三〇五連隊第三大隊の約三〇〇人）は阿嘉島集落の正面海岸（米軍はゴールド・ビーチと称した）へ、ほかは慶留間島の正面海岸（イエロー・ビーチ、第三〇六連隊第一大隊）と外地島（ブルー・ビーチ、同第二大隊）へとそれぞれ進撃した。

　上陸部隊は午前八時四分阿嘉島、続いて八時二十五分慶留間島にそれぞれ上陸を開始した。外地島への上陸は、若干遅れて午前九時二十一分と

1945年3月26日、上陸戦が始まり、阿嘉島（正面奥）と慶留間島（右側）に進撃する米軍の水陸両用戦車の群れ（米軍撮影、沖縄県公文書館）

なった。

一方、屋嘉比島北方の戦車揚陸艦上で待機していた水陸両用戦車群は、同じく海軍の先導艇を先頭に二つの無人島（嘉比島とアギナシク）と座間味島間の水路を進撃し、午前九時、座間味島集落正面海岸（バイオレット・ビーチ、第三〇五連隊第一大隊）に突入した。

各島への上陸作戦は、艦艇や艦載機による掩護砲爆撃[3]もあって、損害もほとんどなく予定どおり実施された。

その日の午後までに、久場島と渡嘉敷島を除いて、慶良間諸島の主要な島々は米軍に制圧された。久場島と渡嘉敷島への上陸は明くる三月二十七日に行なわれ、久場島はその日で、渡嘉敷島は二十九日までには島のほとんどが制圧された。

1、戦車揚陸艦（LST）は総トン数約四〇〇〇トン、乗員約一〇〇人、兵員約一五〇人と水陸両用装軌車（略称水陸両用戦車）約一六両が積載可能で、機関砲や機銃などで装備をしている。慶良間諸島上陸作戦では一個大隊にそれぞれ四隻（一隻は予備）の戦車揚陸艦が配備された。

2、水陸両用戦車（複数の派生型あり）は兵員約三三人（乗員三人を含む）が輸送可能な、機銃あるいは砲塔を装備した装軌車。慶良間諸島作戦では水中調査隊の事前調査を基に、突起した珊瑚礁や水深に左右されない水陸両用戦車を主として使用した。なお、水深の比較的深い所では小型上陸用舟艇（ＬＣＶＰ）も使用された。例えば、無人島のアギナシクがそれである。第三〇五連隊第二大隊（座間味島に慶良間諸島守備隊として残留した部隊）は小型上陸用舟艇でいったんアギナシクに上陸し、そこで水陸両用戦車に乗り換えて座間味島海岸に上陸した。写真にアギナシクの砂浜に小型上陸用舟艇が接岸しているのはそのためである。

3、艦艇や艦載機による掩護砲爆撃は、上陸軍が海岸に到着する直前には停止し、上陸後は上陸部隊の要請により適宜砲爆撃を繰り返した。

4、Frank, B. M.（1970）『OKINAWA』touchstone to victory: Ballantine Books Inc.

阿嘉島の戦闘

ここでは、米第七七歩兵師団第三〇五連隊の慶良間諸島における戦闘概況（Summary of Action）[1]の中から、主として阿嘉島に関する箇所のみ抜き出してみた。

三月二十六日午前八時四分、第三〇五連隊第三大隊（大隊長E・チェールグレン中佐〈Lt. Col. E. Chalgren, Jr.〉）は日本軍の軽度の抵抗を受けながらも阿嘉島集落正面の砂浜に上陸した。日本軍は、海岸をめざして進撃してくる水陸両用戦車群に対し、機関銃やライフルで攻撃してきたが、上陸部隊に損害はなかった。上陸後、部隊は間もなく阿嘉島集落を制圧し、集落後方の丘陵地帯に向かって進撃を開始した。途中狙撃兵による散発的な銃撃を受けるが、激しい抵抗はなかった。

阿嘉島での第305連隊第３大隊の戦闘
〈掃討を含む〉

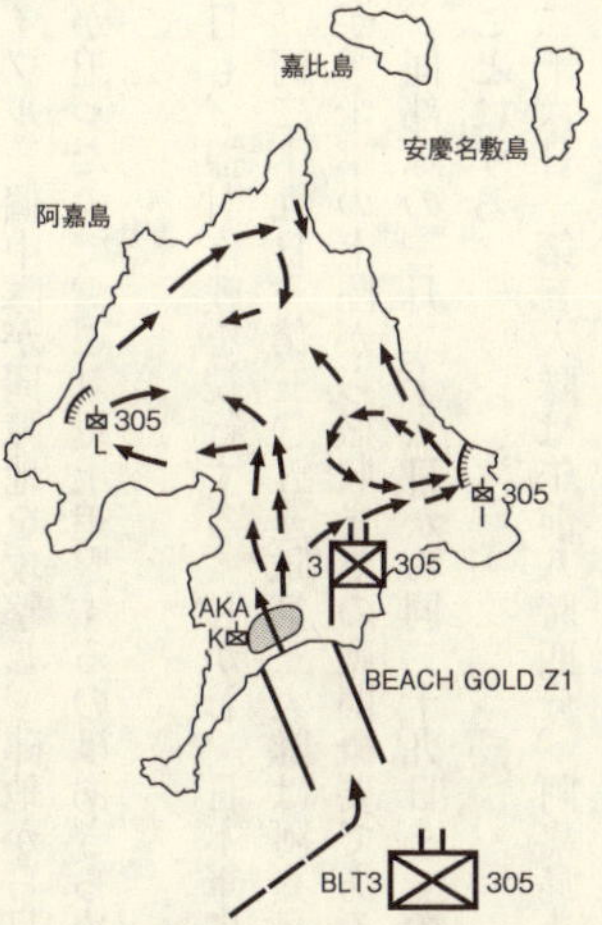

しかし、午後になって、日本軍は組織的攻撃を開始した。これに対し、米軍は迫撃砲やライフルで反撃、二五人の日本兵を殺害した。夜間の防禦陣地を確保する前に、米軍は日本軍の軽機関銃陣地、壕、塹壕などを多数破壊した。

静かな夜が過ぎて明くる朝、部隊は島内で大規模な掃討作戦を展開し、日本軍の大量の装備を破壊または捕獲するとともに、比較的堅固に構築された日本軍陣地を孤立させることに成功した。この陣地は機関銃や臼砲《きゅうほう》（砲身が比較的短い大砲）などで重装備した七五人ほどの日本兵が守備を固めていた。空爆や迫撃砲（砲身が短く、携帯可能な軽い砲）の掩護の下、ライフル一個中隊が同陣地を攻撃し、陣地から日本兵を追い出した。

夕闇が迫ったので、これ以上追撃するのはあきらめ、夜間の防禦陣地に落ち着くことにした。

次の日も、掃討作戦を続行する。しかし、日本軍による組織的な抵抗はもはや確認されなかった。同二十九日、第三〇五連隊第三大隊は阿嘉島から撤収した。

以上が、米軍の上陸から撤収までの戦闘概要である。

以下、同部隊の三月二十六日から同二十九日までの戦闘概況を日を追って、もう少し詳しく見ることにする。

三月二十六日：第三大隊は午前八時四分、阿嘉島集落正面の砂浜に敵の軽微な抵抗を受けながら上陸した。水陸両用戦車群は五回ほど日本軍の攻撃を受けたが、銃弾はすべて水中に落下した。上陸した砂浜では散発的な銃撃があった。海軍による砲撃の支援を得て、上陸部隊は阿嘉島の集落を占領し、若干の攻撃を受けながら丘陵地帯に進撃した。しばらくして敵の強い抵抗に遭う。

上陸部隊は迫撃砲で攻撃し二四人の日本兵を倒し、日本軍の陣地を撃滅した。I中隊は慎重に前進したが、機銃掃射を受ける。しかし、日本軍陣地を攻略するとともに小型船八隻と装備類や爆薬を壕内で押収した。一時三十分トーチカを爆破する。L中隊は偵察を終え夜間の陣地に戻る。その日住民三人、日本兵二人を捕虜にする。第三大隊の戦死及び負傷者は各一人。日本兵約二五人を射殺する。

三月二十七日：部隊は全占領区域のパトロールに出発する。I中隊は島の東海岸に沿って掃討作戦を開始し、特攻艇三八隻、小型船一隻を捕獲し、壕内の弾薬庫を破壊した。K中隊は最初は島の中央部で作戦を展開したが、丘の反対側の坂に構築された機関銃陣地で日本兵七五人の攻撃を受けた。そのためパトロールを中止し、部隊本部は同陣地の空爆を司令部に要請した。

空爆後、部隊の掩護を受けながらL中隊が臼砲で同陣地を攻撃する。しかし、日本軍は空爆の直前か直後に同陣地を撤退したようで、陣地には三人の日本兵の死体と、おびただしい量の弾薬や装備類、銃器類が放置されていた。米軍は全ての装備類を破壊した。一方、L中隊は日中、西側と北西側の海岸をパトロールしたが敵との遭遇はなかった。

三月二十八日：日本軍による夜間（前夜）の活動なし。ただし、米軍の陣地に侵入しようとした日本兵一人が射殺された。日本兵の掃討や施設の破壊を命令された各中隊は、その日の掃討作戦を島の全域に拡大したが、日本軍の抵抗はなかった。装備類が若干発見されたが、これらはすべて各中隊によって破壊された。

三月二十九日：日本軍による夜間（前夜）の活動は報告されなかった。午前八時、I及びK中隊は島の北部に移動するが、日本軍との接触はなかった。ただ、K中隊のパトロール隊が攻撃されたので、K中隊は日本軍陣地を襲撃し日本兵二人を射殺、朝鮮人一人を負傷させる。

午前九時十五分、銃の再装塡《そうてん》（銃などに弾丸を詰めること）が開始され、各中隊は掃討作戦を全て終了し、ゴールドビーチー（阿嘉島集落正面の海岸）に集結するよう命令される。

これで、第三大隊の阿嘉島での上陸作戦はすべて終了した。

1、Summary of Action, Box: 11661, Folder: 7, Folder Title: 377-INF (305) -0.3: 77th Infantry Division-305th Infantry Regiment-After Acton Report-Ryukyus Campaign（26 Mar ~ 30 Jun）1945, 77th Infantry Division, NARA（前掲）。

阿嘉島に最初に上陸した米兵

米軍の公式記録によると、沖縄戦で米軍が最初に上陸した島は阿嘉島である。[1] ところで、日本の国土であるこの島に最初に上陸した米兵は誰か。以下フランシス・T・ミラー（Francis.T.Miller）[2] とトーマス・E・クルー（Thomas.E.Crew）[3] の著書の中から、このことについての記述を拾ってみた。

フランシス・T・ミラーによると、日本の国土（阿嘉島）に最初に足を踏み入れた米兵は、ニューヨーク州メイブルック出身のフレッド・A・マイアーズ軍曹（Sergeant Fred. A. Myers, Maybrock, NewYork）となっている。同軍曹は一九四五年三月二十六日午前八時四分、阿嘉島集落正面の砂浜に先導艇（guide boat）のタラップが開くと同時に砂浜に飛び降りた。中隊長のロバート・バー中尉（Lt. Robert Berr、Decatur, Illinois＝第三〇五歩兵連隊、第三大隊、K中隊）に一歩先んじての上陸だった。

一方、トーマス・E・クルーによると、先導艇のタラップが開く前に、すなわちメイアー軍曹が砂浜に最初の一歩をしるす前に、同艇の船縁から浅瀬に飛び降りた兵士がいたという。彼の名はホーム（Holm）で、テート（USS Tate[4]〈AKA－70〉）の副甲板長だった。ホームは慶良間諸島進攻で日本の国土に最初に足を踏み入れた者は自分だと主張してはばからない。

メイアー、ホームの両米兵は共に上陸部隊の右翼を先導していたコンエル海軍少尉（Ens. Owen Conwell）が指揮する同じ先導艇に搭乗し、水陸両用戦車群の第一波が砂浜に到着する前に、先遣隊として上陸した。

ところで、実は二人が上陸する前に、すでに上陸地点の浅瀬に足を踏み入れた一群がいた。彼らは上陸前日、各島の上陸地点の珊瑚礁の浅瀬を調査などのため「上陸」した水中障害物爆破隊（underwater demolition team）のフロッグメンだった。

しかし、この事実は長い間無視されてきた。沖縄戦で米軍が最初に上陸した島は慶良間列島の阿嘉島だが、もし水中障害物爆破隊の事前活動をも考慮に入れるとすれば、彼らこそが、日本の国土に最初に足を踏み入れた米兵ではないだろうか。

このように、「阿嘉島に最初に上陸した米兵」については、未だ議論が終息する様子は見られない。これは、慶良間諸島に進攻した多くの米兵にとって、この事が如何に大きな関心事だったかを如実に物語るものである。

なお、この議論を通して、水中障害物爆破隊のフロッグメンの存在がクローズアップされたのは一つの大きな収穫だった。

1、『OKINAWA: THE LAST BATTLE』（前掲）の中に、「The next island invaded-and the first to be secured-was Geruma.」（傍点は引用者）というくだりの文がある。日本語訳は「〈阿嘉島の〉次に上陸した島は慶留間島だった。ただし、占領は〈慶留間島が〉どの島よりも早かった」第七七歩兵師団の公式記録によると、米軍が慶良間諸島で最初に上陸した島は阿嘉島で、日時は一九四五年三月二十六日午前八時四分。一方、慶留間島の上陸は阿嘉島より二一分遅れの午前八時二十五分だった。しかし、米軍の手に最初に落ちた島は慶留間島が慶良間諸島の中で最も早く、二十六日の正午前。一方、阿嘉島の制圧は同日午後五時と記録されている。一部に、慶留間島が、慶良間諸島の中で、米軍が最初に上陸した島だと言われているが、文中の「占領はどの島よりも早かった」が拡大解釈され、米軍の上陸も慶留間島が最初だと誤解されたのではないか。

2、Miller. F (1945).『History of World War II』(Armed Services Memorial Edition). Philadelphia: Universal Book and Bible House.

3、Crew.T.E.『COMBAT LOADED』Across the Pacific on the USS Tate.（前掲）。

4、米国海軍の攻撃貨物輸送艦（慶良間諸島では阿嘉島、久場島、屋嘉比島、座間味島への兵員輸送や装備類の輸送任務に当たる）

米軍に投降した日本軍将校

阿嘉島駐屯の基地隊第二小隊長の染谷正之少尉は米軍上陸直後、行方不明となった。部隊内では戦死説、投降説などいろいろ取りざたされた。しかし、いずれも確証は得られなかった。

その時の状況を儀同保氏は著書の中で次のように述べている。[1]

――S少尉[2]という将校は、戦闘が一息ついた頃から、兵隊達の間では話題となった人物であった。私が聞いたところでは、関西の某私立大学出の少尉で、この島の基地隊の第二小隊長であった。

それが、三月二十五日、皆が米軍上陸が迫ったことで山に登ったのに、当番兵と部落内に留まって酒を呑んだりしており、翌朝部落海岸に米軍の上陸が始まったのを見ながらも後退しなかったので、当番兵は彼を置き去りにしてきたが、それ以降は所在不明ということで、その行動は当然いろいろと取り沙汰されていた。（後略）――

ところが、実を言うと、同少尉は米軍が阿嘉島に上陸した三日後に投降していたのである。T・E・クルー（T. E. Crew）は、同少尉の投降時の様子を著書[3]の中で次のように記している。

――三月二十八日の夜明け、テート（攻撃貨物輸送艦）は夜間の洋上退避から久場島沖の待機海域に戻り、燃料や弾薬補給の任に当たった。

同日朝、同艦所属の中型上陸用舟艇（ＬＣＭ）が島の海岸で貨物を陸揚げしていたところ、近くの茂みから突然二人の日本兵が両手を挙げて近づいてきた。一等水兵のＪ・Ｗ・ワーテイントン（J. W. Worthington）はビックリした。乗員は全員丸腰で、武器は舟艇に装備されてある機関銃だけであった。

二人の日本兵のうち、米兵よりも背が高く頑丈そうな一人は、明らかに降伏の意志があるようだった。ワーテイントンには一人は将校で、もう一人は下級兵のように見えた。水兵らは直ちに二人を舟艇に収容し、母艦のテートへ向かった。――

これは日時や場所などからして、明らかに染谷少尉の投降時の様子を記したものだと思われる。

第七七歩兵師団の戦場メモにも、同少尉の投降日は三月二十八日（午前十一時四十五分）とある（注、この戦場メモは第三〇五連隊〈Ｓ－２〉が師団情報部へあてたものである）。

――メモの内容：第三大隊は特攻艇一〇隻を３２６９－Ｋ地点で発見。そのほか負傷日本兵一人（午前十一時三十分）、将校一人（午前十一時四十五分）、３１６９（Ｏ～Ｖ）地点で捕虜にする。将校は師団本部に護送する予定。一九四五年三月二十八日、午後一時十五分。

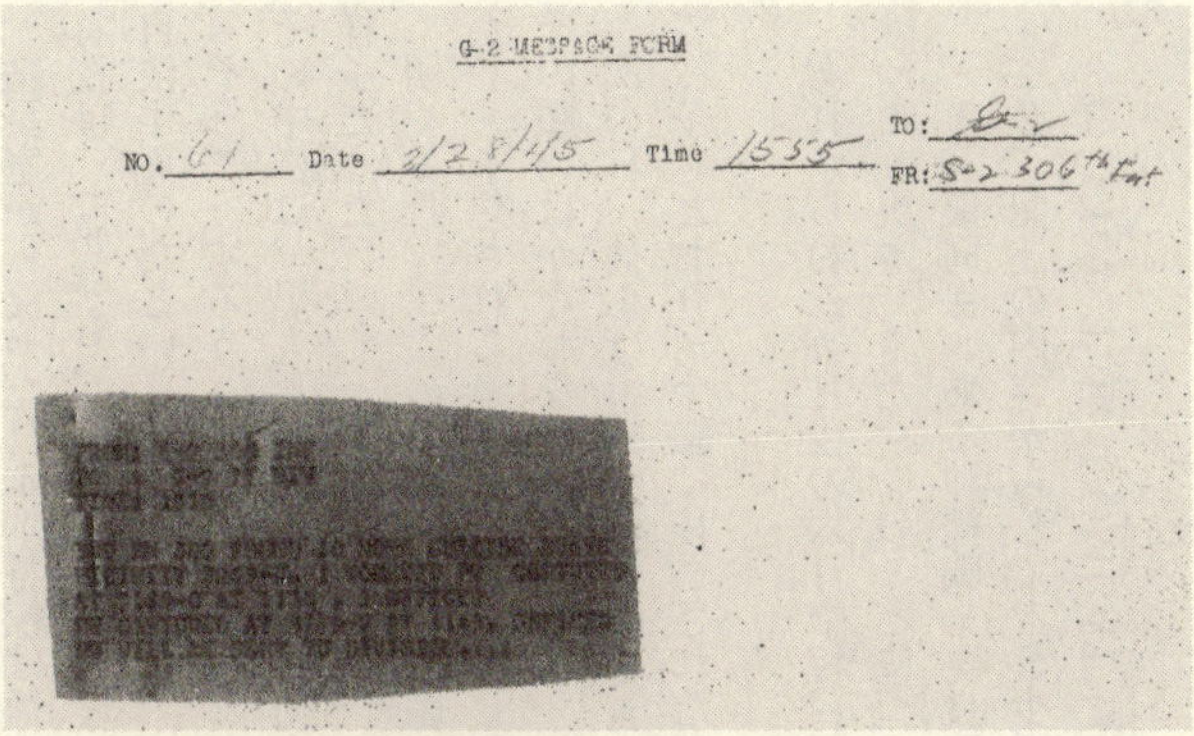
G-2 MESSAGE FORM

NO. 61 Date 2/28/45 Time 1555 TO: G-2 FR: S-2 306th Inf

日本軍将校の捕虜のことを伝える戦場メモ

（当日、阿嘉島で米軍の捕虜になった日本軍将校は染谷少尉以外にいない＝引用者）――

これで、同少尉の行方不明直後の足取りがほぼ明らかになった。

なお、攻撃貨物輸送艦テート収容後の同将校らの行動について、T・クルーは次のように付け加えている。

――テートに移送された日本軍将校は、通訳を通して捕虜の取り扱いに不満をぶちまけた。あげくの果て、艦長との面会をも要求した。

面会を許された同将校は、捕虜の取り扱いについて直接艦長に苦情を訴えた。

しかし、R・ライアン（Rupert Lyon）艦長は「つべこべ言うのではない。本官だったら貴官を船縁から海に投げ込んでいたところだ」と無愛想に言い捨てた。

艦長室から戻った日本軍将校は通訳を通して、水兵の拳銃を貸してくれるよう申し入れた。将校は、「屈辱もいいところだ、このままでは日本に帰れない」と不満を爆発させ、拳銃で自決するのだという。

そうこうするうち、大勢の水兵たちが日本兵捕虜見たさに、船内留置所の前に群がった。その中には、黒人兵の炊事係りも何人かいた。日本兵捕虜は初めて見る黒人にビックリした様子だった。

明くる日、二人の日本兵は司令艦マウント・マッキンリーに移送されることになった。しかし、予想される尋問に恐れをなしたのか、捕虜らは、テートに残して欲しいと懇願した。その願いはかなわなかった。

次の日、彼らは書類や個人の持ち物（情報価値のありそうな）を袋や小型のケースに詰めて、予定どおり司令艦に移送された。――

あれから約三ヵ月後の六月中旬、同少尉は米軍側の降伏交渉団の一人として、阿嘉島にひょっこり戻ってきた。このことについては、後ほど詳細に述べたい。

1、儀同保『ある沖縄戦―慶良間戦記』（前掲）。

2、記述の内容からして、S少尉とは染谷少尉を指すものと思われる。

3、Crew, T. E.『COMBAT LOADED』-Across the Pacific on the USS Tate.（前掲）。

無人島の占領とノッポ・トム

三月三十一日午前十一時頃、第四二〇野戦砲連隊は第三〇六連隊第二大隊が前もって確保しておいた慶伊瀬島（通称チービシ＝渡嘉敷村）に上陸した。重火器類はリーフの切れ目に設置された台船（浮き桟橋）に横付けした戦車揚陸艦（ＬＳＴ）から陸揚げし、弾薬や物資の陸揚げには水陸両用戦車を使用した。三月三十一日の午前中までには、戦車揚陸艦から発進した小型機の支援を得て、第五三一及び第五三二野戦砲大隊は沖縄本島砲撃の諸準備を整えた

慶伊瀬島に配備された長距離砲（1945年4月、米軍撮影）

しかし、その日の夜から四月一日にかけて、同島はおよそ六〇回におよぶ日本軍の砲撃（口径一五〇ミリ砲と推定される）にさらされた。幸い兵員や砲座には被害はなかった。

四月一日午後五時、野戦砲連隊は沖縄本島の第二四軍団と連絡がとれ、直ちに同軍団の指揮下に入ることになる。四月二日の午後までに、同連隊は一五五ミリ砲二四門の揚陸を完了した。あわせて、小型機の滑走路も同島に設営し、即日使用を

開始した。[1]

第四二〇野戦砲連隊の慶伊瀬島上陸は、米軍の沖縄本島上陸及び米第一〇軍の本島進攻作戦を遂行する上で重要な役割を果たした。一五五ミリ長距離砲（愛称はLong Toms＝ノッポ・トム）の二個大隊は、那覇から米軍上陸地点（読谷・嘉手納）以南の主要道路や沖縄本島の残波岬以南の広範な地域を射程におさめ、米軍の沖縄本島進行作戦を支援した。

なお、四つの珊瑚礁の小島から成る慶伊瀬島はその大きさや立地条件からして沖縄本島攻撃には格好の場所だった。日本軍の側面を狙った位置の有利性からして、その脅威を十分承知している日本軍は、数回にわたって同島の攻撃・奪還を計画した。しかし、慶伊瀬島に日本軍の侵入者はついに現われなかった。[2]

1、Box: 11550, Folder: 4, Folder Title: 377-0.3: 77th Infantry Division Report-Iceberg Operations-Kerama Retto & Keise Shima (26-31 Mar 1945), 77th Infantry Division NARA（前掲）。

2、Appleman, R.E.『OKINAWA: THE LAST BATTLE』（前掲）。

慶良間諸島の戦闘概括

この戦闘概括は米七七歩兵師団の作戦報告を基にまとめたものである。[1] 慶良間諸島攻略作戦で、同師団は同諸島の八島と、四つの小さな無人島から成る慶伊瀬島を制圧した。これにより沖縄本島上陸に備えた米中核部隊に対する同諸島方面からの攻撃の脅威が取り除かれる

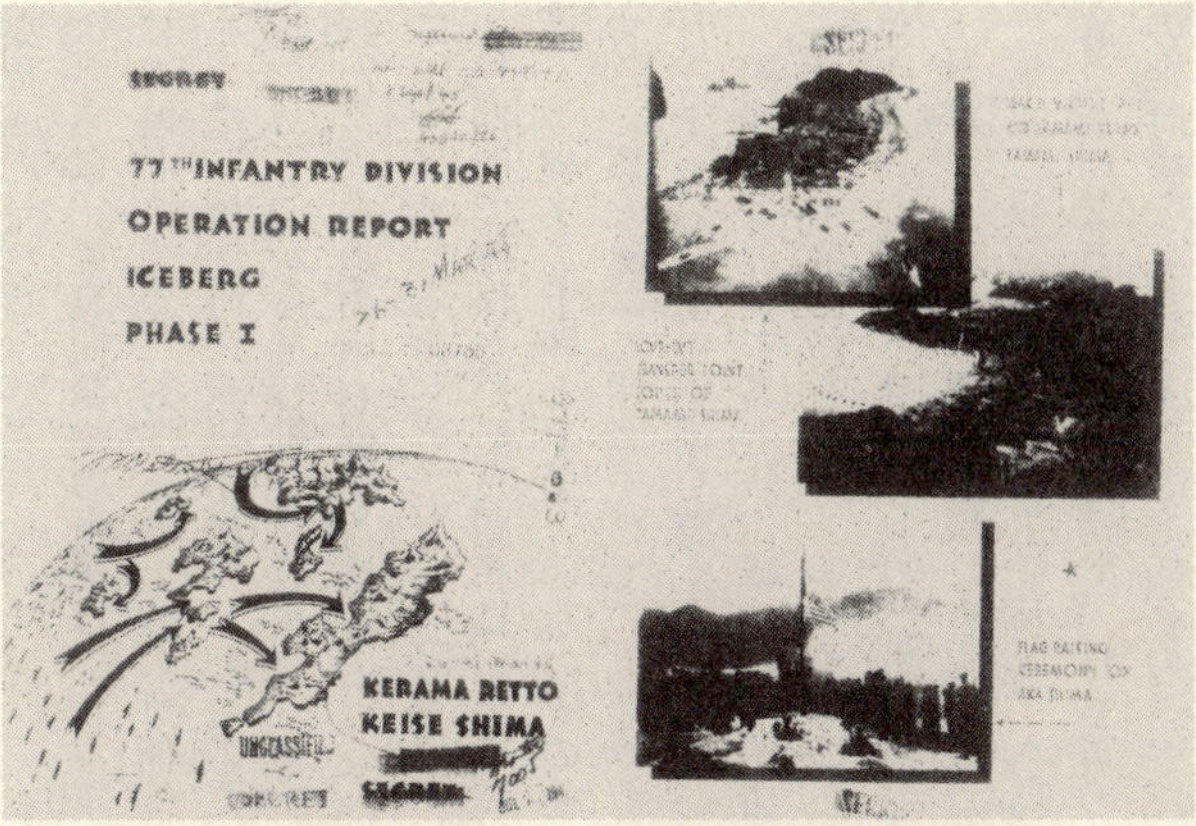

慶良間諸島の戦闘を記録した米第 77 歩兵師団戦闘報告書（表紙）

とともに、慶良間海峡に、艦船の燃料補給・修理基地、それに艦船の投錨地が確保された。すなわち、慶良間諸島の確保は米軍の沖縄本島進攻作戦に大いに寄与した。

確保した陸地の総面積は約一六平方マイル（四一平方キロ）だが、水面領域を合わせると、優に四九平方マイル（一二七平方キロ）となる。数字に見る総面積では特に広い感じはしないが、米第七七歩兵師団による慶良間諸島の確保は、アイスバーグ作戦の究極の目標でもある日本本土進攻への着実な一歩となった。

米軍にとって、特攻艇基地の破壊は、それだけとっても慶良間諸島確保の価値は十分あった。慶良間諸島では三五〇隻（三〇〇隻の誤り＝引用者）の特攻艇が破壊された。捕虜の尋問や捕獲された日本軍の文書によると、これらの特攻艇は沖縄本島上陸に備えた米中核部隊を水上で攻撃する予定だった。これは米軍にとって大きな脅威だった。

さらに、慶良間諸島の占領は、日本軍から水上特攻の機会を奪っただけでなく、沖縄本島に上陸した米軍に対する逆上陸の可能性を潰す役目も果たしてくれた。日本軍が失ったもの——それは同時に米軍が獲得したものだが——それは米軍の手に落ちた広大な慶良間内海だった。そこから飛行艇が離着水し、艦船に対し燃料、弾薬、物資などの補給や修理が行なわれた。同基地の中心部から沖縄本島へはわずか二〇マイル（約三二キロ）、日本本土へは三二五マイル（約五二三キロ）しか離れていない。

短期間で確保した慶良間諸島の島々に加えて、第四二〇野戦砲連隊の慶伊瀬島の砲台基地は、沖縄本島上陸と米第一〇軍のその後の作戦で重要な役割を果たした。野戦砲連隊を構成する二個大隊は二四基すべての「ノッポ・トム」を同島に陸揚げし、沖縄本島上陸前日の三月三十一日攻撃の準備を整えた。

同連隊は沖縄本島上陸作戦に直接参加はしなかったが、本島南部から上陸地点周辺に延びる全ての主要道路を攻撃・遮断することで、上陸部隊を支援した。知念半島東端の五〇〇〇ヤード（約四・六キロ）以外、残波岬以南の全域が一五五ミリ砲の射程内にあり、日本軍はノッポ・トムの攻撃の脅威にさらされた。

第四二〇野戦砲連隊の主任務は、本島南部から北へ通じるすべての道路の使用を日本軍に許さないことだった。併せて、日本軍の砲座などや、那覇市街地及び同市周辺にある日本軍の飛行場を攻撃することも任務の一つだった。

ところで、慶良間諸島における日本軍の人的損害は米軍側の予想より少なく意外だったようだ。米軍側が集計した各島別の日本軍の被害者数は以下のとおりである。

	戦死者（軍人）	捕虜（軍人）	住民（戦災者）
屋嘉比島	〇	一	二六七
座間味島	二〇〇	六五	三一〇
阿嘉島	一六一	四一	四〇〇
慶留間島	三〇	二	一〇〇
渡嘉敷島	一三七	六	一一八
周辺離島	二	六	〇
合計	五三〇	一二一	一一九五

一方、米軍側の被害も驚くほど少なかった。三月二十六日から同三十一日までの第七七歩兵師団全体の被害は以下のとおり。

	戦死者	負傷者	行方不明
将校	二	六	〇
兵	二九	七五	〇

合計	三一	八一	○

日本軍の武器（主な）などの損害は次のとおり。

	小舟	爆雷	特攻艇	小銃	地雷	手榴弾
屋嘉比島	○	○	○	○	○	○
座間味島	一四	○	二六	五一	○	○
阿嘉島	八	○	七○	○	四○	一○○
慶留間島	○	○	六○	○	○	○
渡嘉敷島	○	一五○	一九五	○	○	三一二
前島	○	○	八	○	○	○
合計	二二	一五○	三五九	五一	四○	四一二

慶良間諸島全体の制圧がほぼ終了する三月二十八日午後までの米軍（陸海軍）の損害は、第七七師団の死傷者が一一二人（うち戦死者三一人）、海軍側（南西諸島攻撃艦隊）が三五四人（同戦死者及び行方不明者の数は合計一二四人）に達した。海軍側の損害は主に特攻機の攻撃によるものと思われる。一方、日本軍の損害は戦死者五三○人、捕虜一二一人と記録されている。

以上、米軍の記録を基に慶良間諸島の上陸作戦を概観した。

1、ESTIMATED RESULTS OF OPERATIONS, CHAPTER IX, 77th INFANTRY DIDVISION OPERATION REPOERT, ICEBERG PHASE I（2 Oct 1945), Box: 11550, Folder: 4, Folder Title: 377-0.3: 77th Infantry Division-After Action Report-Iceberg Operations-Kerama Retto & Keise Shima（26-31 Mar 1945), 77th Infantry Division NARA（前掲）。

一個大隊座間味島に残留する

第三〇五連隊第二大隊を中心とする慶良間諸島守備隊は、二十六日に上陸した第一大隊の後を追って、三月二十七日座間味島に上陸した。上陸当日、座間味集落を囲む丘の上はまだ日本軍が残存していたので、第二大隊は中隊規模の強力な掃討作戦を展開し、日本軍を制圧した。幸い、日本軍の組織的抵抗は短時間で終わった。二十九日、同守備隊以外の戦闘部隊（第一大隊）は座間味島を撤収し、第二大隊だけが慶良間諸島守備のため同島に残留することになった。

一方、第二大隊の駐留を支援するために同島に上陸していた第二四二工兵大隊B中隊は、水陸両用戦車で要員、物資、武器を揚陸し、海岸の集積所に運んだ。二十八日までには、台船（浮き桟橋）が設営され、大型戦車揚陸艦（ＬＳＴ）、中型戦車揚陸艦（ＬＳＭ）、小型戦車揚陸艦（ＬＣＴ）が接岸可能となった。

高速輸送艦（ＡＰＡ）の九八〇トンの貨物及び装備類、並びにＬＳＴの一五〇トン及びＬＳＭの一四三トンの貨物が三月二十九日正午までにそれぞれ陸揚げされた。荷役が終わると、同中隊は海岸の集積所やアクセス道路の建設に取り掛かり、二十九日の午後までに海岸から座間味集落西側の丘まで車両を通せるようになった。

三月二十九日、部隊内の施設の運用が一部開始され、若干の補強箇所を除いて、三月三十日までにはすべての施設が稼働した。

一方、守備隊も引き続き座間味集落周辺の日本軍防御陣地に攻撃を加え集落の安全確保に努めた。

こうして、工兵隊の支援を受けながら、座間味島守備隊は慶良間諸島の警備の任に就いた。なお、日常の警備には水陸両用トラックや上陸用舟艇などを使用した。[1]

1、Shore Party, ASSAULT PHASE, CHAPTER IX,77th INFANTRY DIDVISION OPERATION REPOERT, ICEBERG PHASE I (2 Oct 1945), Box: 11550, Folder: 4, Folder Title: 377-0.3: 77th Infantry Division-After Action Report-Iceberg Operations-Kerama Retto & Keise Shima (26-31 Mar 1945), 77th Infantry Division NARA（前掲）。

第５章　米軍に肉迫する日本軍と「鬼畜米英」に脅える住民

基地隊の夜間斬り込み

三月二十六日夜、日本軍は特攻艇の出撃を掩護するため、米上陸部隊に対し斬り込みを掛けた。以下、基地隊（整備中隊を中心とする）の夜襲について、その概要をまとめてみた。

二十六日朝、阿嘉島の集落正面の砂浜に上陸した米軍は、日本軍の大した抵抗も受けずに集落を制圧した。その後集落背後のグスク山を越え、日本軍が陣地を構える野田山目がけて進撃した。しかし、陣地に近づくにつれ、日本軍の抵抗が熾烈となり、ついに上陸軍は日本軍陣地の攻略を諦め、集落内に撤退した。

野田山（標高一六五メートル）の斜面を撃退された米軍は、その日の夜、民家の屋敷内や道路の四つ角などに機関銃を据え、日本軍の夜襲に備えた。

一方、日本軍はその日の深夜から明くる二十七日の未明にかけて、鈴木茂治大尉が率いる整備中隊が集落内の陣地を攻撃した。攻撃の目的はあくまでも特攻艇の出撃を掩護するためで、したがって全ての作戦は戦隊と連動して展開された。

斬込隊は三方向から集落内の米軍陣地を狙うことにした。二十六日深夜、隊長の鈴木大尉は飯盒（兵士が食事を入れたり、野外で飯をたくために使用する容器）のふたで出撃の乾杯をし、全隊員鉢巻を締め、決死の覚悟で野田山を後にした。

防衛隊は道案内役として斬込隊に同行したが、義勇隊は鈴木隊長の命により斬り込みには参加しなかった。

米軍陣地の攻撃は、作戦ではグスク山を経て、集落の東・西・中央の三方向から行なう予定だった。しかし、ルートを間違えた隊が、集落を目前にして、ほかの隊と合流するという不手際を起こし、悶着が起きた。この騒ぎなどで日本軍の襲撃が集落内の米軍に事前に察知された[1]。

斬込隊は、道路や民家の屋敷内などに突入し、米軍と白兵戦となった。しかし、周到な準備をして待ち構えていた米軍との肉迫戦は劣勢を強いられた。

集落の中央から突入した鈴木隊長は、軍刀で米兵に立ち向かったが、頭部に重傷を負った。「もうだめだ、殺してくれ」と叫ぶ同隊長に、部下の小森中尉は断腸の思いで、拳銃の銃口を向けた。

この日の戦闘で、整備中隊は鈴木隊長以下一六人の戦死者を出した。集落を撤退する際、小森中尉は鈴木隊長の片手を手首から軍刀で切り離し野田山に持ち帰った。また、刃が欠け、血のべっとり付いた隊長の軍刀と、弾丸が貫通した戦闘帽も遺品として持ち帰った。

どういう経緯からか、鈴木隊長の戦闘帽は、戦後私が預かり、高校時代一時期被っていたこともある。

以上、斬り込み初日の基地隊の戦闘について概略を記してみた。

1、米軍のピアノ線（敵の侵入を探知するため陣地の周りに張り巡らす細い金属線のこと）により日本軍の襲撃が事前に察知されていたのではないかとの話もある。

阿嘉島の防衛隊

斬り込みの先導隊や漁労班として

一九四四年十二月中旬から一月上旬にかけ、第三十二軍の最精鋭兵団とされた第九師団が急遽、沖縄本島から台湾に移動した。その穴埋めの一環として、第三十二軍は現地防衛召集（一七歳から四五歳までの男子）を開始した。その数は、三月上旬までに沖縄県全体で約二万二〇〇〇人にも達した。[1]

阿嘉島の部隊に配属された防衛隊員は、三月八日阿嘉島及び慶留間島から召集された四一人と、三月十一日屋嘉比島から召集された四四人の合計八五人だった。そのほかに、米軍上陸後に阿嘉国民学校の教頭が現地で追加召集された。

ごく一部の隊員（過去に軍籍のある者）を除いて、隊員のほとんどが戦闘訓練も受けず、手榴弾二個以外武器らしいものは支給されず、正規兵とは事実上区別されていた。

米軍上陸前、隊員は特攻艇基地の設営やそのほかの雑役に駆り出されたが、米軍上陸後は、主として壕掘りや弾薬運搬などの任務に就いた。米軍上陸初日と二日目に敢行された夜間の斬り込みでは、島の地形を熟知している隊員がその先導役を務めた。また一部の隊員は、最前線のたこ壺[1]で米上陸軍と直接戦闘を交えた。

米軍撤退後は、住民が避難したシジヤマの近くに掘った隊独自の壕に全員が詰める。山中に立てこもって二、三ヵ月も経つと、日本軍や住民の食料事情は極度に悪化した。このため、軍は島出身の防衛隊員(後に義勇隊員も加わる)を中心に漁労班を編成し、食料の補給を図った。指揮監督のため戦隊第二中隊の宮下力少尉(班長)と隊員の吉屋懿倫伍長が同班に加わった。

漁場は島の裏海岸で、漁にはもっぱらダイナマイトが使用された。この方法は危険も伴うし、平時では許されないが、戦時中ではやむを得ない漁法だった。

漁労中、再三米軍舟艇の不意打ちを食らった。幸い、危機一髪のところで難を逃がれた。それにしても、班から一人の犠牲者も出さなかったことは奇跡だった。隊員にとって、漁場は新たな戦場でもあった。

なお、記録によると、阿嘉島出身防衛隊の戦死者は一〇人(全体の一二パーセント)で、数としては比較的少ない。ちなみに、沖縄戦で戦死した防衛隊員の総数は約一万三〇〇〇人で、これは全体(約二万二〇〇〇人)の約六〇パーセントに相当する。

1、大城将保「防衛隊とは何か」(解説)福地曠昭『防衛隊』沖縄時事出版社、一九八五年。

2、一人用に掘った戦闘用の竪穴。

任務を帯びて海峡を渡る

石田四郎元少尉の手記でも紹介したように、第十一船舶団団長の大町大佐一行一五人のうち、同大佐を含む六人の将校だけが三月二十五日、特攻艇二隻で阿嘉島を発った。しかし、残る九人の随員の消息についてはほとんど知られていなかった。

幸い、最近これら随員について知っている人がいることが分かった。その人は元防衛隊員の与那嶺吉雄さん（九八歳）。与那嶺さんは三月二十五日の夜、ほかの防衛隊員と共に一行九人を渡嘉敷島の通称ウフバマ（集落名は渡嘉志久《とかしく》）まで送り届けた一人で、当時の状況を次のように話してくれた。

二十五日の夜遅く、上司の命令で与那嶺さんは、兄弟の信吉、勇吉さんや、喜屋武英平さん、新城慶一さん、中島喜保さんら一二人の防衛隊員と共に、三隻のサバニに分乗し、阿嘉島に残された大町大佐一行の随員九人の兵士を乗せて同島のメーヌハマをウフバマ目指して出発した。

すでに、慶良間内海には米艦艇が侵入しており、海上の航行は非常に危険だった。与那嶺さんらのサバニには、通信班の兵士数人と与那嶺さんを含む隊員四人が漕ぎ手として乗り込み、闇夜の内海に出た。

ところが、途中、突然右舷斜め後方に照明弾が打ち上げられ、同時に米艦艇から水平射撃を受けた。頭上すれすれに飛んでいく弾丸、水面を射る弾丸のしぶきに、全員息が詰まる思いだった。この攻撃は三隻のサバニがウフバマに着く間際まで続いた。漕ぎ手は必死に櫂《かい》を操った。まもなく、目指すウフバマが目前に迫った。これで助かったと思った。

だが、その瞬間、今度は前方のウフバマの海岸の茂みから銃声が聞こえてきた。予期せぬ方向からの攻撃で、一瞬、漕ぎ手も兵隊らも戸惑ったが、すかさずサバニに搭乗していた兵隊の一人が立ち上がり、「撃つな、撃つな!」と大声で叫び続けた。気づいたのか、やっと、日本軍の銃撃はおさまった。阿嘉島を発って小一時間は経っていたであろうか。随員全員を無事渡嘉敷島に渡すことができた。

日付はすでに変わり、三月二十六日の未明だった。三隻に分乗した一二人の防衛隊員は急いでウフバマを後に帰途についた。米艦艇に気づかれないように、櫂さばきには特に注意しながら、舳先を阿嘉島のメーヌハマに向けた。しかし、阿嘉島に近づくと、またしても照明弾が昇り始めた。つづいて、沖の艦艇から銃撃が始まった。やむを得ず進路を島影になったニシバマに変更し必死に櫂を漕いだ。到着したときは、夜が明け始めていた。

阿嘉島のメーヌハマから出て、渡嘉敷島のウフバマに、そこから、さらに阿嘉島のニシバマへと、三つの「ハマ」を結んでの決死の任務はひとまず終了した。

戦後六七年が経った今、特攻艇秘匿壕の痕跡がいまだに残る阿嘉島のニシバマと渡嘉敷島のウフバマは、ダイビングや海水浴を楽しむ県内外の観光客で賑わっている。

少年義勇隊の戦闘参加

隊の編成と軍事訓練

与那嶺武雄・太郎兄弟と別れて以来学校のことが気になり、幾度か上覇を考えたが、母の強硬な反対に会い一ヵ月余も島で過ごすことになった。

しかし新年（昭和二十年）に入っても戦況は悪化するばかりで、一月二十一日、二十二日の両日には艦載機の空襲もあった。この状況では上覇したとしても、軍事訓練などに駆り出されるだけで、勉強どころではない。軍への協力なら島でも出来ることだし、強いて上覇することもないのではないかと考え、あえて島に留まることにした。

島に残った私は、二月上旬島の青年団に加わった。同青年団は、一定の学業を終えた島在住の一五歳から二五歳ごろまでの若者が自主的に組織した、島に古くから引き継がれてきた任意団体で、集落の各種行事や、学校行事、伝統行事、そのほか村の奉仕作業などに積極的に参加し、住民に協力した。

当時（昭和二十年二月上旬ごろ）団員数は昭和一年生まれを筆頭に、10・10空襲後那覇から帰省した中学生も含め、合計三〇人だった。

しかし、当初所属していた団員の中、三月初旬に実施された第三十二軍の防衛召集に伴い、一七歳以上の団員一〇人が現地防衛隊に入隊、ほかに六人が志願兵として沖縄本島の部隊に入隊したため、団員数は最終的には昭和二十年三月国民学校高等科を卒業した三人と、米軍上陸直後慶留間から渡ってきた野崎真順（旧姓仲村渠《なかんだかり》）を含め、一四、五歳の少年一八人に減少した。

日本軍駐屯後は、軍からの作業協力依頼が同青年団にあり、しかもその頻度は日増しに増えた。名目上は協力依頼だったが、次第に命令的になった。しかし、非常時のこと、命令に背くわけにはいかなかった。

隊員の仕事は、三角兵舎（地中に掘った四角形の穴を三角形の屋根で覆った簡易兵舎）設営のための床掘り作業、石灰窯《せっかいがま》造り（集落西の海岸）、野田山山頂の監視所勤務（木の上にやぐらを組んで二人交代で島周辺を監視する）、小舟による炭の運搬（外地島の炭焼場から阿嘉島の軍炊事場へ）などであった。

これらの仕事に加えて、軍事訓練も行なわれるようになった。教官には基地隊の将校や下士官が当たった。武器は九九式小銃が二人に一梃（実弾なし）貸与され、いよいよ戦争に突入かと緊張感はいやがうえにも高まる。訓練の主な内容は小銃の操作・分解・手入れや、射撃体勢、匍匐前進、城山一周行軍、重機関銃の実射見学（アグの丘からウナンザキへの実弾射撃）、急造爆雷の爆破実験見学（アグノ浜）などであった。

中学における通信要員の訓練同様、これらの軍事訓練の狙いは、非常事の際、団員を直ちに軍組織に編入、戦闘に投入することであり、このことは十分承知していた。

ところで、「義勇隊」の名称についてだが、軍事訓練が始まった頃から、教官はわれわれのことを「義勇隊」と呼ぶようになった。

一般的に義勇隊という場合、兵役法に該当しない年齢層（一七歳未満の者）で自ら進んで国や社会へ尽くすために組織された集団などを指すものとされていた。

しかし、一四、五歳の少年を勝手に「義勇隊」と称し、軍事演習を強制するとは、いったい、どこで誰が決定したのか、納得できなかった。

一九四五年三月二十五日夜、日本軍は明くる朝にも予想される米軍の上陸に備え、赤土の壕に集結した。そこに義勇隊員も参加した。野田戦隊長は「いよいよ明日は上陸だ……」と檄《げき》を飛ばし、野田山（通称タキバル）に直ちに陣地を構築するよう命じた。

予想していたとおり義勇隊員も各中隊へ二、三人ずつ配置され、軍の指揮下に入った。

新聞の誤報道

ところで、戦後分かったことだが、一九四五年五月中旬、『西日本新聞』（福岡）や『毎日新聞』などの本土主要紙が、「阿嘉国民学校児童の斬り込み」を取り上げ、子供らの「壮絶な最後」をセンセーショナルに報道した。

『西日本新聞』は同月十五日付紙面で「学童も手榴弾で　敵陣に突っ込む　壮烈慶良間島の奮戦」の大見出しで、次のように報じている。

――【沖縄前線野村、下瀬報道班員発】

血しぶく孤島に咲いた壮烈鬼神も哭く小国民の一編が沖縄慶良間列島阿嘉島より決死伝令として○月○日○○に到着した○○少尉以下○名の勇士によって齎《もたら》された。以下は同少尉の語る天晴れ学童の悲壮な奮闘記である。

敵が慶良間列島に三月三十一日上陸するや平和な孤島は一瞬にして、敵の猛烈な爆撃に曝《さら》されたが、島の人々は予てこのことを予期し老人と幼い子供を壕に避難させ、男も女も学童も一斉に起ち上がって所在部隊に協力、上陸の敵に斬り込みを敢行多大の出血を与へつつあったが、なにせこの島は慶良間列島の中でもとくに小さい猫の額のような島で敵の撃つ…の中には如何ともなし得なかった。島の人々も今は一人傷つき二人倒れ、○日ついに悲壮な覚悟を固めなければならなかった、そして勇士とともに一斉に最後の斬り込みを敢行したが、わけても言語に絶する壮挙は同島阿嘉国民学校児童の壮烈な最期の斬り込みであった。

戦いのはじまる前、この学童たちは先生とともに長い間守備部隊に協力して壕掘りに陣地構築にあるいは荷役などに必死の作業をつづけていた、そして幾度か部隊長から褒められたこともあった。年端も行かぬ学童ではあるが、この戦争の容易ならぬこともよく知っていた、そして最後には必ず日本が勝つことも固く信じていた、子供たちは嬉々として勇士たちとともに働いた、その子供もいよいよ最後の突撃の日である。

ちょうど自分らが命令を受けて○○へ決死の伝令に出発する直前、全児童に先生から手榴弾が手渡された、それから間もなく自分らは島を離れた瞬間学童たちは手榴弾をもって一斉に敵陣に斬り込んだのだ、喚声が上がった、健気な子供達の総突撃、後ろ髪を引かれる思いであった。幼い子供達が従容として悠久の大義に生きる雄雄しい姿であった、自分たちもこの戦争こそ必ず勝つと確信し学童たちの冥福を祈りつつ任務についたのであった。――

この新聞報道は明らかに誤報だが、記事で話題になっている少年らは、恐らく、三月二十五日夜、兵士に混じって通称赤土の壕に集結した年端も行かない少年義勇隊員のことではないかと思われる。

その時の状況が、三月二十八日夜、特攻艇で慶留間島から出撃し沖縄本島に転進した大下中隊長一行を介して第三十二軍司令部に伝わり、通信社を経て全国の主要紙に配信されたのではないかと推測する。

また、野田戦隊長が米軍上陸時に、第三十二軍司令部に打電した電文の内容「阿嘉島守備部隊最後の一兵にいたるまで勇戦奮闘悠久の大義に生く」も拡大解釈され報道されたものと考えられる。

これは、国民の士気高揚のため、大本営が意図的に報道内容を操作したものとも受け止められる。

米軍上陸前夜

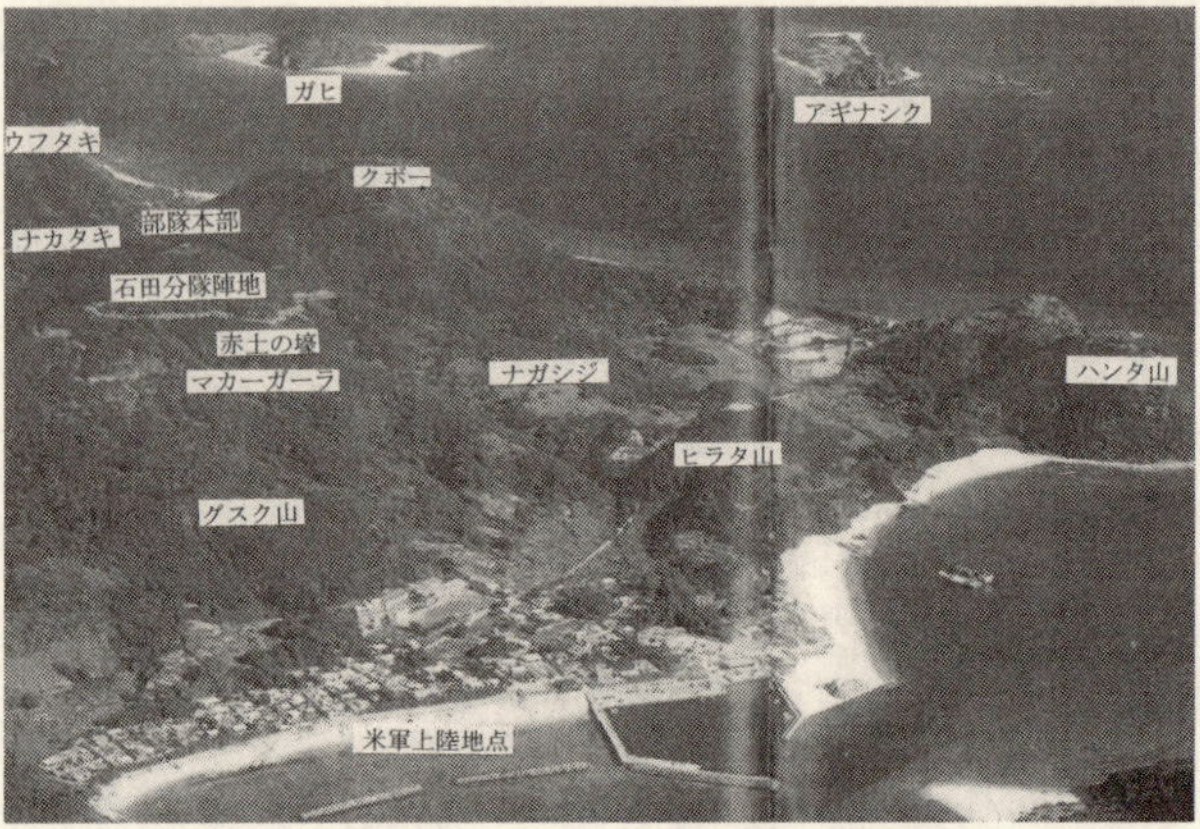

著者が配置された石田分隊陣地の見取図

三月二十四日の艦載機による空襲はこれまでにない激しいものだった。集落に初めて小型爆弾が投下され、相当数の民家が倒壊、あるいは焼失した。当日、集落近くの壕に避難していた私の家族は、万一に備え、夕飯を炊き終えると、あらかじめ弟と伯父が掘ってあったグスク山裏手の通称マカーガーラ（谷間）の壕に移動することにした。この壕には私の家族と親戚合わせて二〇人が避難した。最年長は私の祖母（当時七三歳＝屋号は川道）で、最年少は生後四〇日を過ぎたばかりの垣花義孝君だった。

明くる二十五日も朝早くから艦載機が飛来した。そんななか、午前、最も恐れていた艦砲射撃が始まった。久場島の西方海上に現われた米艦艇が阿嘉島や周辺の島々に砲撃を加えている。時々壕が崩れんばかりに鳴動した。そのつど、おばあさんらは島の氏神様にお祈りを捧げ安全を祈願した。この様子では、米軍の上陸は必至だ。壕内は緊張と不安で話も湿りがちだった。

　夕方になると谷間の周辺が騒がしくなった。私たちの壕のすぐ近くに待機していた五、六人の日本兵が、軍の壕に移動するところだった。私は、二十三日の空襲以来三日間も家族や親戚と一緒に壕にこもりきりだったので、外との連絡は全く取れなかった。しかし、義勇隊員（組織上曖昧な点はあった）であれ、いずれ軍の指揮下に置かれるであろうことは承知していたので、私は、そのことを母と伯父に話したあと、壕を出て兵士らの後について行くことにした。

たどり着いた場所は、タキバルの頂上から南に約一〇〇メートルほど下った斜面に掘られた赤土の壕だった。

　壕内は伝令が忙しく走り回っていた。何人かの将校の姿も見える。基地隊のほとんどの兵士は集結しているようだった。息苦しい壕内は、戦闘に備え、装備の点検、携帯食料の支給などでごった返していた。義勇隊員には手榴弾二個、ガーゼ袋に入った乾パン二袋、鰹節一本、それに家庭用の小型「鶴丸マッチ」一個が配られた。

ところで、支給品の一つであるマッチについてはその用途が分からず、とまどった。後で分かったことだが、配られた二個の手榴弾のうち、一個は正規の発火装置付だったが、ほかの一個は導火線に直接マッチで点火しなければ爆発しない手動点火式の手榴弾だったのだ。マッチはそのために支給されたものだった。この点火式手榴弾は導火線を接続した雷管を本体に挿入し、火薬を充填して完成した代物で、阿嘉島の女子青年団員が軍の指導を受けて急造した物だった。

なお、兵隊は通常装備として雑嚢《ざつのう》（いろいろな物を入れる布製の袋）を所持していたが、われわれ義勇隊員には支給されなかった。このため、手榴弾は上衣の両ポケットに入れ、乾パンは袋の口をひもで固く結んで腰に下げ、鰹節は短剣のようにベルトに差し込み、マッチはつわぶき（キク科）の葉にくるみ、懐深くしまい込んで、ようやく出撃の準備を整えた。

夜になると、壕の外は米艦艇から打ち上げられた照明弾で真昼のようだった。ゆらゆらと左右に揺れながら相当時間かかって落下した。

しばらく経ってから、壕の前で戦隊長の訓示が始まった。はっきりと聞き取れる情況ではなかったが、その主旨は「明日の敵上陸は間違いない。部隊は米上陸軍の撃滅に全力を尽くせ」ということだった。それに、合い言葉（味方だということを知らせるために使う合図の言葉）として「一人十殺」を使用することが決まった。

義勇隊と防衛隊は二、三人ずつ各分隊に配置された。私は義勇隊の与那嶺正栄、与那嶺勝二の両君と共に、整備中隊の石田正治伍長が率いる軽機関銃（九九式）分隊に配置され、陣地は野田山の頂上から南西側へ約三〇〜四〇メートル下の斜面に構えた。最初の任務は銃弾と弾倉を分隊陣地まで運ぶことだった。焼け焦げた雑木林の中を、銃弾七五〇発入りの重い木箱五、六個を斜面の陣地まで運んだ。

軽機関銃の弾倉（三〇発入り）に弾を詰めたあと、早速たこ壺掘りに取り掛かった。しかし木の根っこが土の中で幾重にも重なり、作業は困難を極めた。このため、夜明けまでに掘

1945年3月26日、阿嘉島に上陸する水陸両用戦車（米軍撮影）

ることができたたこ壺はわずか一個だけだった。

一方、マカーガーラの谷間に避難していた私の家族と親戚は、予想される米軍の上陸に備え、より安全な場所を求めて、タキバルの裏手の谷間に移動した。

上陸始まる

いよいよ米軍上陸の朝を迎えた。艦載機はまだ一機も飛来していなかったが、久場島の南方海上には、大小多数の米艦船が集結しているのが見えた。時間は刻々と過ぎていく。たこ壺陣地の兵士やわれわれ義勇隊員は身じろぎ一つせず、洋上の米艦船の動きを見まもった。

午前七時半ごろ、ついに、島の沖合約二キロまで侵入してきた巡洋艦や砲艦などの砲門が一斉に開いた。沖の艦艇と連絡を取っているのか、上空にはトンボ（偵察・誘導機）も翼を左右に振りながら旋回している。

阿嘉島海岸を埋め尽くした水陸両用戦車（米軍撮影、那覇出版社提供）

砲撃は集落正面の海岸から約八〇〇メートルほど離れた湾内の水面から始まり、角度を上下左右に変えながら、海岸そして陸地へと迫ってきた。特に、水面の砲撃（水中に敷設された機雷などの障害物を除去するためと推測される）の時は、水柱が慶留間島の岬が見えなくなるほど高く上がり、六七年を過ぎた今でも、あの光景は強烈な印象として残っている。まるで戦争映画を見ているようだった。時を同じくして、艦載機による空爆も始まった。

間もなく、タキバル一帯にも艦砲射撃や艦載機による銃爆撃が始まった。周辺の木々は硝煙弾雨のなか、なぎ倒されていった。至近弾も容赦なく降ってきた。私らが狼狽しているのを見て、石田分隊長は「義勇隊、後方へ下がれ！」と叫んだ。三人は、命からがらたこ壺を飛び出し、タキバルの頂上の裏手の小さな壕に駆け込んだ。そこに偶然にも親戚の垣花清仁君の家族がおびえながら飛び込んできた。

しばらくすると、海空からの砲爆撃はぴたりと止んだ。

ちょうどそのとき、野田山の背後では、整備中隊の鈴木隊長が軍刀を片手に「全員戦闘配置につけ！」と部下に大声で命令しているところだった。米軍の一方的な砲爆撃で戦意を失いかけていた兵士の緊張は一気に高まった。

一方、私たちは、所属分隊のことが非常に気になったので、急いで分隊の陣地に戻ることにした。幸い分隊長以下全員無事だった。

陣地から集落正面の海面に目をやると、すでに無数の水陸両用戦車が、白波の航跡を水面に残しながら海岸に接近するところだった。午前八時ごろ、同戦車群が集落正面の砂浜に乗り上げた。兵器類についての知識が乏しい私の目には、舟艇のように浮いて走る戦車は非常に珍しかった。

これが沖縄戦最初の米軍上陸の瞬間である。米軍の公式記録によると、阿嘉島上陸の日時は一九四五年三月二十六日午前八時四分となっている[1]。

ついに、恐れていた米軍の上陸が現実のものとなったのだ。

1、Appleman, R. E et al.『OKINAWA: THE LAST BATTLE』（前掲）。

「義勇隊、後方へ下がれ！」――再度の石田分隊長命令

上陸した水陸両用戦車は集落の正面海岸に展開したが、特に東側に進撃した一群はじわじ

わと民家の近くまで侵入してきた。しかし、複雑な地形に阻まれ、それ以上陸地深く進むことはできなかった。このため、上陸直後の米軍は主に海岸の陣地から迫撃砲で日本軍を狙った。再開された艦載機の低空飛行による銃爆撃もさることながら、頭上で爆発する迫撃砲弾は特に脅威だった。

そうこうするうち、上陸軍はグスク山（集落背後の松林）を越えて、タキバル（米軍上陸後は「野田山」と呼び、そこに部隊本部が置かれた）に迫ってきた。私が所属する石田分隊は軽機関銃で応戦した。義勇隊員の任務は九九式小銃弾を軽機関銃の弾倉に詰める単純な作業であった。

日本軍は基地隊を中心に野田山の斜面で米軍に立ち向い、激戦がしばらく続く。そんななか、またしても石田分隊長は「義勇隊、後方へ下がれ！」と叫んだ。分隊には悪いとは思ったが、そこは分隊長の命令に甘えて、われわれ三人は弾雨の中、再び野田山の裏手に退避した。

激しい弾雨のなか、一人でも多くの援軍を必要とする状況下で、われわれ義勇隊員を一度も陣地から退避させ、危険から護ってくれた石田分隊長の心配りには、ただ頭が下がるだけであった。

お昼頃、米軍は野田山の頂上に迫ってくるらしく、米軍の機関短銃や、日本軍の機関銃、擲弾筒などの音は一段と高く、双方の熾烈な交戦の様子が目に見えるようだった。

幸い、米軍は日本軍の猛反撃に遭い野田山の斜面から集落に退却した。このように、米軍上陸第一日目の日中の激しい戦闘はひとまず終息した。

二〇〇九年六月二十四日、戦後六四年振りに元分隊長の石田正治さんに奈良のご自宅でお会いする機会に恵まれた。石田さんは九〇歳の高齢にもかかわらず、非常にお元気で、二時間近くお付き合いしていただいた。

2009年6月、元分隊長の石田正治さん（正面）と著者

六四年前の阿嘉島の戦闘については、記憶を一つ一つたどりながら当時の様子を語ってくれた。私ら少年義勇隊については、「確かに二、三人の少年たちが年配の防衛隊に混じって分隊に配置されていた」と当時を振り返った。少年たちとはわれわれ少年義勇隊員のことである。

ところで、われわれが二度目に退避した後の分隊の戦闘については、全く知らなかったので、そのことについてもお尋ねしてみた。

石田さんによると、われわれが退避した直後、分隊のたこ壷陣地のすぐ近くに三人の米兵が現われ、辺りを警戒しながら野田山の山頂をうかがった。その一、二分後、突然石田分隊長のたこ壷に手榴弾が投げ込まれた。勇敢な石田分隊長はとっさにその手榴弾を米兵目がけて投げ返した。

しばらくして、たこ壺から這い上がると二人の米兵がすぐ近くに倒れているのが見えた。投げ返した手榴弾で殺されたかどうか定かではなかったが、確かに米兵の二死体が横たわっていた。死体の側には火炎放射器や自動小銃なども放置されていた。あとで、これらの武器は戦利品として部隊本部に持ち帰った。驚いたことに、銃の床尾《しょうび》（射撃する際、肩に当てる部分）には金髪の女性の写真が貼られていた。日本軍だったら、天皇の銃を汚す者として、銃の持ち主はとっくに処罰されていたに違いない。

なお、二人の米兵が戦死したときの状況については、実は同じ分隊に配置されていた防衛隊員の与那嶺康栄さんが詳しく知っていた。

与那嶺さんによると、石田分隊が布陣したたこ壺陣地のすぐ横の細い山道を、三人の米兵が火炎放射器を抱えて野田山に向かっているのを見かけた。素早く銃を構えたが、一人だけ狙えばほかの二人に射殺される恐れがあったので、二人以上を一発で倒せるチャンスを狙うことにした。ちょうどそのとき、上り坂の曲がった所で偶然二人の米兵が重なって立った。その瞬間背後から銃を発射した。前方の一人はぱたっと倒れたが、後方の一人はうめき声を上げながら、もがき苦しんで倒れた。その直後、射殺をまぬかれた残りの一人が、敗走しながら石田分隊長のたこ壺に手榴弾を投げ込んだとのことだった。分隊長が投げ返したのは、まさしくこの手榴弾だったのだ。

なお、この二人の米兵が、唯一野田山の傾斜で日本兵に射殺された米軍の戦死者だとされる。

戦火を逃れてさ迷う住民

着の身着のままでの避難

10・10空襲後、一部の住民は米艦載機の来襲に備え、集落から離れた山手に家族や親戚単位で、それぞれ避難壕を掘った。近くは通称ナカマタ、サトゥ、マカーガーラなどに、遠くは、ごく限られた人々ではあったが、島の裏海岸に面したウタハガーラやシジヤマ[1]などに、それぞれ壕を構えた。

私の家族は親戚と一緒に、ナカマタや、グスク山のふもと、マカーガーラなどに横穴式の避難壕をそれぞれ一個掘った。

一九四五年一月二十二日の空襲時には、私は家族と一緒にナカマタの壕に避難していたが、壕から約四〇〇メートルしか離れていない港に停泊中の軍用連絡船に米艦載機は繰り返し銃爆撃を加えた。とくに爆弾の破裂音はわれわれの壕が標的にされているのではないかと錯覚を起こすほど大きい音だった。それに伴う地響きも壕を揺るがした。

ようやく、艦載機は去り、辺りが静けさを取り戻した。軍用連絡船は沈没したようだった。後で聞いた話だが、積荷のなかに相当数の食用豚が載せてあって、空襲後、炊事班長の西尾伍長の指揮で、兵隊たちはその救出作業に駆り出されたとのことだった。

二月十九日、硫黄島に米軍が上陸、日本軍の苦戦が報じられていた。いよいよ、米軍の沖縄侵攻も時間の問題とされ、住民の緊張も日増しに高まっていた。しかし、米軍が阿嘉島に上陸することは、想像だにしなかった。したがって、米軍上陸前夜、住民の多くは着の身着のままで、野田山裏手のシジヤマに逃げ込んだ。

先に述べたように、私の家族は米軍上陸前夜マカーガーラの壕に親戚と一緒に避難していたが、戦闘に巻き込まれる恐れがあるということで、艦砲射撃のさなか、夜間シジヤマに移動した。

もっとも、基地隊の古賀隊長が、万が一の場合の住民の避難場所としてその谷間を候補地の一つに挙げていたことは知っていた。古賀隊長は阿嘉島到着後、地形に詳しい島の住民ら(故仲地松市氏=旧姓与那嶺=もその一人)を伴い、タキバルの山頂から島全体を調査し、島の地形などを十分把握したうえ、特攻艇基地の立地、守備隊陣地、住民の避難場所を選定していたのである。しかし、基地隊主力が沖縄本島へ移駐したあとは、住民の避難場所の件は立ち消えになった。

こうして、多くの住民は米軍が上陸する間際に、急遽、より安全な場所を求めて山中に逃げ込んだのである。

1、名称は、昔、杉の木が生えていたことから付けられたとされる。しかし、避難当時そこには一本の杉の木も生えていなかった。

シジヤマに避難所を定める

米軍が上陸する前の晩（二十五日）、住民の多くは、家族や親戚同士で野田山の背後のシジヤマに避難した。その数は四〇〇人近くだったと言われている。[1]

避難当時、シジヤマは、琉球松、椎の木などの高木が生い茂り、昼間でも薄暗く感じられるほどだった。戦前は椎の実が熟れる季節になると、多くの人がその一帯に群がった。このため、そこは住民によく知られていた。私も一度知人と共に椎の実を採りに来たことがある。しかし、住民のだれ一人として、後々そこで世話になるとは思ってもみなかった。

そこは米軍が上陸した集落から直線距離にして約一・三キロ山奥に入った谷間で、島で一番高いウフタキのふもとにあった。四方が山や尾根に囲まれ、艦砲射撃も山や尾根が遮り、艦載機からも察知されず、米軍の海空からの攻撃から身を護るには格好の場所だった。私の知る限り、一度たりとも米軍の砲弾がそこに落下したことはない。また、空爆もなかった。広さは三〇〇～四〇〇人ほどの人間が収容可能で、谷川の水量も避難生活には特に心配はなく、まさに、天然の避難所であった。

しかし、避難当時、一部の人を除いて、ほとんどの住民は身を潜める壕もなく、木の根本や、谷間の窪み、岩陰などに隠れた。私の家族三人は岩陰に身を寄せるようにして避難した。こうして、多くの住民は三月二十六日の米軍上陸をシジヤマで迎えたのである。

1、米軍上陸前夜までにシジヤマに避難できなかった一部の住民は、城山やその背後の窪地などに潜んでいたが、米軍撤退後はシジヤマで合流した。

「集団自決」が起きなかった島

阿嘉島は日本軍が駐屯する慶良間諸島の中で、唯一「集団自決」が起きなかった島である。しかし、「集団自決」の危機が全くなかったわけではない。では、何故阿嘉島だけが、その忌まわしい事件から逃れることが出来たのか。以下、「集団自決」が回避できたその背景について考えてみたい。

話を進める前に、本書で使用する「集団自決」の用語の定義について触れておく。

これまで、同用語については、それが起因する過程を基に定義が行なわれてきたように思える。本書では、その中でも、特に「鬼畜米英」の残虐行為に対する恐怖心と住民の自決との関わりにおいて、私なりの定義を試みることにする。

「鬼畜米英」の「残虐行為」については、教育や報道などを通して「捕虜になると女は強姦され、男は股を引き裂かれる」など、「捕虜になること」の恐ろしさを激しく煽《あお》り立てた。その結果、物心が付かない子供は別として、多くの住民がこれらの「脅し文句」を信じるようになり、極度の恐怖心から米軍の捕虜になる前に、自ら死を選ぶことを希望した。

本書では以上のような状況[1]下で起きた集団による住民の自決を、限定的に「集団自決」と呼ぶことにした。

1、はたして、第三十二軍の「軍官民共生共死……」の指導が、このような状況下で、

阿嘉島に上陸後、集落東側の海岸から野田山の日本軍陣地に向けて迫撃砲弾を撃ちこむ米軍兵士たち（1945 年 3 月 26 日、米軍撮影）

どれほど一般の人に影響を与えたのか、いささか疑問が残る。

「集団自決」の危機迫る

日米両軍による地上戦が始まると、住民が避難したシジヤマにも、野田山の日本軍陣地周辺で炸裂する米軍の迫撃砲弾の破裂音や、応戦する日本軍の機関銃などの発射音が、終日、間断なく響きわたった。

しかし、戦況がまったく分からないシジヤマの住民は、「日本軍は玉砕[1]したかもしれない」「間もなく米軍がシジヤマにやって来る」など、いろいろ憶測が飛び交い、米軍の攻撃と捕虜の恐怖におののいた。それでも、ほとんどの住民は、同避難所を逃げ出すことはなく、玉砕を覚悟でそこに留まった。

そんななか、「集団自決」を促す声が、避難所のどこからともなく聞こえてきた。住民の中には、自決用のヒモ（首を絞めるための）やカミソリなどの凶器を準備する者など、「集団自決」の危機は目前に迫っていた。

だが、いざ実行となると、そう簡単に事は運ばないもので、家族のなかでも死の恐怖（本能的な）のあまり、その場を逃げ出す者などが続出した。

1、「玉砕」は、もともと「兵士の死」を美化した軍隊用語で、太平洋戦争において部隊が全滅し消滅してしまった状態のことをいう。しかし、当時住民の間でも、白決の意味で、広く使用されていた用語でもある。

「集団自決」が回避された背景

このようにして、住民が大混乱に陥っているさなか、折よく「米軍撃退」の一報が地元出身の防衛隊員を通じてシジヤマの住民に伝えられた。防衛隊員によると、日本軍は米軍の進撃を野田山の陣地（同山南側傾斜）で阻止し、集落まで撃退したという。これで、米軍の攻撃や捕虜の恐怖がひとまず去り、住民は危機一髪「集団自決」の決行を思いとどまった。

この知らせと相前後して、今度は野田戦隊長の指示が住民に伝えられた。指示の内容は「早まって死ぬことはない。住民は杉山（シジヤマ）に集結させておけ」だった。[1]これは、「集団自決」の危機に直面している住民の措置について相談を受けた戦隊長が、防衛隊員を通じて伝えた住民への指図だった。ちなみに、防衛隊員の相談の内容は「住民をどうしますか。みんな殺してしまいますか」だったとされる。

住民のことで、防衛隊員が急遽戦隊長に相談した背景には、予定されていた夜間の斬り込みがあった。すなわち、防衛隊員にとっては、「集団自決」の危機に瀕している家族や多くの住民に対し、出撃前に何らかの対策を講じたかったのである。

時宜を得た戦隊長のこの一言は、日本軍の健在を証明するものでもあり、住民を「集団自決」の危機から救う大きな要因の一つとなった。すなわち、日本軍が健在である限り、当面米軍の捕虜になる心配はなく、よほどの理由がない限り（例えば、作戦上、軍の足手まといになることなど）、住民だけが先走って玉砕することもなかったからである。

ところで、日本軍の野田山陣地で進撃を阻止された米軍は、さっそく集落や周辺高地に野営陣地を構築した。これらの米上陸軍に対し日本軍はその日の夜、斬り込みを敢行した。これは特攻艇の出撃を支援するための作戦だったとされる。

この作戦で、集落内の米軍陣地の攻撃を担ったのが整備中隊を中心とする基地隊だった。指揮官の鈴木茂治大尉（中隊長）は、斬り込みの直前に住民の避難所に立ち寄り、「俺たちが帰るまで、死んではいけない……」と住民を諭した。これは、軍隊は別としても、住民は最後まで生き抜くべきだということを示唆するもので、軍と共に玉砕を覚悟していた住民は、今一度、生命の大切さを認識させられた。

鈴木大尉の同様な主旨の発言は、少年義勇隊員に対してもあった。少年義勇隊員の同夜の斬り込み参加について、同大尉は「戦争は兵隊がするものだ。お前らを連れて行くわけにはいかん」と一喝し、少年義勇隊員の同行を拒否した。

このような、鈴木大尉の教示などもあって、多くの住民は生きることに目覚め、「集団自決」を思い留まるようになる。

一方、米軍殲滅の任務を負った同大尉らは、これらの「遺言」を避難所の住民らに残し、集落内の米軍陣地で最期を遂げた。

前にも述べたとおり、上陸初日、米軍は日本軍により野田山の斜面で進撃を阻止された。しかし、住民の間では、何時、米軍は反撃してくるか全く予想がつかず、「集団自決」の危機が完全に去ったわけではなかった。

ところで、私の場合だが、斬り込みへの同行を断わられ、内心ほっとしたものの、後ろ髪を引かれる思いで野田山を去り、シジヤマの家族や親戚の下に急いだ。しかし、シジヤマの入口付近に来たとき、突然武装した三人の日本兵に遭遇した。彼らは避難所に隣接した高台に軽機関銃一梃を携えて詰めていた。その中には、軍医の姿もあった。

機関銃設置の目的が何であるかは、住民には一切知らされなかったが、避難所では、「住民を米軍から護るためだ」とか「『集団自決』幇助のためだ」とか、憶測が乱れ飛んだ。

ともあれ、住民の避難所周辺に武装日本兵が配備されたことは、それまで米軍の攻撃に対してまったく無防備だったシジヤマの住民にとっては、心強い限りだった。また、たとえ住民が捕虜の危機にさらされた場合であっても、機関銃さえあれば、ひと思いに、しかも皆一緒に殺してもらえるので、軍の取った措置は、住民に一種の安堵感さえ与えた。このことも「集団自決」を回避するきっかけの一つとなったのではないか。

後日談になるが、戦後、機関銃設置のことを野田元戦隊長に東京で質《ただ》したところ、「あれは住民を落ち着かせるためだったよ」と、説明した。

「集団自決」の回避については、それ以外にも見落としてはならないことが幾つかある。

その一つは、シジヤマが住民の避難所として、ほかの島々とは異なる比較的恵まれた地理的環境にあったことである。

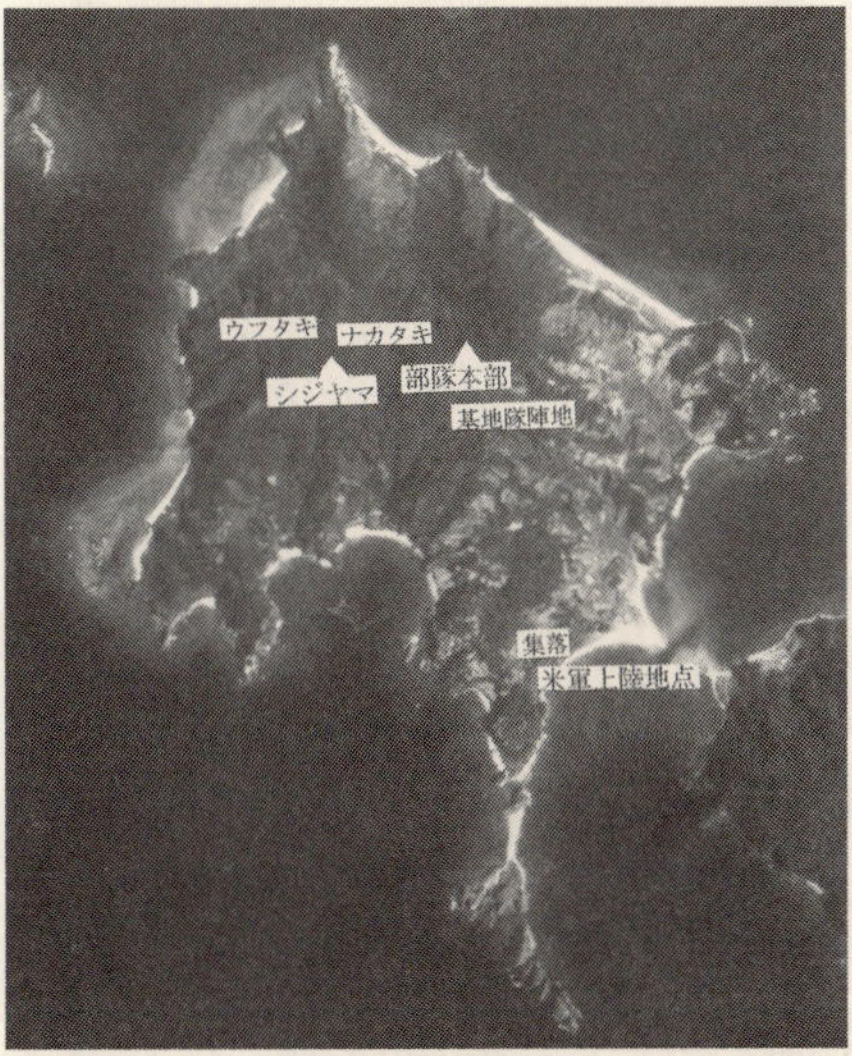

シジヤマと基地隊陣地

前述したとおり、シジヤマは島で一番高いウフタキの山のふもとに位置し、艦砲射撃も四方の山や尾根に遮られ、艦載機にも発見されにくい所にあった。すなわち、そこは米軍の陸・海・空からの攻撃をかわす自然地理的条件を具備した格好の避難場所だった。

加えて、同避難所は人文地理的条件にも恵まれていた。すなわち、シジヤマから約五〇〇メートル離れた野田山の南側傾斜には、同山を中心に東西に弧状に延びた日本軍の陣地が、進撃してくる米軍と住民避難所間に割って入ったような形で、構築されていたのである。しかも、陣地それ自体、眼下の米上陸軍を見下ろせる野田山山頂の傾斜にあり、軍事地理的に有利な条件を備えていた。このため、進撃してくる米軍を容易に捕捉攻撃することができた。また、米軍が上陸した集落と野田山間には城山や起伏の激しい丘が連なっていたため、戦車が日本軍陣地に接近することは不可能で、上陸軍が野田山の陣地を突破することは必ずしも容易ではなかった。[2]

こうして、日本軍陣地は住民の避難所を米軍の攻撃から護る重要な盾の役割を果たしてくれた。仮に、同陣地が米軍に突破され、住民が米軍に直接遭遇でもしていたら、「集団自決」は恐らく起きていたであろう（ほかの島では、米兵の姿を見ただけでパニックを起こし、自決したケースもあるという）。

このような、住民避難所の恵まれた自然及び人文（軍事）地理的好条件も阿嘉島の住民を米軍の攻撃や捕虜から護るとともに、「集団自決」の危機から救ってくれたのである。[3]

二つ目には、住民に対する地元出身防衛隊員の臨機応変で適切な対応が上げられる。島の地理や野田山一帯の地形を熟知していた地元出身防衛隊員の多くは、弾雨のなか、折を見て家族や住民に逐次戦況を伝えるとともに、安全の確保と不安の除去に努めた。すでに触れたように、米軍撃退の情報をいち早く伝えたり、戦隊長の指示を引き出したりしたのも、防衛隊員が住民のことを心配してのことだった。

生死の境をさまよう住民にとって、地元出身防衛隊員のこうした働きは何よりも重要で、その中でも、特に時宜を得た正確な情報の提供と的確な助言は、住民の「集団自決」の回避に大きく貢献した。

なお、付言しておくが、阿嘉島にも避難者の中に区長や、校長、郵便局長などいわゆる地域の指導者や有識者はいたが、積極的に住民を「集団自決」に誘導するような行動に走る者は誰一人としていなかった。

掃討作戦中の米兵（1945年3月27日、米軍撮影）

このことも、結果的に「集団自決」を回避する要因の一つになったのではないかと思う。

ところで、前述したとおり米軍上陸初日の二十六日、野田山に攻撃を掛けてきた米軍の本隊は斜面の日本軍陣地で進撃を阻まれ、夜は集落内に退避して布陣した。しかし、明くる二十七日、態勢を整えた上陸部隊は、島の中央、西、東の三地点に分かれて、各々掃討作戦を展開した。

だが、島の中央に展開した部隊は、その日、野田山の正面陣地を避けた。

これは前日、日本軍に猛反撃をくらったからではないかと考えられる。

上陸三日目の二十八日も、上陸部隊は全島の掃討作戦を実施した。しかし、この日も前日同様、日本軍や住民が立てこもる野田山一帯を窺うことはなかった。[4] もし、シジヤマを含む野田山一帯の掃討作戦が展開されていたら、今度こそ「集団自決」が起きていたかも知れない。

あとで分かったことだが、戦略上、米軍は阿嘉島を占領し、そこに基地を置く計画はもともとなかったようである。恐らく、座間味島、慶留間島、渡嘉敷島の三島を占領・制圧すれば、海上基地としての慶良間内海の守備は十分可能だと判断したのだろう。したがって、あえて、出血を覚悟で阿嘉島の日本軍や住民を山中深く追い詰める理由など米軍にはなかったのだ（このことは上陸初日の戦闘にも言えるかも知れない）。

このことも、阿嘉島住民が「集団自決」を回避できた大きな要因の一つだと考えられる。ときに、上陸四日目の三月二十九日、米軍は突如全上陸部隊を阿嘉島から撤収した（その後は、第七七歩兵師団第三〇五連隊第二大隊が慶良間諸島守備隊として座間味島に残留し、阿嘉島のパトロールも実施した。しかし、阿嘉島山中の日本軍陣地に立ち寄ることはなかった）。このことにより、日本軍の玉砕は無期限にお預けとなり、一方、住民は米軍の陸上からの攻撃や捕虜の恐怖もなくなり、死を急ぐ必要もなくなった。こうして、住民は「集団自決」の呪縛から、ようやく解放されたのである。

1、戦隊長が住民の安全について事前に指示しなかったのは、住民のことを軽視したのか、それとも戦隊長自身が特攻艇の出撃準備に忙殺され、住民の安全を考える余裕がなかったのか、のどちらかだ。

2、野田山斜面の陣地に配備された基地隊を中心とした日本軍は、小銃や機関銃（軽／重）、擲弾筒などで、上陸軍に立ち向かった。

3、二〇一二年五月二十五日付『琉球新報』は、「沖縄戦の戦場は、自然地理的要素と人文地理的要素が複合的に重なっている」とした沖縄大学上原冨二男教授の重要な指摘を記事にしている。これは五月二十四日、沖縄国際大学で開かれた第一七七回シマ研究会（同大総合研究機構南東文化研究所）で同教授が行なった研究報告の一部である。本書では同教授が指摘したことも参考に、避難所としてのシジヤマの恵まれた地理的条件について説明を試みた。（「地政学の説明疑問―米軍駐留で指摘」、上原沖大教授、『琉球新報』、二〇一二年五月二十五日）

4、「阿嘉島の戦闘」（第4章）を参照されたい。

住民を「集団自決」の危機に追い込んだ直接的要因

「集団自決」の要因としては、皇民化教育、軍国主義教育、戦陣訓[1]、軍（現地軍を含む）の命令、「鬼畜米英」の脅し文句（そのため、捕虜を極端に恐れること）及びこれらの複合した形などが、これまでもひろく取り上げられてきた。確かに、これらの諸要因は、及ぼす影響の差こそあれ、いずれも戦時中の沖縄（慶良間諸島を含む）で起きた「集団自決」と関わりがあることは十分考えられる。

しかし、阿嘉島の場合、これらの諸要因の中でも、特に「鬼畜米英」の脅し文句が、「集団自決」の危機を招いた主要因ではないかと考える。すなわち、老人や婦女子を中心とする避難者に最も強い影響を与えたのはこのことで、避難した多くの住民にとって「捕虜になることは、死『自決』よりも怖かった」のである。

この事が、「元凶」（「広義」では政府や軍部が関与するとされる）が何であれ、阿嘉島の多くの住民を「集団自決」の危機に追い込んだ直接の要因ではないか。これについては、『集団自決』が回避された背景」の中で触れておいたが、以下二、三実例を追加して、説明の補強を試みたい。

米上陸軍が阿嘉島から撤収して約三ヵ月後、再三投降の機会[2]があったにもかかわらず、約一〇〇人の住民が、飢餓とあらゆる不便や苦痛に堪えながらも、特に「鬼畜米英」の残虐行為を恐れて、[3]米軍（座間味島駐留）への投降を拒み、終戦までシジヤマの避難所に留まった。

一方、呼びかけに応じて、約三〇〇人の住民は米軍に投降した。しかし、投降した住民の多くは、決して「鬼畜米英」の脅し文句の恐怖から全て解放されていたわけではなかった[4]。それよりも餓死や日本軍の横暴、虐殺（うわさが広がっていた）などを恐れたがため、投降という賭けに出たのである。「前門の虎、後門の狼」とは、このことを言うのだろうか。

このように、島に残った住民はもちろんのこと、米軍に投降した多くの住民も、米軍撤退後約三ヵ月が過ぎた後も、引き続き「鬼畜米英」の「残虐行為」に対し強い恐怖感を抱いていたことは事実だ。

これらのことからしても、「鬼畜米英」の「残虐行為」が如何に住民を恐怖のどん底に陥れていたかが分かる。すなわち、阿嘉島の多くの住民を「集団自決」の危機に追い込んだ直接、かつ主要因は「鬼畜米英」の「残虐行為」以外にないということだ。

なお、問題になっている軍命についてだが、阿嘉島に関するかぎり、住民が「集団自決」を決断するのに、戦隊長の命令なるものがあえて必要だったとは考えにくい。何故なら、戦隊長の命令の有無に関わらず、日本軍が玉砕するとき、すなわち、捕虜が決定的となったときは、住民も軍に倣《なら》うよう徹底して吹き込まれていて、その覚悟は、多くの住民の中には、すでにできていた。少なくとも阿嘉島では、戦隊長の命令で「集団自決」の決行が決まるような状況ではなかったのである。

したがって、阿嘉島に関する限り、「集団自決」を巡っての「狭義の」軍命については、とくに問題になることもなかった。

1、軍人としてとるべき行動規範を示した文書。

2、例えば、六月下旬、戦隊長は訓示の中で「軍人は別として、住民は軍紀の適用外であるからその進退は自由意志に任す」と述べている。

3、「鬼畜米英」のほかに、いろいろな理由で投降を断念した者もいる。

4、米軍の「残虐行為」が大方デマであることは、一部の住民の間には未確認の情報として知り渡っていたようだ。

「自決未遂」―私らの場合

米軍が阿嘉島に上陸した一九四五年三月二十六日、私の家族と親戚合わせて一五人は多くの住民と共にシジヤマの谷間に避難していた。しかし、夜になって、一行一五人は「生き長らえるだけ生きよう」と、より安全な避難場所を求めてその場所を離れることにした。先導役は伯父の垣花福松と、上官の命令で陣地を一時退避していた私が、その役目を担うことになった。これが私たち家族と親戚の短くて長い「自決未遂」への旅立ちであった。

向かった場所は、通称ウフタキの裏側の山中。

途中、暗夜の中、座間味島と屋嘉比島の間に、船体が真っ白で、しかも全船がこうこうとライトアップされている船が見える。話には聞いたことのある病院船[1]であった。国際法上、交戦国はこれを攻撃してはならないようであり、悠々と投錨していた。その光景は「鬼畜米英」に脅える者にとっては実に恨めしい限りだった。

この日は夜どおし避難場所を探して山中を歩き回った。その間、夜空を真昼のように照らす米軍の照明弾や砲撃も絶えることはなかった。雨も降り始めた。クバの木（ヤシ科）の下に全員雨宿りしたが、広い葉っぱが集めた雨水が滝のように頭上に落ちて、ずぶぬれになった。僅かの身の回り品や非常食以外ほとんど何も携帯せず、雨具など準備する余裕もなかったのである。枯れ葉や倒木などで覆われた山腹の傾斜は間もなく一面小川に変貌していた。氷のように冷たい非情な雨だった。

途中、すすきの茂みで仰向けに倒れ、動けなくなった臨月近い叔母を伯父と二人で起こしてやり、一行のしんがりをつとめた。

こうして、その日の夜は一睡もせず慌ただしく過ぎていった。

明くる朝、山中はまだ少し暗かったが、木立の合間から島の北方の海を見渡すと目を疑うような光景が飛び込んできた。つい二、三日前まで大海原だった海上は、無数の艦船で埋めつくされていた。クルサキ（岬）の目と鼻の先に浮かんでいる無人島の嘉比島には、すでに米軍が上陸し、砂浜に展開していた。その様子を木々の間から覗いていた祖母が「サールーヌ・アッチョーン」（猿が歩いている）と、いきなり叫んだ。目を凝らしてみると、確かに、戦車二、三両と複数の人影が砂浜に見えた。祖母は、米兵の姿を、一瞬動物の猿に重ね合わして見ていたのだろう。

そうこうするうちに、雨も止み、東の空に日も昇った。米軍による海空からの攻撃が次第に激しくなり、山中いたるところに爆発音が轟いた。一行は米艦艇からの直射砲撃を恐れ、ウフタキの裏の斜面を離れ、山の表に出ることにした。

間もなく、前日脱出してきたシジヤマが見下ろせるウフタキの御宮（小さなやしろ）の前にたどり着いた。その頃になると、一行の肉体的・精神的疲労は極限に達していた。戦況がまったく分からず、絶望的な状況下、悲壮感だけが漂い、いつしか集団の誰からともなく「自決」がささやかれるようになった。非常食として残していた練乳を、私の母がみんなに少しずつ分け与えたのもその時である。もはや、自決は避けられない状況にあった。

その時、突然、艦載機による空爆が私らを狙っているかのごとく、すぐ近くで始まった。全員近くの窪みに身を潜め難を逃れた。時間にして僅か一〇分程度の空襲ではあったが、生きた心地はしなかった。間もなく、あたりは騒々しい中にも静けさを取り戻し、みんな元の場所へ戻った。しかし、再び自決話がもちあがった。

そんななか、伯父と私は辺りの様子を探るため、御宮を離れ、砲撃で倒れかかった大木の横に行ってみた。伯父がその大木によじ登った途端、突然米兵の大きな話し声が近くに聞こえた。相前後して、さくさくと枯れ葉を踏みつける複数の人間の足音らしきものが間近に迫ってきた。伯父と私は急遽元の場所に戻り、そのことをみんなに伝えた。

その瞬間、全員がクモの子を散らすようにその場を四散した。私は、頭髪が刺のある蔓に絡まって立ち往生している老婆を蔓から解放してやった。後で知ったことだが、「米兵の話し声」は実は通称アグの沖に停泊している艦船から聞こえてきた放送で、足音は近くの茂みを通り過ぎる朝鮮人軍夫のものであった。命拾いをした！

みんなが再び揃うまでにはだいぶ時間がかかった。そのようなことも手伝ってか、一行の自決への執念は、ますます深まるばかりであった。その状況を深刻に受け止めた伯父と私は、意を決し、自決の方法と可能性について話しあった。その結果、自決するには手榴弾が手っ取り早く、しかも最も効率的であるということになった。

しかし、手榴弾は私が携帯していた二個のみで、しかも、一個は点火式で着火するかどうかも不安だった。また、たとえ二個の手榴弾が爆発しても一五人が全員同時に自決できるとも限らない。このため、瀬戸際で、伯父と私は最終決断をためらった。

この時、近くで伯父と私の話を一部始終聞いていた弟の仁政（当時小学校三年）が、「僕は絶対に死なない」と、恐怖におののいた形相で自決に猛反対した。皇民化教育にまだ十分には毒されていない小学三年生の弟にとっては、死の恐怖から本能的に発した叫びであるとともに、今、何故自決しなければならないのか、そこが全く理解できなかったのである。小学三年生の弟にしてみれば、米軍の攻撃から生き延びることが当面の重大関心事であり、捕虜になることを恐れて自決することなど、まったく考えてもみなかったと思う。

自決場所に決めていたヌヌヌフキ（断崖）。2006 年 4 月

このようなハプニングもあって、御宮の前での「集団自決」は最終的に断念せざるを得なかった。集団自決は集団の誰かが反対をとなえたり、離脱などすると、実行しにくいことも教えられた。

それでも、一行は決して集団自決を完全に諦めたわけではなかった。次にあみ出された計画は「集団飛び込み自決」という悲壮な代案であった。自決の場所は、島の西海岸の通称ヌヌヌフキ（断崖）と決まった。そこであれば、確実に全員が一度に死ねると判断したからである。伯父と私は再度慎重に相談し、投身自決の細かい手はずまで決めていた。伯父は私の母に対し、「おまえの子供たちはおまえが突き落とせ」と指示した。このようにして、決行の手はずも整い、死の断崖への出発は刻一刻と迫っていた。

ところが、出発直前になって、一行は異口同音に「死ぬ前に水が飲みたい」と言い出した。そこで途中小川に立ち寄ることにし、ウフタキの御宮を後にした。

このことが一五人の生死を決定づけるとは誰が想像できたであろうか。小川に着いてみると、驚いたことに、人がまだ生き残っていた。小川の辺りには多くの朝鮮人軍夫が避難していた。さらに、彼らの話から、日本軍はまだ健在で、しかもすでに玉砕したと思っていた住民も無事であることが分かった。一行は狂喜するとともに、己の目と耳を疑った。

そこで、「命の水」を腹いっぱい飲み、ヌヌヌフキの世話にもならず、住民が避難するシジヤマへ生還したのである。物事の判断に情報がいかに大切だということを実感した瞬間でもあった。

二日間で二度も「集団自決」をやり損ない、本当に生きた心地はしなかった。「鬼畜米英」への恐怖心とそれを煽った宣伝・教育の力は恐ろしいものだ。（本稿は御簾納福三郎著『なんとなく沖縄』＝二〇〇四年三月二十六日＝所収の拙稿「集団自決未遂への旅」に加筆したものである）

1、病院船とは傷病者を治療輸送する船。戦時に国籍に関係なく傷病者を救助治療し、交戦国はこれを攻撃してはならない。「識別」するため船体は白で船腹に緑か赤の帯線があり、赤十字旗を掲揚した。

家族の列に手榴弾が

事件は米軍が上陸した明くる日の夜起こった。多くの住民が避難しているシジヤマに戻ってきたわれわれは、谷間の下の方に避難していた。そこからさらに下の方には、朝鮮人軍夫が相当数隠れていた。

その夜も砲撃は依然として続いていたが、前日の疲労からいつの間にか、岩陰などに沿って寝入ってしまった。

そのとき、われわれのすぐ側を四、五人の集団が、谷間の上の方へ向かって走り抜けていった。暗闇のため、敵味方の区別もつかなかったが、大事を取って私の家族は親戚と一緒に谷間の上の方に移動することにした。しかも、米兵と間違われないため、お互いに家族の名前を呼び合いながら、ゆっくり歩みを進めた。

谷間の中間あたりにたどり着いた時である。突然大音響が起こり、私の弟と姉が前後にのけ反って倒れかかった。二人は土砂や硝煙に包まれ、一瞬前後不覚の状態に陥った。家族や親戚は何が起こったかまったく分からなかった。手探りで調べてみると、弟と姉の間には直径五〇センチほどの穴が開いていた。幸い二人に大した怪我はなかった。傷といえば、弟の足のふくらはぎや背中の一部に黒い火薬の粒が無数に突き刺さっているだけだった。

落ち着きを取り戻すと、さっそく爆発物が何だったのか調べることにした。最初は米軍の流れ弾かと思い、あまり気にしていなかったが、この谷間に砲弾が落下したことはない。そこで、疑問に思った叔父が周辺の住民に聞いてまわった。その結果、ある事実が判明した。近くの壕に避難していた防衛隊員が「犯人」だった。彼はわれわれを米兵と誤認し手榴弾を投げたという。とんだ災難だった。

一方、われわれの側を走り抜けて行った集団は、朝鮮人軍夫であることも判った。実は、その中の一人が米兵に襲われる夢を見て大声を張りあげたため、一緒に寝ていた数人が、びっくりして走り出したようだ。夢のとばっちりを食った私の家族はいい迷惑だった。

なお、この事件で手榴弾の殺傷力が予想以上に弱いことも分かった。もし、「集団自決」に手榴弾を使用していたらどうなっていたか……。

第6章　住民の避難所生活始まる

厳しい山中の生活

食べ物に困窮する

シジヤマに避難した住民の数は、防衛隊と義勇隊を除いて約四〇〇人といわれている。その大多数は老人と婦女子であった。上陸後四日目に米軍は島を撤退するが、住民は日本軍と共にそのまま山中に留まり、仮小屋を建てて避難生活を始めた。水は近くの谷川にあったが、食料の確保が大きな問題だった。避難の際携帯していた食料が底をつくと、住民は米軍の襲撃や日本軍の歩哨《ほしょう》（警戒や監視をする兵のこと）を警戒しながら集落に下り、破壊を免れた家屋や屋敷内の瓦礫の中から、蓄えていた食料や食器類などの生活用品を拾い集めて避難所に持ち帰った。

食料を使い果たすと、住民は集落近くの畑で芋や、穀物、野菜類などを探し回った。あとで、農作物あさりが日本軍によって禁止されると、食料の確保はいよいよ困難を極めた。

このため、山菜や野生の小動物を捕まえたり、特攻機により撃沈された米艦船からの漂着物を海岸で拾い集めたりして何とか生きながらえた。

しんどかった食料あさり―弟の場合

五月のある晴れた日、弟・仁政（当時一一歳）は従兄の正治（当時一三歳＝戦後「雅光」に改名）と前上（屋号）のおばさんと三人で、食糧探しに避難所のシジヤマを後にした。行く先は米軍上陸以来、一度も足を運んだことのない集落と決めた。狙った場所は以前、日本軍が糧秣《りようまつ》（軍隊用語で食料のこと）を保管していたトゥヌのお宮の東側一帯だった。

シジヤマを発ったあと、幾つもの山や谷を難なく越えて、間もなくアグの浜のアダンの茂みに着いた。目の前には白く、まぶしい砂浜と青い海が広がり、辺りには潮の香りが満ちていた。陰気な谷間生活を余儀なくされている者にとっては、まさに別天地だった。

ところが、アダンの茂みを後にして、近くの谷川を尾根に向かって上り始めたとき、突然強烈な異臭に襲われた。三人は鼻を片手で強くつまみながら、一気に尾根を駆け上がった。異臭の原因は谷川で自決した日本兵の腐乱死体にあった。生まれて初めて嗅《か》ぐ人間の死臭は弟にとって強烈で衝撃的だった。三人は予期せぬ出来事に出鼻をくじかれ、先行きが何となく不安になった。

一休みしたあと、気を取り戻し、目的地をめざして足を速めた。間もなく集落裏手の城山にたどり着いた。木々の間から見える集落正面の海は、浮かぶサバニ（小舟）こそいないが、滑らかで紺碧に輝いていた。こうした自然の美しい情景に見とれていると、厳しい現実がうそのように思えてならなかった。ついさっきの出来事もいつの間にやら忘れ去られていた。時刻は太陽の位置からして、午後の二時頃ではなかったかと思う。トゥヌのお宮の東側の畑地に下り立った。そこが狙いの場所だった。その一帯は、軍の糧秣が保管されていた場所で、期待が大きかった。しかし、残念なことに目当ての物は何一つ見つからない。大きな誤算だった。

三人は手ぶらで山に戻るか、それとも場所を変えて食糧あさりを続けるか迷いに迷ったが、みんなの結論は後者だった。

早速集落内に入ることにした。だが、危険を避けるため、行動範囲をトゥヌの森周辺に限定することにした。

間もなく、民家の前の道路に出た。あたりは静寂そのもの。極度の緊張のためか体はやや硬直していた。その時、「あった！」と、先を歩いていた正治が小声で知らせてくれた。たしかに、道路上に何かが散乱している。近づいてみた。それは日本軍が備蓄していたと思われる「わかもと」（栄養剤）と黒飴であった。容器の蓋が片っ

現在のトウヌのお宮（当時、正面の扉は消失していた）

端から開いていて、しかも人為的に乱雑に放置されていることから、これは米軍の仕業だと分かった。

腹も空いていたので、早速「わかもと」を手のひらにのせ口に入れた。しかし、それは、そのまま食べられる代物ではなかった。一考のすえ、甘い黒飴と「わかもと」を一緒に口の中に入れることにした。予想以上に美味しく食べられた。空腹を満たせるようなものではなかったが、口にする物があるだけでも有り難かった。大した量ではなかったが、拾った「わかもと」と黒飴は袋に詰めて持ち帰ることにした。

しかし、これで満足するはずはなく、三人は予定を再度変更して、すぐ近くの甘藷・野菜畑にまで行動範囲を広げることにした。

雑草がはびこる荒れはてた畑にたどり着いた時のことである。三人は目をそむけたくなるような、むごたらしい光景に遭遇した。茶褐色に膨れあがった首や両手・両足のない人間の胴体を豚が食いちぎり、むさぼり食っていた。この死体は斬り込みで戦死した日本兵のものだった。不思議にも、時間が経過していたせいか死臭はほとんどなかった。

平時では想像もできないショッキングな光景だった。

これ以上進むと慶留間島山頂の米軍陣地からまる見えである。銃撃の危険がないとは絶対にいえない。やむを得ず、そこでの食糧探しは断念した。

ところで、しばらくぶりに訪れた集落は、生活の営みを証す物音一つ聞こえず、いわゆるゴーストタウンの様相を呈していた。道行く人の談笑はおろか、かつて夕暮れ時によく聞いた家畜の山羊や豚の鳴き声もまったく聞こえなかった。集落は不気味に静まりかえり、異様な雰囲気に包まれていた。

このような荒廃した集落を後に、複雑な気持ちでトゥヌのお宮に至る参道を上がり、これといった収穫もないまま、三人は帰途についた。

ちょうど、参道の坂を上りつめたところで小さなお宮が視界に入った。人の気配はまったくない。そこを無事通過すれば、すぐ近くには安全な城山がある。その時、お宮の中に何か黒く焦げた塊が目に飛び込んできた。近づいて見た。それは焼け焦げた日本軍の牛缶詰（軍需物資）だった。三人は小躍りして、焦げの少ない缶を選び、各自持てるだけ多く袋に詰め込んだ。

トゥヌの鎮守の神様は最後まで三人を見捨ててはいなかった。いろいろ曲折はあったが、やっと願いがかない安堵の胸をなでおろした。あとは拾った物をシジヤマの避難所へ運ぶことだけであった。

お宮を後にした三人は、米軍上陸前に掘ったわが家の壕の側を通り、城山の山頂目指して歩きだした。道のない険しい斜面を上るには、缶詰の重みは栄養失調の体にずしりときた。途中運ぶ量を減らそうかとも考えたが、またとありつけない貴重な食べ物だし、一個たりとも捨てるわけにはいかなかった。拾った物は、死力をつくして全部運ぶことにした。

ところで、城山の中腹で一休みしようとした時、突然ドカン、ドカンと雷が落ちるような音がして地響きが起きた。砲撃だ！　三人はてっきり米軍に狙い撃ちされたと思い、とっさに大きな松の木の根本に身を伏せた。砲撃は一〇分程度続いたと思うが、恐怖のあまり非常に長く感じた。幸い三人とも無傷だった。松の木の間から、砲煙が見える阿嘉水道（慶留間島との間の水深の浅い海峡＝現在は阿嘉大橋が架かっている）を見ると、米軍の小型艦艇が狭い水路の浅瀬に座礁し立ち往生していた。砲撃は日本軍の襲撃を恐れた同艦からの威嚇射撃ではなかったかと考えられる。重ね重ねの災難で三人は憔悴した。

油断は禁物。城山を急いで越え、山間のサトゥ（里）の雑木林にたどり着いた。担いでいる缶詰はますます重く感じられるようになり、そこでいったん小休止を取ることにした。たまたま近くに防空壕があったので、そこに入ってみた。奥深く掘られた横穴には、人の住んでいる形跡はなく、いたる所にクモが糸を張りめぐらしていた。壕の中では緊張感が取れたせいもあってか、いつの間にか居眠りを始めていた。

しかし、避難所へはまだ道半ばでもない。陽も西に傾きかけていたので、これ以上そこに長居することはできなかった。出発することにした。ところが、三人とも出発をためらった。缶詰の重さはすでに体力の限界を超えていたのである。状況を憂慮したリーダー格の正治は一つの提案をした。その提案とは、缶詰の半分を壕に残し、後日取りに戻るということだった。弟と前上のおばさんも即座に賛成し、三名はそれぞれ壕の中に穴を掘り、その中に袋から取り出した缶詰の半分を埋めた。

荷物が軽くなると峠に向けて足早に駆け上がっていった。あと一つの谷を越えればもうすぐシジヤマの尾根である。はやる気持ちを抑え、最後の尾根を一歩一歩、足下を固めながら上りつめた。びっくりしたことに、そこには砲撃の音を聞いて心配した母親らが待っていた。みんなの無事を確認した親たちは感極まり涙した。真っ赤な夕日ははるか久場島の西方に沈むところだった。本当にしんどい長い一日だった。なお、壕に隠した残りの缶詰は後日掘り起こして無事シジヤマに持ち帰った。

1945年5月4日、慶良間海峡の米海軍の小型空母に突入寸前の日本軍の特攻機（米軍撮影、沖縄県公文書館）

特攻機の飛来

四月に入って、阿嘉島周辺にも特攻機が頻繁に飛来するようになった。とくに、夕暮れ時ブンブンと蚊の鳴き声に似たか弱い爆音が上空に聞こえたかと思うと、海峡には煙幕が張られ、碇泊中の艦船の明かりが一斉に消えた。しかし、大音響とともに四方八方から光の矢が天空の一点に集中し、小さな機影を追いかける。同時に上空は真昼のように明るくなる。

その直後、地上には細かい鉄の雨が降り、ぱらぱらと落下音が聞こえた。上空で炸裂した弾丸の破片だったのだ。シジヤマの避難所にも、容赦なく降ってきたが、幸い、落下した破片で怪我をしたという話は聞いたことがなかった。

砲火を浴びた特攻機は、多くの場合被弾し火を噴きながら洋上に墜落した。たまに、艦船に突入したのか、海上に火柱が上ることもあった。一度は、ヒズシ（阿嘉島の西海岸）の沖に特攻機が墜落し、特攻兵[1]が海岸に漂着したこともある。

対空砲火が終わっても、しばらくの間、空も海峡も黒い煙幕で覆われ闇夜に転じた。

1、特攻兵の遺体は住民によって海岸の砂浜に手厚く葬られた。

避難所が燃える

米軍上陸前後の空爆や艦砲射撃によって島の山野は焼かれたが、奇跡的に焼け残った場所の一つが避難所のシジヤマだった。ところがある日の夜、同避難所が火事になり炎が夜空を焦がした。しかも、それは単なる火事ではなく、戦場そのものだった。というのは、燃えさかる避難小屋から大きな爆発音が連続して聞こえてきたからである。

危険で、消火しようにも、住民は火事現場に近寄ることができず、ただ、避難所を遠巻きにして自然鎮火を待つばかりであった。爆発音の正体は防衛隊員が小屋に保管していたと思われる手榴弾だった。幸い、住民には死傷者はなかった。

闇夜の出来事であり、天を焦がす火柱や爆発音は座間味島や慶留間島からもはっきり確認できたと思う。しかし、隣島の米軍基地からは何の反応（攻撃）もなかった。

一夜明けて確認したところ、火事は避難所のおよそ半分を焼き尽くしていた。避難小屋はもちろん、小屋を覆い隠していた高木までほとんど焼かれ、黒く焦げた幹だけが林立していた。いまや、避難所は空爆に対し無防備となった。この火事はその後の住民の避難生活に大きな不安を与える結果となる。偶然かどうか知らないが、火もとは手榴弾事件を起こしたあの防衛隊員の小屋だったと聞く。

沖縄戦捕虜第一号の悲しい結末

米軍上陸後、消息を絶つ後藤オジー夫婦

米軍上陸後、後藤オジー（愛称、結婚前の氏名は与那嶺松雄）と妻タキエおばあさんがぷっつり消息を絶った。混乱の中、捜すすべもなく、同夫婦は米軍の攻撃によりすでに死亡したものと思われていた。生存説も一部にはあったが、真偽のほどは分からなかった。親戚の間では、生存を絶望視するむきがつよく、オジー夫婦のことは忘れ去られようとしていた。オジーは私の母方の親戚で、大阪で婿養子となり沖縄戦の前年、妻のタキエおばあさんと一緒に阿嘉島に戻ってきたばかりであった。当時オジーは六〇歳、おばあさんは六四歳。オジーは集落の行事にも積極的に参加し、住民の信頼も厚かった。また、日本軍の兵舎の建設などにも一生懸命協力した。

「オイ！　仁勇！　仁勇！」聞き覚えのある声が

四月下旬、私は非番を見はからって、武一（垣花）、英次（金城）、良信（仲村）の三君と共に、米軍の漂流物を拾うため白昼集落正面の海岸まで足をのばした。アダンの茂みから恐る恐る海岸をのぞくと、人影は見あたらない。目の前には、東西に延びた真っ白な砂浜があり、その上に戦車のキャタピラ（無限軌道）跡が無数に残っていた。

波打ち際に目をやると漂流物らしきものが散在している。四人は足早に砂浜に駆け下り無我夢中で漂流物を拾い集めた。その中にはバターやクラッカーなどが入った缶詰もあった。大した量ではなかったが、予想以上の収穫だった。

ところで、砂浜をよく観察すると、異様な光景が目にとまった。それは砂浜一面に波でうち上げられた膨大な量の白骨化した魚だった。一瞬「どうしてだろう」といぶかしく思ったが、疑問は簡単に解けた。それは米軍が上陸した日の艦砲射撃（水中）で死んだ魚の死骸だったのだ。

危険が伴う砂浜漁りは短時間で切り上げ、四人は集落内に潜入した。爆破を免れた家の屋敷内を見て回ると、ところどころに米軍の弾薬の空き箱や缶詰の空き缶などが放置されていた。しかし、食べ物はほとんど見つからなかった。唯一の掘り出し物といえば、私が見つけた米軍の携帯用缶切りだった。この小さな利器はみんなに喜ばれた。

しばらくして、集落を離れることにしたが、安全を期して海岸で拾った物はいったん集落内の空き屋に隠しておいた。夜の安全な時間帯を見計らって、後日戻って持ち帰ることにした。

帰りは集落内を横切り、城山を経て、シジヤマに通じるルートをたどることに決めた。辺りに警戒しながら、石垣で囲まれた屋敷と屋敷の間を横切り、小走りに城山へ向かった。ちょうどその時、後方から「おい！」という声が聞こえた。びっくりして声のする方向を振り向いた。しかし、人影は見えない。日本軍の斥候を恐れて四人は急いでその場を立ち去ろうとした。

その時、今度は大声で「おい！　仁勇！　仁勇！」と聞き覚えのある声で私の名前を呼んだ。再度振り返ってよく見ると、石垣の合間から手招きしているのが見えた。顔は見えないが、声からして後藤オジーに違いないと、一瞬思った。早速、四人は石垣の塀をよじ登り屋敷内に入った。間違いなく後藤オジーだった。タキエおばあさんも元気だった。二人は涙を流しながら、われわれ四人を迎え入れてくれた。

米軍上陸以来、約一ヵ月安否が全く分からなかったオジーとタキエおばあさんの無事が確認できて感涙した。山羊小屋に畳を敷き詰めたにわか作りの小屋には、壁沿いに米軍から支給された食料品が山積みされていて、二人が起居するには狭く感じられた。

後藤オジー夫婦によると、捕虜後の米兵の対応は意外と親切で、とても「鬼畜米英」とは思えないという。タキエおばあさんは親切にしてくれる米兵の対応に、戦争の勝敗は別にして、満足しているようだった。一方、日本の必勝を信じて疑わないオジーの心の中は決して穏やかではなかった。

1945年3月26日、上陸直後に集落裏手の壕で米軍の捕虜になった後藤オジー夫婦（米軍撮影、沖縄県公文書館）

米軍上陸の日、壕で捕虜

しばらくして、オジーは米軍に捕虜になった時の状況やその後の米軍の処遇などについて語り始めた。常日頃耳の遠いおばあさんと話しているせいか、オジーの声は大きかった。

オジーによると、米軍が上陸した日、同夫婦はオジーの姉（ノンドノチグァーのおばあさん）と三人で、集落裏手の城山のふもとに掘ってあった私ら親戚の壕に隠れていた。[1]

上陸後間もなく、米軍は壕の近くまで進撃してきた。銃声が次第に大きく聞こえるようになった。その時、いきなり「出てこい！出てこい！」と壕の外で米兵の声がした。三人は出るのを拒み、壕の奥にへばりついていた。しかし、パーンと銃声が響き、ノンドノチグァーのおばあさんが撃たれた。即死だった。その直後、オジー夫婦は無理矢理、米兵により壕の外に引きずり出された。沖縄戦の捕虜第一号である。

それから、トゥマイノハマ（集落東側の砂浜）の海岸堡《ほ2》の側まで連行され、日系二世兵の尋問を受けた。

1、足の不自由なタキエおばあさんのため、山中には避難できず、集落裏のグスク山のふもとの壕に身を潜めていた。

2、敵前上陸後の最初の拠点。

オジー夫婦の前に座間味島の宮里親子らが尋問の後、後藤オジー夫婦の前に、突然三人の民間人が米兵によって連行されてきた。彼らは同日、アグ（島の南西）の海岸の自然壕で捕虜になった座間味島出身の宮里光明・芳生さん親子と知念繁信さんだった。米軍上陸二日前の三月二十四日早朝、屋嘉比島の鉱山（ラサ興業）所有の小型貨物運搬船第五慶良丸（一〇トン）で那覇から帰ってきたとのことだった。しかし、戦況が悪化したため座間味島には帰れず、阿嘉島のアグに避難していたところを、米兵に見つかった。

間もなく、トゥマイノハマでは、なにやら式典が始まった。兵士が整列するなか、米国国歌がスピーカーから流れ、星条旗がつぎはぎの木製ポール（被害を免れた日本軍の電柱と思われる）にするすると揚がり、ラッパが鳴り、礼砲が辺りに響いた。国旗掲揚式典のようだった。

ところで、この催しを見ていた芳生少年が、突然しくしくと泣き出した。オジーはそっと

上陸当日、米軍による国旗掲揚式。米国国歌がスピーカーから流された
（集落東側の砂浜トゥマイハマにて米軍撮影、沖縄県公文書館）

芳生少年の側に行き、「日本は必ず勝つよ、今に友軍が助けに来る」と慰めてやった[1]。どうやら、これは芳生少年の悔し泣きだったようだ。

式典終了後、宮里親子は故郷の座間味島に移送され[2]、知念氏は米艦船に連行された。

一方、オジー夫婦は米軍から解放され、島に落ち着くことになった。その後、先に述べた小屋に住まいを定めることになる。米軍は座間味島から定期的に阿嘉島を訪れ、オジー夫婦のもとに缶詰などの食料品を届けてくれた。時々、米軍の宣撫班の手伝いをさせられたこともあったようだ。

以上がオジー夫婦が捕虜になった時の情況の概要である。（沖縄県史第一〇巻に収録された拙文を加筆、再録する）

1、山城善光「沖縄戦捕虜―第二号・第一号物語」『琉球新報』昭和五十四年九月二十九日〜十月六日。

2、知念繁信さんは尋問のため、ほかの二人とは別行動を余儀なくされた。

再会を約して小屋を去る

小屋での話は三〇分以上に及んだ。私たち四人は再会を約して、ひとまずそこを引き揚げることにした。帰り際、小屋に保管されていた缶詰、クラッカー、たばこなどを持って行くようオジー夫婦に勧められたので、遠慮なくいただき、上着やズボンのポケットなどに一杯詰め込み持ち帰ることにした。

帰途、オジーの姉のノンドノチグァーのおばあさんの亡骸に手を合わすため、壕に立ち寄ってみた。おばあさんの亡骸は火炎放射器で焼かれ真っ黒く焦げていた。四人は深く頭をたれ、冥福を祈った。

この壕は入口から真っ直ぐ延びた本体部分と短い横穴からできたL字型の構造になっていて、横穴には私の家族の家財道具を隠してあった。そこも完全に焼け焦げていて、貴重品入れの木製ロッカーの金具以外は、何一つ残っていなかった。恐らく、火炎放射器で焼き払われたと思う。米軍の火器の威力をまざまざと見せつけられた。

「お前らは銃殺だ！」一等兵が怒鳴る

途中、壕の横の傾斜を上って城山に入った。しかし、選んだルートが悪かった。日本軍の歩哨に見つかってしまった。歩哨は以前私の家によく遊びにきていた富永一等兵だった。私とはもちろん顔見知りである。四人に対し、富永一等兵は「お前らは銃殺だ！」と恫喝しながら、全員の顔をしたたか殴った。銃は所持していても、相手は一人だ、四人が束になってかかれば、倒せないことはない。一瞬殺意を催した。しかし、その場は思いとどまった。一等兵は後に付いてくるよう命じ、われわれを歩哨詰所に連行した。

そこで、持ち物を全部捨てるよう命じられた。オジー夫婦にせっかくもらった物を仕方なく辺りに投げ捨てた。その中にはアメリカ製の煙草も相当量あり、それを見ていた歩哨のなかには、欲しさのあまりか、身震いする者もいた。

続いて、「拾ってきた物」について厳しく追及された。口が裂けてもオジー夫婦のことを口に出すわけにはいかず、四人は口をそろえて集落の海岸で拾ってきたと最後まで言い通した。

歩哨は根負けしたのか、それとも投げ捨てた煙草や食べ物など（あとで拾い集めたことは間違いない）の誘惑に屈したのか、「今回は見逃してやる」と言いだし、四人はやっと「銃殺」の恐怖から解放された。おまけに、帰りぎわには、日本軍の歩哨線の位置まで丁寧に教え、そこを避けて帰るよう口添えまでしてくれた。「銃殺」を免れて安堵したものの、オジー夫婦にせっかくもらった貴重な食料などを全部「没収」され、悔しさと怒りで肩が震えた。

オジー夫婦の悲しい最期

明くる日、平常どおり野田山の義勇隊詰所で待機していた。詰所は部隊本部の壕のすぐ近くにあった。ちょうど朝八時頃だったと思う。前日会ったばかりの後藤オジー夫婦が本部壕の前に座らされているのが見えた。一瞬自分の目を疑った。だが、残念ながらオジー夫婦に間違いなかった。誰かと話しているようだったが、相手が誰なのか判別できなかった。近寄れる状況でもなく、私たちは、ただうろうろして状況を見まもるしかなかった。後藤オジー夫婦が自ら本部壕に来るはずがない。きっと、斥候に見つかり連行されてきたのだ。その通りだった。気になっていた大声での夫婦間の会話が災いしたかもしれない。残念、先が危ぶまれた。

しかし、同夫婦はその晩、突如住民が避難するシジヤマに帰され、親戚と久方振りに再会を果たした。一安心した。米軍の捕虜になったことや、その後起きたいろいろな出来事について、親戚と語らい、お互いに元気で会えたことを喜んだ。

親戚の一人で当時臨月を迎えていた私の叔母をみて、タキエおばあさんは、米軍に貰った食料品を山に運んでこられていたら、生まれてくる赤ちゃんの栄養にもなったのに……と残念がっていたそうだ。いずれにせよ、親戚の誰もが望んでいたことは、オジー夫婦が以後親戚と一緒にシジヤマで暮らせることだった。

しかし、それははかない希望だった。明くる日の夕方、オジー夫婦は日本兵によりどこへやら連れて行かれた。その直後、悲しい結末が待っていた。老夫婦は連行の途中、別々の場所で日本軍によって処刑された。オジーは軍刀で斬殺され、一方おばあさんは銃剣で惨殺されていた。このように、沖縄戦捕虜第一号の後藤オジー夫婦は凄惨な最後を遂げた。痛恨の極みだ。これほど残忍で、これほど汚辱にまみれたものはない。

私にとって後藤オジー夫婦の悲劇は生涯忘れることはできない。なぜ、事前に身の安全を確保してあげ得なかったのか。たしかに集落の小屋で久方ぶりに再開した時点では、捕虜になっただけで、友軍（当時日本軍のことをそう呼んだ）に処刑されるとは、想像だにしなかった。認識が甘かった。オジー夫婦の命を救えなかったことは、本当に慚愧に堪えない。

悪いことに、オジー夫婦が部隊本部に連行されたのが、奇しくもわれわれが集落の小屋で会った日の明くる朝である。仮にオジー夫婦がわれわれが告げ口したのではないかと思っていたら、どんなに残念がっていたであろう。集落での再会をむしろ後悔した。今となっては、あの世のオジー夫婦がわれわれ四人の潔白を信じてくれることを祈るばかりである。

この稿のタイトルを「沖縄戦捕虜第一号の悲劇」としたが、後藤オジー夫婦の死を無駄にしないためにも、この悲惨な事件から学んだ貴重な教訓はぜひ後世に残したい。われわれの非力を詫びるとともに、後藤オジー・タキエおばあさんが迷わず成仏できることを心から祈るものである。

野田元戦隊長の弁明

戦後、東京で野田元戦隊長に直接会い、後藤オジー夫婦の処刑について質したところ、元戦隊長は「処刑の命令はしていないが、罰しなさいと部下に伝えた」と「弁明」し、証人もいるので会うようにと私に勧めた。今更弁解は無用である。即座に断わった。また、証人もどき者の話を聞いても故人が生き返ってくるわけではなく、悲しみを増幅させるだけである。

たしかに、老夫婦は米軍に捕虜になり、尋問も受けた。だが、オジー夫婦が日本軍の機密情報など知っているわけがなく、また日本軍に不利になるようなスパイ行為を積極的に行なったとも考えられない。

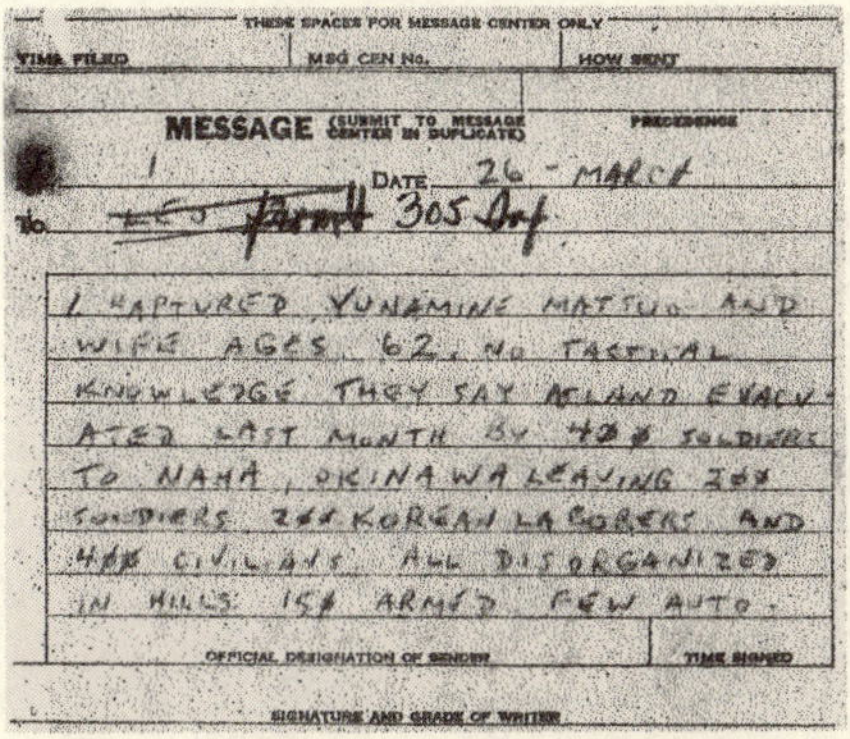
THESE SPACES FOR MESSAGE CENTER ONLY
TIME FILED　MSG CEN No.　HOW SENT
MESSAGE (SUBMIT TO MESSAGE CENTER IN DUPLICATE)　PRECEDENCE
1　DATE 26 - MARCH
TO 305 Inf
I CAPTURED YUNAMINE MATSUO AND WIFE AGES 62, NO TACTICAL KNOWLEDGE THEY SAY ISLAND EVACUATED LAST MONTH BY 400 SOLDIERS TO NAHA, OKINAWA LEAVING 200 SOLDIERS 200 KOREAN LABORERS AND 400 CIVILIANS ALL DISORGANIZED IN HILLS 150 ARMED FEW AUTO.
OFFICIAL DESIGNATION OF SENDER　TIME SIGNED
SIGNATURE AND GRADE OF WRITER

後藤オジー夫婦を捕虜としたことを伝える戦場メモ

それにもかかわらず、日本軍は民間人の老夫婦に軍律を適用し処刑した。悲憤慷慨する。

なお、写真の英文はオジー夫婦についての第七七歩兵師団第三〇五連隊の戦場メモである。

英文の抄訳：与那嶺松雄（六二歳）夫婦を捕虜にする。軍事上の知識はあまり持ち合わせてない。二人によると、日本兵四〇〇人が先月阿嘉島を撤収し本島に向かった。島に残っているのは兵員二〇〇人、軍夫二〇〇人、住民四〇〇人だけである。部隊は丘陵地帯に配置されていて、一五〇人が武装しているが、機関銃は所持していない。

住民の投降第一号

米軍の沖縄侵攻直前まで、私の伯父は屋嘉比島の銅山（ラサ工業）所有の精鉱運搬船慶良丸（五〇トン）の船長をしていた。しかし、同船が10・10空襲で沈められたため、その後は屋嘉比島と那覇間に就航する一〇トン級の貨物運搬船第五慶良丸の船長として物資や乗客の輸送に当たった。

一九四五年三月二十三日夜、米艦載機の空爆を免れた同船は、那覇港を出発し一路屋嘉比島へ向かった。しかし、ちょうどその頃、米機動部隊は沖縄本島の南西方面に接近中で、陸海とも厳戒態勢にあった。その夜の航海の様子を、当時、たまたま乗客の一人として同船に乗り合わせていた宮里芳生氏は手記の中で次のように記している。[1]

――（前略）その日即ち二十三日の夕方になって、同郷の宮里正春さんが訪ねてきて「座間味行きの船が間もなく出港するが、一緒に乗って帰らないか」といって誘った。（中略）午後八時ごろ夜陰に乗じて渡地《わたんじ》港（現在の那覇港＝引用者）を出発した。

午後九時ごろチービシ（慶伊瀬島）の近くまで来て島に平行して前進していると、渡嘉敷島あたりで軍艦らしいものが明かりを一面に赤々とつけて幾つも浮かんでいる。船長は危ないと思ったのであろう。急にUターンして那覇港向け引返した。那覇との中間あたりまで来た時に船長は、またUUターンして元通りのコースをとった。（中略）よそ島の地で果てるよりは、運がよければ突破できるかも知れないから、敵中突破を敢行して自分の故郷で死んだ方がよい―と決断した結果であった。（中略）船長以下全員が悲壮な決意で敵艦を見守りながら、前進する船にうずくまっていると、敵艦の灯りと見立てていたのは、とんでもない見当違いで、それは渡嘉敷島や座間味島の山火事だったのである。（中略）

船は大きく北回りして真夜中に屋嘉比島に着いたが、接岸不能のために、仕方なく向きを変え、船長の生まれ島である阿嘉島を指して進んだ。（中略）船長は自分の生まれ島なので、山のことも海のこともよく飲み込んでいた。暗夜ながらも夜空にくっきりと浮かぶ島の形から判断し、最も安全で接岸可能な地点を選んで突っ込んだ。それは二十四日の早朝のことである。そこには二〇〇メートルぐらいの白い砂浜が続いていた。人里離れた山陰であった。全員七人は船を乗りすてて上陸した。（後略）――

平時なら、阿嘉島の港に寄港するはずの同船には、その余裕はなかった。いかに緊迫した情況だったか、手に取るように分かる。

同夜、船に乗っていた人は中村正吉（船長）、宮平正春（機関長）、名嘉喜正（ボースン）、金城清松（船員）、知念繁信（一般客）、宮里光明（同）、宮里芳生（同）さんら七人。

下船後、船員は家族の許へ急いだ。一方、乗客の三人はアグの海岸の小さな洞窟に避難した。[2]

明くる二十五日、第五慶良丸はアンガーラの入江で米艦載機の爆撃により全焼した。

ところが、避難生活が二ヵ月ほど過ぎた五月下旬、船員四人は突然、部隊本部から呼び出された。四人がそこへ行くと、野田戦隊長は「船に軍の食料を積んで来ただろう」と詰問をくり返した。四人の船員は最後まで否定した。これに激怒した戦隊長は、四人の船員をむちで代わる代わる叩いた。その後、本部近くの木の幹に全員後ろ手に縛り、四日間も食べ物も水も与えず放置した。

それだけでは飽きたらず、住民避難所まで降りていき、船長の家族に暴虐の限りを尽くした。避難小屋に隠れていた船長の妻・伯母はむちで繰り返し殴られた。すぐ隣の小屋の中で伯母の悲鳴を聞いた私の母と姉は、戦隊長の剣幕に全身が凍り付き、その場に近寄ることができなかった。

そんなこともあって、伯父は日本兵[3]に縄を解いてもらった後、その夜直ちに、名嘉喜正、金城清松の両氏と両氏の家族四人、それに伯父とその家族七人の合計一三人でシジヤマの避難所を脱出し、ウタハの海岸で米軍に投降した。これが、阿嘉島住民の集団投降第一号である。

伯父は厳格、律儀で、しかもプライドの高い人だった。しかし、事実無根の窃盗の嫌疑をかけられ、屈辱を味わい、自尊心を傷つけられ、やむを得ず脱島を決意したのであった。

なお、戦後、野田元戦隊長が阿嘉島で開催された「日本軍戦没者慰霊祭」に出席するため来沖した際、伯父の長男の雅光と私の弟が泊港北岸の座間味村連絡事務所二階の部屋で野田元戦隊長に直接会い、戦時中の悪逆な行為について詰問した。その間、野田元戦隊長はただ平謝りだけであったという。船の出港時間になってようやく、三人は同事務所を後にして波止場に向かった。

しかし、本人から直接謝罪の一言も聞かずに他界した伯父・伯母のことを思うと残念と言うほかない。

1、山城善光「沖縄戦捕虜―第二号・第一号」(前掲)。

2、三人は米軍が上陸した三月二十六日捕虜になる。

3、拘束されて四日目の夜(次の日処刑が予定されていたという)、一面識もない監視の日本兵が縄を解いて逃がしてくれた。その際、縄を解かれたことは一切口外しないよう強く口止めされたそうだ。なお、戦後、命の恩人であるこの日本兵を探したが、残念ながら何の手がかりも得られなかった(金城清松氏証言)。

第7章　山中に籠城する日本軍

日本軍持久戦に突入

飢餓との闘い

阿嘉島に上陸した米軍は上陸四日目に、全部隊を同島から撤収した。しかし、座間味島には、第七七歩兵師団第三〇五連隊第二大隊（第一大隊は撤収する）が残留し、慶良間諸島の守備に当たった。

一方、阿嘉島の日本軍は、戦闘が一段落すると、山中に陣地を構え持久戦に入った。部隊本部は野田山の山頂近く、戦隊第二中隊はナカタキ、同第三中隊はクボー（後にウフタキに移動）、それに基地隊は部隊本部の背後にそれぞれ分散して陣地を構えた。

現地召集の防衛隊は独自の陣地（壕）をナカタキに構え、義勇隊は各中隊に配置された。また、朝鮮人軍夫はナカタキ一帯の壕群に集団で収容された。

山ごもりが長引くと、食糧事情が極度に悪化した。支給される食料はごく少量の米粒が入った雑炊が主であった。これだけではとうてい空腹を満たすことができず、兵士の多くは田畑から農作物を失敬したり、それが手に入らなくなると、山菜や、ヘビ、蛙など野生の小動物を捕まえて食した。水たまりに生息するイモリを食べて下痢をする者もいた。体力のある者は海岸で漂流物をあさった。なかには住民が海岸で拾ってきた漂流物を、歩哨詰所でうむを言わさず没収する山賊まがいの者もいた。

このような状況下では部隊内の秩序や士気も低下し、食料の盗難も後を絶たなかった。たまりかねた部隊本部は五月二十五日、軍民に対し戦隊長名で次のような命令を出した。

「今後阿嘉島において、草木いっさい無断で採取する者は厳罰に処する」[1]

すなわち、住民が植えつけた芋、野菜、稲などの農作物や豚、山羊などの家畜類を勝手に捕獲することを一切禁じたのである。このため、栄養失調者がますます増えた。

なお、この命令に違反した者は容赦なく処罰の対象となり、兵隊や朝鮮人軍夫が食糧窃盗のかどで処分された。

1、儀同保『ある沖縄戦―慶良間戦記』(前掲)。

基地隊第一小隊の生存者を救出

慶留間島に駐屯していた日本軍(戦隊第一中隊＝中隊長大下真男少尉、基地隊第一小隊＝小隊長中村健次郎少尉)は、米軍が上陸した三月二十六日以降一週間ほど消息がつかめなかった。

このため四月九日、戦隊長の命を受けた戦隊第二中隊の吉屋懿倫隊員が同島に夜間泳いで渡り、決死の偵察を行なった。その結果、戦隊の生存者は一人も確認できなかったが、基地隊は若干生存者がいることが判明した。

吉屋隊員の報告を受けた戦隊長は、明くる十日、第二中隊の宮下力少尉を長とする救出班を編成し生存者の収容に当たった。救出の過程で一部の軍夫は自由意志により同島に残ることになった（その後米軍に投降したとされる）。儀同保氏の調べによると、慶留間島に駐屯していた日本軍は戦隊・基地隊合わせて九六人で、軍属（朝鮮人軍夫）を含めると一五六人に達したという。そのうち基地隊の生存者は三六人であった。

山中の少年義勇隊

部隊医務室勤務を命じられる

戦闘が一段落つくと、義勇隊は、日本軍の指示で、部隊本部の水くみ作業に駆り出された。各隊員は一〇個ほどの軍用水筒に小川の水を満たし、それを本部に運び、乾パンを取り出したブリキ製の容器に移し溜めた。一日二、三回は運んだ。

しかし義勇隊には監督の兵士もついておらず、隊員の行動は比較的自由だった。したがって、作業後は寝そべったり、家族の下に帰ったり、漂流物を探して遠く海岸まで足をのばすこともあった。

だが、五月になると、義勇隊員は各中隊に配置され、水くみや飯あげ（兵隊の食事を炊事場から各中隊に運ぶこと）などの雑役に従事することになった。

私は、ほかの二人の隊員と共に、部隊医務室に配置された。医務室には、糸林昌訓軍医（中尉）のほか、衛生兵四人、看護婦二人、朝鮮人軍夫一人が昼夜兼行で傷病兵の治療・看護に当たっていた。義勇隊員の仕事は傷病兵の看護が主だった。

医務室はコの字型に掘った壕と、壕の横に建てられた二、三棟の掘っ建て小屋からなっていた。しかし、医療器具や医薬品などもごく限られていて、野戦病院として最低限の機能しか備えていなかった。

当初、患者は二〇人ほど収容されていたが、その多くは戦闘で負傷した兵士だった。しかし、間もなく医薬品も底をつき、治療も十分に行なえない状況になった。なかでも、外科手術は麻酔薬がなく困難を極めた。

五月のある日、マジャの浜に上陸した米兵の集団に日本兵八人が攻撃をかけ、そのうち三人が重傷を負って医務室に運ばれてきた。二人は首と足に、ほかの一人は大腿部《だいたいぶ》に重傷を負っていた。大腿部に重傷を負ったのは攻撃隊を指揮した戦隊第三中隊の古川賢二少尉で、軍医は同少尉の太ももに食い込んだ弾丸の摘出手術をすることにした。

しかし、麻酔薬がなく手術は過酷なものだった。手術中の同少尉は激痛に堪えかねて「アルコール、アルコール」を連発した。はたして、アルコールがどの程度痛みに効いたかは知らないが、平時では想像もできない荒治療だったことは事実だ。

時が経つにつれ外来患者が多くなった。その多くが、腹痛と下痢患者だった。治療薬も底をついたため、軍医は苦肉の策として、集落の倉庫の焼け跡から拾い集めてきた焦げた米を粉末にして、下痢止めとして患者に処方した。しかし治療や看護の甲斐なく死んでいく者は少なくなかった。

医務室では傷病兵の治療のほか、栄養失調で死亡した兵士や朝鮮人軍夫の検視なども行なわれた。

医務室に勤務中、悲惨な場面にも立ち会わされた。

ある日、瀕死の重傷を負った二人の兵士が医務室に同時に運ばれてきた。一人は胸部に、ほかの一人は右手と側頭部にそれぞれ重傷を負っていた。銃弾一発を胸にくらった兵士は、カニのように口から泡を吹き意識も薄らいでいた。一方、手榴弾で右手を失い、側頭部に重傷を負った兵士はまだ意識ははっきりしていた。

二人には応急処置がほどこされ、担架に固定したまま治療小屋の横に収容された。しかし、容態からして両方とも生きる望みはほとんどないと思われた。

それでも、手を失った兵隊の意識は最後まではっきりしていて、「おまえ、まだ生きているのか」と包帯を巻いた手首を地面に叩きつけながら、死力を尽くして相手の兵士を罵倒した。しかし、間もなく罵声がうなり声に変わり、ついに息絶えた。

一方、小銃で胸を打ち抜かれた兵士は奇跡的に一命を取り留めた。

なんでも、この二人は入隊前は職場の同僚で、死んだ兵士（一等兵）が職場では上司で、入隊後の階級はもう一人の兵士が一階級上の上等兵だった。死んだ一等兵は日常的に上等兵の嫌がらせを受け、二人の仲は一触即発の状態だったという。一等兵が最初に上等兵に発砲し、とどめを刺すつもりで手榴弾を投げようとしたところ、自分の手中で爆発したようだ。

二人の入隊前後の状況や事件の経緯については、事件後、しばらくして上等兵から私が直接聞いた話である。私はつきっきりで上等兵を看護したこともあって、いろいろなことを話してくれた。

なお、部隊の炊事班に所属していた上等兵は、私を通して時々部下に指示を出し、貴重品の携帯口糧（兵士一人分の携帯糧食）などを医務室に運ばせていた。おかげで、私もおこぼれをもらうことがあった。なお、上等兵は怪我も回復し無事復員した。

漁労班に編入—舟艇の攻撃とダイナマイトに集まるサメ

山にこもって三ヵ月が過ぎた頃、義勇隊は当時防衛隊だけで組織されていた漁労班に編入された。その目的は日本軍の食料確保にあった。

漁はダイナマイトを使用して行なわれたので、とくに漁業の経験がなくても、泳ぎや素潜りさえできれば十分間に合った。漁場は島の沿岸に限定し、魚の群れを狙ってはダイナマイトを仕掛けた。ダイナマイトの準備は屋嘉比島の銅山で働いた経験のある島袋俊一さん、点火・投下は与那嶺吉雄さんがそれぞれ担当した。

ところで、ダイナマイトは炎天下での点火の確認が非常に難しく危険を伴うため、点火に使用する火種用材の選択には細心の注意を払わなければならなかった。検討の結果、島で取れる通称ハチコーギが火種用材に最適だとして選ばれた。この木は縄紐などとは違い、燃焼後に灰がほとんど付着せず、したがって導火線の点火が容易で、かつ点火の有無が日中でも比較的簡単に確認できた。

ダイナマイトを使用する際は、人は水深が膝ほどの高さの浅瀬にいったん引き揚げ、爆発の衝撃を避けた。効果を考慮して、ダイナマイトは四、五秒間隔で二本連続して投げ入れた。使用後は直ちに現場に戻り、即死あるいは仮死状態の魚を急いで拾い集め、エラに紐を通し腰に結んで運んだ。時間をおくと生き返る魚も多くいた。

しかし、ダイナマイトの爆発後、人間より先に漁場に現われる厄介なものがいた。サメである。水中では、人間とサメの魚の奪い合いが日常茶飯事となった。サメは学習能力があり、ダイナマイトの爆発音を聞くと、どこからともなく大勢集まってきた。幸い、やつらは獲物の魚だけに関心があるようで、人間には目もくれず、襲われる心配はほとんどなかった。それにしても、海に慣れていない私には、非常に不気味な存在だった。

ところで、漁労中、最も心配だったのは米軍舟艇の襲撃だった。舟艇は定期的に、あるいは突然座間味島からやって来て、島の沿岸をパトロールするのだった。このため、漁労中は漁労班の中から二、三人ずつ交代で、漁場近くの岬や岩場の見通しのよい場所で舟艇の監視をした。

漁労班の兵士たちが米軍のパトロール舟艇に追われて身を潜めた岩場やアダンの茂み（右端）。2008年7月

そんなある日、心配していたことが現実のものとなった。米軍の舟艇が漁労中、突然全速力で漁場に近づいてきた。われわれは岸に向かい懸命に泳ぎ、珊瑚礁の上を脱兎の如く駆け抜け、やっとのこと海岸の岩場やアダンの茂みに逃げ込んだ。その直後、銃撃が始まった。われわれは息を凝らしてその場に伏せているしかなかった。

一方、班長の宮下少尉は、岩場の前面に横たわった小さな岩の塊に身を寄せ、舟艇の攻撃を巧みにかわしながら、最後まで舟艇を監視していた。勇敢な班長だった。幸い、舟艇はしばらくして立ち去ったが、一人の犠牲者も出なかった。しかし、この騒ぎは漁労班に大きなショックを与えるとともに、その後の漁に大きな不安を残してしまった。

ことの発端は、見張りの者が居眠りをしたことにあった。彼は以後監視の任から外された。この輩《やから》はあの手榴弾事件（私の家族の列に手榴弾が投げ込まれた）を起こした人物と同一人だった。

漁労班が捕った魚は、主にイラブチャー（ぶ鯛）・エー（アイゴ）・シチュー（黒鯛）などで、漁獲はそのつど軍に納めた。われわれ漁労班の仕事は終戦間際まで続いた。なお、漁労班は宮下少尉以下約三〇人。

このように、約五ヵ月間、義勇隊は側面から日本軍に協力した。しかし、この間犠牲者が一人も出なかったことは幸いだった。

朝鮮人軍夫

戦場に放り出された軍夫

阿嘉島に駐屯していた基地隊の主力が昭和二十年二月十八日、本島に移動するのと相前後して、特設水上勤務（通称、水勤隊）一〇三中隊第二小隊の朝鮮人軍夫（以下、軍夫）約二〇〇人が阿嘉島に移駐し、戦隊長の指揮下に入った。

阿嘉島に来る前、同隊は一九四四年八月十日、朝鮮慶尚北道慶山群から鹿児島を経て那覇に到着し、そこで約半年間港湾荷役などの雑役に従事していた。

軍夫には軍服は支給されていたが、武器は支給されず、階級章もなかった。また、同隊には布沢、永田の両少尉を含む二一人の将校・下士官が配置されていた。主な任務は特攻艇を秘匿壕から引き出して出撃の準備をすることだが、そのほかに陣地構築や弾薬・食料の運搬などの使役にも動員された。

軍夫の宿舎は集落から離れた場所にあったため、軍夫と住民の接触はほとんどなかった。

しかし、時折、集落まで来ては民家の屋敷内に植えてある唐辛子の赤い実をとっては美味しそうに食べていた。辛い実をそのまま口にする習慣のない住民にとって、その振る舞いは強烈な印象として残っている。

米軍が上陸すると、丸腰の彼らは山中に一時避難したが、間もなく日本軍に駆り集められ、米軍の攻撃に参加するよう命じられた。武器として手榴弾が配られたが、その使用方法さえ知らなかった。

その結果、命令に忠実な一部の者を除き、多くの軍夫は米軍陣地にたどり着く前に戦線を離脱し安全な場所に逃避した。中には、白昼堂々と白旗を掲げて米軍に投降した者もいる。沈在彦（シム・ヂェオン）[1]氏も攻撃に行くよう命令された一人だった。同氏は当時のことを手記の中で次のように記している。

――（前略）三月二十六日の夜、米軍陣地に手榴弾攻撃をしろ、という小隊長の命令で、軍夫頭の宮田の指揮を受け谷間に下りかけたのですが、足がすくんで前へ出ません。行けば必ず死ぬことが分かっていますから、闇にまぎれて木立の中へ姿を消す人、岩陰にしゃがみこんでしまう人もいました。私も金ス万（キム・スマン＝安心面内谷洞）の脇腹をつついて「下りたら死ぬぞ。逃げよう」と誘ったら、彼はすぐ同意しました。（後略）――

しかし、戦闘が一段落すると、方々に散って隠れていた軍夫は再び部隊本部に集められた。

今度は壕掘り作業だという。各中隊に配置された彼らは、食事もろくに与えられずに、日本兵監視の下、終日牛馬のように働かされた。

夜になると、食料調達に行くよう命令されることもあった。場所は主に集落の民家だった。危険を伴う仕事ではあったが、運がよければ食べ物にありつけるし、また逃亡のチャンスだってあったので、多くの軍夫が進んで参加した。しかし、そのうち調達した食料を盗む者や逃亡者も出るようになった。当然、日本軍の監視も日増しに厳しくなっていった。

1、海野福寿・権丙卓著『恨ハン朝鮮人軍夫の沖縄戦』河出書房新社、一九八七年七月二十日。

アグの処刑場へ向かう六人

そんなある日、五月上旬だったと記憶しているが、一人の軍夫が、調達してきた少量の籾《もみ》を一升瓶に入れて細長い棒切れでついているところを、運悪く監視に見つかり、一緒にいた六人が部隊本部に連行されてきた。

その後、彼らは数人の日本兵により医務室へ通ずる道路まで連れてこられ、道路わきの木に六人とも間隔をおいて縛りつけられた。そこには監視が一人配置された。

当時、私は医務室に勤務していたので、彼らの様子はよく見えた。それからまる二日間、後ろ手にされたまま、頭をうなだれた状態で立っていた。医務室へ用務のある者は、必ずそこを通るので、その光景には誰もが異様な感じを受けたようだった。

うわさによると、六人とも処刑されるのではないかとのことだった。果たして、三日目の午後、通路の下の方から銃やショベルを担いだ兵士五、六人ががやがや話しながら登って来た。それを見た途端、一人の軍夫が、いきなり縛っていたピアノ線を引きちぎって逃走した。思うに、彼らは、二昼夜の間、処刑を恐れ、必死に脱走を企てたはずだったが、どうすることもできなかった。しかし、処刑要員を見た途端、死力を尽くしたのである。引きちぎった後は、あたかも重機で引っ張ったように、ピアノ線がぴーんと伸びきり、木の幹にくい込んで残っていた。

しかし、周辺には大勢の日本兵や防衛隊員が小屋を構えており、また、弱り切った体力ではどうすることもできず、逃げた軍夫は間もなく捕まった。

その後、六人は日本兵に引き立てられていった。非力で、なす術を知らない私は、気がついてみると、いつの間にか一行の後を付けていた。

住民の避難所を通り過ぎて、彼らが立ち寄った場所は軍の炊事場だった。そこでは、兵士が缶詰のパイナップルを一切れずつ箸で差し、軍夫一人ひとりの口元へはこび、食べるよう勧めていた。しかし、食べる者もいれば、かたくなに拒否する者もいた。

そんななか、小川の向かいの小屋では、部隊の炊事全般を統括する主計中尉やほかの将校らが囲碁に興じていた。憎らしかった。

私の追跡はそこで終わった。しばらくすると海岸から銃声が聞こえた。

小一時間後、処刑に関わった兵士らが引き揚げてきた。その中の一人で、一行の指揮者らしい軍曹は自分の拳銃を手にして、「この拳銃は威力がない。一発では死ななかったよ！」と大声で、しかも笑いながら言いふらしていた。戦時中とはいえ、同じ人間をまるで虫けらのように扱う日本兵の無神経さ（もちろん、すべての日本兵がそうであったとは思わないが）は、軍国少年の私にも理解できなかった。

六人の軍夫はその日、アグ（日本軍は関ヶ原と呼んでいた）の海岸に設けられた処刑場で銃殺刑に処せられた。心を痛めた。

この事件の後も、かなりの数の軍夫がまだ島に残っていた。そのうち「成績優秀な者」は部隊の使役に従事できたが、大半は逃亡防止のためとして、山中の壕に監禁された。

壕の数は二個で、竪穴式の壕には各三〇～四〇人程度が収容されていたのではないかと思う。監視には日本兵と防衛隊員が当たっていた。食事は水っぽい雑炊が一日二食で、後に一食に減らされた。当初、用便は梯子を利用し壕の外でやっていたが、逃亡者が出たため、梯子は撤去され、その代わりバケツを壕内に備え付けた。

ある日、壕から逃亡した者が監視に捕まり、さんざん殴られたすえ、木の根に縛られているのを見たことがある。明くる日、彼はその場所から消えていた。処刑されたか、逃亡したと思う。

私が医務室に配置されている間に、何人もの軍夫が検視のため運ばれてきた。ほとんどの軍夫が骨と皮で、誰が見ても餓死と判断できた。人間を牛馬のようにこき使い、家畜以下の生活を強要し死に追いやった。いったい人間の尊厳はどこにあるのか。軍隊（戦争）は人間の生命を虫けら同然に扱った。

住民が知らなかった野田山の処刑場

私が知るかぎり、軍紀に違反したとして処刑された軍夫はアグの六人だけであった。だが、戦後四一年が過ぎた一九八六年、軍夫の処刑についての新事実が阿嘉島から帰還した元軍夫の証言によって明らかになった。

証言者は沈在彦氏。同氏は一九八六年十一月十八日〜二十三日の日程で沖縄大学で開催された「土曜教養講座〈講演・シンポジウム〉」に招請された元朝鮮人軍夫沖縄慰霊訪問団[1]（以下、慰霊訪問団）のメンバーの一人だ。

土曜講座に先だち、慰霊訪問団は十一月十九日、阿嘉島で招魂祭（山神祭・招魂祭・発草引祭）を執り行なうことになった。

その準備のため、当時沖縄大学に在職していた私の弟・仁政は事前に同島に渡り、従兄の垣花武一と親戚の垣花武正（故人）の協力を得て、戦時中、軍夫が集団処刑されたアグの処刑場跡の雑草を刈り、招魂祭に備えた。

十一月十九日午前十時、慰霊訪問団一行は村営の貨客船「座間味丸」（二〇四トン）で泊港を発ち座間味島へ向かった。一行は座間味島で田中登村長を儀礼訪問した後、午後二時頃、連絡船高月丸で阿嘉島に渡った。

ところで、到着後、一行を招魂祭が予定されているアグの処刑場に案内しようとしたところ、沈在彦氏がいきなり「場所が違う！」と言いだした。私の弟は一瞬何のことか分からなかった。アグが阿嘉島で唯一の処刑場であり（当時を知る阿嘉島の住民のほとんどがそう思っていた）、それ以外にはないはずだった。弟は、沈氏の勘違いだと思い、何度も同氏を説得したが、どうしても聞き入れてくれなかった。根負けした弟は、時間の都合もあり、不承不承沈在彦氏に従うことにした。沈在彦氏はタキバル（野田山）に向かうよう指示した。

タキバル山頂の展望台に駆け上がった沈氏は、四方を見渡すと「あそこだ！」と指さした。そこは展望台から五〇メートルほど北側の雑木林だった。一行は沈氏の後を追って山頂を下った。ちょうど遊歩道が曲がったところで沈氏は立ち止まり、「その奥に壕があるはずだ」と言うなり、一人でするすると雑木林の中に入って行った。「あった！　壕だ、壕だ！」と叫んだ。一行は声のする方向に歩みを進めた。沈氏は下草が生い茂る雑木林に立ちすくみ、「ここに穴を掘って埋めた！」と号泣し、その場に崩れた。

同氏の行動を注意深く見ていた私の弟は、付近一帯の地形や壕などについての沈氏の記憶があまりにも正確で、しかも説明が「リアル」であることなどから、そこが氏の探している処刑場に間違いないことを認めざるを得なかった。

後で住民から聞いた話だが、戦後その一帯から複数の人骨が収集されていたことも分かった。戦後四一年間、ごく限られた関係者以外、誰にも気づかれずに歴史の彼方に葬られていたもう一つの悲劇の現場が、今にしてようやく明るみに出たのだ。

なお、処刑当日現場に居合わせた沈氏は、当時の状況を次のようになまなましく記している。[2] 少々長い証言だが、犠牲者の非業の死を悼み、敢えて引用させていただく。

――ひと月ほどたった四月下旬のある日、山を下り、ポケットにさつまいもをしのばせて戻って来た同僚が日本兵に摘発された。（中略）

軍律会議が開かれたかどうかは、立ち会った軍夫同僚がいないので分からないけれど、七人は銃殺刑をいい渡されたのです。（中略）

うしろ手に縛られ引き立てられて行く七人の後に、穴掘りを命ぜられた七人の軍夫がついて行きました。私もその一人。

山腹の展望哨から三〇〇～四〇〇メートル下った草むらに、深さ三〇センチくらいに掘った穴の前に立たされた七人に対し、指揮者の兵隊が訊いたのです。最後にいいたいことはないか。

「われわれは腹が減っていた。それなのに君たちは食料をくれなかったではないか。われわれは働くのはいい。どんなに働かされても我慢しよう。仕事なのだから。しかし、働けるだけの食料もくれずにただこき使ったのだ」

年長の千有亀が昂然といったのです。刑死を目前にしていい放つ、その凄絶な言葉に兵隊たちは一瞬ひるんだ様子でしたが、「朝鮮人は死ぬまでメシか」と、憎々しげに屈辱に満ちた悪態をつくと、生いもを取り出して千有亀の口に押しこんだのです。

目隠しされ、谷間に向かって立たされた七人の背に向けて撃たれた七発の銃声。のけぞって倒れる者、墓穴に転げ落ちる者、一発で死にきれず、とどめの二発目、三発目を打ちこまれて絶命した者もいました。

銃殺隊が引き揚げたあと、私たちは同僚の遺体に土をかけたのですが、死んだと思っていた許乗昇が「俺は死んでいない」というので軽く土をかけて偽装しました。

後日、捕虜収容所で再会して分かったことですが、右肩を打ち抜かれた彼は、夜を待って墓穴から脱出、谷を下り山をこえて海岸に出、米軍に助けられたのだそうです。（後略）――

野田山の処刑場跡。2008年8月

阿嘉島での招魂祭はしきたりに則《のっと》り、厳粛に執り行なわれた。村長をはじめ多くの村民も参加し犠牲になった軍夫の冥福を祈った。招魂祭終了後、慰霊訪問団一行は公民館で島の有志と懇談した。慌ただしい一日だったが、これで戦後がまた一つ終わった。

1、一九八六年十一月十八日から同二十三日までの六日間にわたり、沖縄大学は市民向けの大

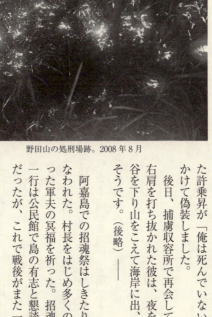

学講座（「土曜教養講座」）で「沖縄戦と朝鮮人軍夫」と題する講演・シンポジウムを開いた。この企画は「太平洋同志会」（韓国慶尚北道慶山群出身元韓国人軍夫が一九四六年帰国船上で結成する）の慰霊訪問希望をうけて、沖縄大学が同会代表を招請して開催したものである。

慰霊訪問団には団長の千澤基（チョン・テッキ）氏のほか、沈在彦（シム・ヂェオン）、金潤台（キム・ユンデ）、中晩ソ（シン・マンチョ）、鄭実寛（チョン・シルグァン）の元朝鮮人軍夫、それに『慶良間列島』の著者である権兵卓（クオン・ピョンタク）嶺南（ヨンナム）大学校商経学部教授、慰霊訪問の実現に尽力された海野福寿明治大学教授らが加わった。（沖縄大学土曜教養講座〈案内〉より）

2、海野福寿・権丙卓著『恨ハン朝鮮人軍夫の沖縄戦』（前掲）。

第8章　米軍の海上基地となった慶良間内海

艦船が集結する慶良間海峡

米軍の慶良間諸島進攻に伴い、慶良間内海は米艦船や飛行艇で埋まった。山頂から見下ろすと、大小さまざまな形をした艦船が昼夜頻繁に出入りしていた。また、飛行艇もウォーンという独特の爆音を響かせながら離着水をくり返す。しかし、阿嘉島の日本軍や住民は慶良間内海がどのような軍事的機能を有しているのかよく知らなかった。

米軍側の記録[1]によると、米軍が慶良間諸島に進攻した主目的は、艦船の燃料や弾薬などを補給する海軍の兵站《へいたん》及び投錨基地、並びに対潜哨戒や偵察・捜索・救助などの諸活動を主任務とする飛行艇の基地の確保にあったとされる。

同諸島制圧後、米軍は内海を無人の安室島を挟んで東西の二つの海域に分けて基地を設けた。安室島及びその延長線上の水面と渡嘉敷島に挟まれた海域を慶良間海峡、一方同境界線と阿嘉島・慶留間島・外地島に挟まれた海域を阿嘉海峡と称し、艦船および飛行艇の基地としてそれぞれ使用することにした。この二つの海峡（合わせて慶良間内海と称することにする）はそれぞれ独自の機能を有し、米軍の沖縄本島制圧に利用された。

なお、慶良間海峡では、艦船は南側から入り、北側から出ることになっていた。また、同海峡入口と渡嘉敷島間及び嘉《が》比《ひ》島と阿嘉島間には潜水艦の侵入を阻止する目的で、防潜網が敷設されていた。[2]

上、嘉比島（手前）、奥は座間味島。この無人島の手前の岩と阿嘉島間の水路が鎖で繋がれていた。下、阿嘉島の鎖が固定されていた左手前の岩

以下、米軍側の記録を基に、慶良間内海での米軍の行動を探ることにする。

1、Morison, S. E『Victory in the Pacific』. 1915-History of United States Naval Operations in World War II vol XIV. Boston: Little, Brown and Co.

1945 年 4 月、停泊・補給基地となった慶良間海峡に集結した数多くの艦船。
手前は座間味島の第一戦隊の特攻艇基地（米軍撮影、沖縄県公文書館）

2、阿嘉島のウタハの海岸と向かいの嘉比島間には巨大な鎖が敷設され、鎖を吊るした無数の浮が水路を一直線に横切って並んでいた。

タンカーからの給油始まる

慶良間海峡は水深約三五〜六〇メートルで、広さは大型艦船が一度に約七五隻も碇泊可能な手頃な投錨地。米軍が慶良間諸島に上陸した三月二十六日の午後には、同海峡の入口で早くも防潜網の設置作業に取り掛かり、その日の夕方までには艦船の航行ルートを標示するブイを設置した。また、二十九日には艦船への弾薬や燃料補給などの準備も整い、さらに阿佐《あさ》集落の阿護《あご》の浦には艦船の修理基地も設営した。

三月三十一日、サミュエル・E・モリソン（Samuel E. Morison＝記者）が、戦艦テネシーで同海峡に入った時には、三五隻の艦船が投錨していて、米国のどこでも見かけるような軍港の雰囲気を漂わせていた。

間もなく艦船への給油が始まり、四月八日までに同海峡でタンカーから給油を受けた艦船の数は合計二七七隻にも上った。このようにして、慶良間海峡は短期間で米艦船の碇泊・補給基地としての機能を整えていった[1]。

1、Morison, S. E.『Victory in the Pacific』（前掲）。

損傷した無数の米艦船

給油や弾薬補給などのほかに、慶良間海峡では艦船の応急修理も始まった。これは特攻機による艦船の被害が増したからである。意外だったのは、被害を受けた艦船の大半が駆逐艦だったことである。これは艦隊の護衛をする駆逐艦が真っ先に特攻機の標的にされたからだという。

まもなく慶良間海峡は所狭しとばかり、損傷した艦船であふれた。対応に窮した米軍は、損傷のひどい艦船をサイパンなどほかの米海軍基地へ曳航し急場をしのいだ。

一方、損傷したものを含め、多くの艦船が避難する慶良間海峡も決して安全ではなかった。間もなく同海峡にも特攻機が来襲するようになったからだ。

損傷した艦船でひしめく慶良間海峡の様子を、特攻機の攻撃で大破した駆逐艦ニューカム

（USS Newcomb）の元乗員N・クック（Nate Cook）氏は手記の中で次のように述べている。[1]

――日が経つにつれ、慶良間海峡には損傷した艦船の数が急増した。特攻機の攻撃で被害を受けた多くの艦船が曳航、或いは自力で避難してきたためだ。ある日、六五隻の艦船が修理を待って海峡に待機しているのを見かけたことがある。太平洋戦争で、これほど多数の艦船が修理のため一ヵ所に集結している光景を見たことがない。さらに、驚いたことに被害を受けた艦船の大半がニューカムと同じ駆逐艦だったことである。これは駆逐艦が艦隊の護衛のため、最前線に配備されるため、真っ先に特攻機の攻撃にさらされるからだ。

修理のため、最初に慶良間海峡に曳航されてきた艦船は小型空母のマキン・アイランド[2]（USS Makin Island）だった。修理を必要とする艦船の数が予想以上に多くなったため、修理には優先順位がつけられた。短期間の修理で戦闘に復帰可能な艦船がまず優先され、ほかは後回しにされた。

特攻機による被害は護衛の駆逐艦が多かった。1945年４月15日に撮影された駆逐艦ニューカム（沖縄県公文書館）

駆逐艦ニューカムは後者に分類された。なお、海峡で修理不可能な艦船は遠くサイパン島などに曳航された。

ところで、艦船であふれた慶良間海峡は、しばらくの間、日中は比較的平穏だったが、間もなくそこも特攻機の攻撃目標になった。海軍は、損傷した無防備の艦船を護るため、小型上陸用舟艇（LCVP）で海峡一面に煙幕を張り特攻機の攻撃に備えた。

しかし、煙幕を張ったのはよいが、特攻機の機影を捕捉することができず不安も大きかった。あるとき、爆音が聞こえる方向目がけて二〇ミリ機関砲を発射した艦船があった。同船は直ちに、曳光弾をたよりに突入してきた特攻機の餌食になった。これは実話である。

なお、煙幕は風の方向やその強弱などによって、その効果が左右された。例えば、風の強い日などは、張った煙幕は一気に流され何の役も立たなかった。

特攻機の攻撃に加えて、周辺の島々に残存する日本兵の襲撃も乗員を恐怖に陥れた。夕闇の中、泳いで艦船に近づき、アンカーチェーンを伝わって船上に上がり、自爆攻撃を掛けた日本兵もいた。

そんなことなどもあって、海上に浮く浮遊物、特に箱類でも見かけると、日本兵が中に潜んでいるのではないかと、艦上から手当たり次第に破壊した。乗員の中には「まるで、射撃場のようだ」と嘆く者もいた。

慶良間海峡停泊中、一日とて心が安まる日はなかった。――

1、USSNewcomb, Nate Cook 〈http:www.destroyerhistory.fletcherclass/

ussnewcomb/cook-keramaretto.Html〉(accessed July 11, 2009)
2、USS Makin Island a small jeep carrier＝Kerama Retto-Wikipedia, the free encyclopedia〈http://en.wikipedia.org/wiki/Kerama-Retto〉(accessed July 11, 2009)

阿嘉海峡の飛行艇群

隊の編成と飛行艇の装備

米軍の慶良間侵攻後、「ウォーン」と大きな爆音が阿嘉海峡に響くようになった。最初のうち、音源が何であるか知らなかったが、後でその正体が分かった。それは同海峡を基地とする飛行艇のエンジン音であった。特に離水時の主エンジンと補助ジェットエンジン装置（悪天候や積荷などがある際に使用）から発する特徴のある爆音は、六七年が過ぎた今も鼓膜に焼きついている。

飛行艇は阿嘉海峡の細長い水路に終日離着水を繰り返していた。阿嘉島の海岸近くにも駐機していて、ときどき乗員が主翼の上で日光浴をしている光景も見られた。しかし、それ以外に目立った動きは見られず、どこで何をしているか、同艇の活動はまったく分からなかった。

海軍の飛行艇二個中隊（一個中隊は一五機で編成）が阿嘉海峡に到着したのは、米軍の阿

1945年3月30日、阿嘉海峡に浮かぶ米飛行艇PBM。偵察と捜索、救助活動に従事した（米軍撮影、沖縄県公文書館）

嘉島上陸四日目の三月二十九日だった。また、飛行艇の活動を支援する水上機母艦一三隻もその日から順次海峡に集結した。同海峡は飛行艇三〇機、母艦一三隻ほどの収容は可能で、艇の離着水に必要な約三〇〇〇メートルの滑水路も確保された。

諸準備が整うと、早速、同基地を活動拠点として、周辺海域での対潜哨戒や数百マイルも離れた洋上での偵察・捜索飛行を開始した。[1]

阿嘉海峡に配備された飛行艇の機能や通常装備は以下のとおり。[2]

主翼長　一一八フィート（約三六メートル）
全長　八〇フィート（二四メートル）
エンジンン　二基（各二一〇〇馬力）
最高速度　二〇五マイル（三三〇キロ）／時
飛行距離　三二七五マイル（五二七〇キロ）
上昇距離　一万八五〇〇フィート（五六四〇メートル）
武装　ブローニング機関銃八梃、二一インチ（五三センチ）魚雷二個
乗員　九人

一方、水上機母艦は飛行艇の搭載が可能な八〇〇〇～一万三〇〇〇トン級の大型母艦（六隻）と二七〇〇トン級の小型母艦（七隻）の二種類あった。

以下、米軍側の記録を基に戦時中阿嘉海峡を基地として活動した飛行艇について、その活動の一端をのぞいてみる。

1、Morison, S. E.『Victory in the Pacific』（前掲）。

2、Jack Christopher, Paper〈http://www.mnlegion.org/paper/html/christopher.html〉(accessed July 11, 2009)

危険にさらされる洋上の救助活動

前述したように、飛行艇隊の主な任務は対潜哨戒・偵察・捜索・救助活動だった。そのなかでも、遭難者（主として、海上で救助を待つパイロット）の捜索・救助活動は頻繁に、しかも広範囲にわたって行なわれた。しかし実際の救助活動は非常に危険で、困難を極めた。特に悪天候下の洋上での活動は想像を絶するものがあった。沖縄戦中、相当数の米軍機が日本軍の対空砲火などで撃墜された。多くの場合、パイロットは機を脱出した後、パラシュートで洋上に降下し味方の救助を待った。

以下、洋上における飛行艇の救助活動や離着水時の模様をL・ウェイ（Leroy Way）氏の記録から拾ってみることにする。同氏は戦時中、阿嘉海峡を基地とする飛行艇の乗員で、遭難者の救助活動に直接携わった一人でもある。[1]

――一九四五年四月五日午後[2]、阿嘉海峡の基地で待機していたE・D・エディー海軍大尉(Lt. W. D. Eddy)が率いる第六飛行艇隊に出動命令が出た。これは中隊としてはその日三度目の任務だった。同隊の飛行艇(PBM-3RA-693)は午後四時二十分阿嘉海峡を発ち、途中戦闘機の護衛を受けながら、一路遭難現場の宮古・八重山諸島方面へ向かった。

遭難現場の一つである宮古島沿岸に到着すると、付近一帯を捜索中の戦闘機から生存者が発見できないので基地へ戻るとの無線連絡が入った。その報告を受けた第六飛行艇隊は次の目的地である石垣島近海に移動することにした。

陽は西の空に傾きつつあり、捜索時間は残り少なかったが、島の沿岸を数回念入りに捜索活動を続けた。その結果、ついに島の南西約二マイル(約三・二キロ)の海上で発煙筒の煙を発見した。接近すると二人の生存者が救命筏《いかだ》の中で、しきりに腕を振るなどして救助を求めていた。

海上は約一二から一五フィート(約三・七~四・六メートル)の波と風速二〇ノット(約一〇メートル)の風で大荒れだった。着水の準備もすべて整い、あとは安全な着水ができることを願うだけであった。乗員はエディー機長ならやってのけるだろうとの確信があった。なぜなら、機長は長年の経験があり、技量も十分あった。

機を風上に向けてフラップを下げ、二個のエンジンを減速した。巨大なダンボー(飛行艇の愛称)は着水態勢にはいった。海上の状況からして、着水が容易でないことは十分承知していた。全身が緊張で硬直するなか、着水を開始した。舳《へ》先《さき》よりも高い最初の大波にぶっつかり、機体は宙に浮いた。機長は主翼を水平に保っため必死だった。その後、機体の底がもぎ取られるような大きな音がした。しかし、三番目の大波をかぶった後、ようやく巨大な機体は減速し、荒れた洋上の波間に停止した。着水は非常に困難で、しかも時間が掛かりいらだったが、機体に大きな損傷もなく着水できて安心した。

　早速、機は遭難者が漂流する地点へ移動を始める。救命筏に近づくと、機長は両エンジンを停止し機体を近づけた。しかし筏は機体から遠ざかっていくばかり。そのため、右側エンジンを再始動せざるを得なかった。救命筏がやっと左翼の真下に近づき、胴体左側のハッチの側まで近寄ってきた。乗員は筏を艇に引き寄せ、無線士（兼射手）、操縦士の順で二人を艇に引き上げた。

　ところが、操縦士をハッチに引き上げたとき、だしぬけに「島の滑走路にエンジン停止の状態で不時着した雷撃機のことを誰か知らないか」と私に尋ねた。これが救出後彼の口をついて出た最初の言葉だった。私は「聞いたことがない」と答えた。その後この操縦士と話す機会はなかったが、それ以来、同操縦士との短い会話のことは、離水のどさくさのなかで完全に忘れてしまっていた（傍点は引用者）。

　救助現場は、南西諸島のなかで、もっとも激しく敵対する日本軍が駐屯する石垣島から、わずか二マイル（約三・二キロ）ほどしか離れていなかったので、急いでそこを離れることにした。

補助ジェットエンジン装置も準備が整い、全てのハッチも閉まり離水準備は整った。艇は両エンジンが全開し、風上に向かって海上をゆっくりと動き出した。しかし、重そうに進む巨体は大波のため減速し、次の波に機体もろとも飲み込まれそうになった。その後、さらに、高い波が押し寄せてきた。しかし、この大波の波頭に乗った瞬間、機体は空中に浮いた。その時四個の補助ジェットエンジン装置が同時に始動し、機体はゆっくりと上昇し始めた。同装置が全開すると、さらに機は加速し上昇を続け、進路を北東に取った。

陽は落ち、辺り一面が暗くなり始めた。幸運にも、われわれは遭難者を救助できた。もし、救助できなかったら、彼らの運命はどうなっていたか誰も知らない。

救助された航空兵は、空母ヨークタウン（USS Yorktown）から発進した急降下爆撃隊のW・C・メイ海軍中尉（Lt.〈jg〉W. C. May）とW・E・コーエン（W. E. Cohen）の二人で、一〇〇〇フィート（約三〇五メートル）上空から滑空爆撃中、日本軍の三インチ（約七・六センチ）高射砲で撃墜されたという。――

飛行艇は荒れた洋上での離着水が非常に苦手である。運が悪ければ機体もろとも破壊され、救助の際は絶えず二重遭難の危険にさらされている。これほど操縦者の適切な判断と技量が試される職務はそう多くはない。

この日、ウェイ氏の中隊は三回も出撃し、すべて成功した。各艇は荒れ狂う洋上の遭難現場で、遭難者七人を直接救助するとともに、一人の救助に協力した。

戦闘が終結するまでに、同中隊（VH-3）は延べ七七回もの洋上着水に成功し、一一八三人の遭難者を救助するとともにパイロット一人の遺体を収容した。また、離水も七四回成功した。それは補助ジェットエンジン装置の威力に負うことが大きかった。しかし、残る三回は着水の際機体に損傷を受けたため、離水が不可能となり阿嘉海峡に曳航された。

ところで、同日、島の滑走路にエンジン停止の状態で不時着（実際は対空砲で撃墜された）したとされる雷撃機の乗員は全員日本軍に捕らえられたという。

メイ海軍中尉が救助された直後に発した言葉は、このことについての質問だったようだ。残念なことに、パラシュートで脱出した三人の米兵は日本軍に惨殺されたという（「石垣島事件」[3]）。

同事件との関わりで、戦後、石垣島警備隊司令の井上乙彦大佐を含む四五人の日本の海軍将校や士官が逮捕され、B級戦犯として有罪の判決を受けた。そのうち、井上乙彦大佐を含む七人が絞首刑になった。

1、Way L.（August, 2005).『MARINER TO THE RESCUE』. Air Classics. Challenge Publication.

2、ウェイ氏の記録では米艦載機が撃墜された日は一九四五年四月五日となっているが、米兵三人が関わる「石垣島事件」で処刑された米軍パイロットが捕らえられた日は四月十五日である。したがって、四月五日の日付は同氏の記憶違いではないかと思われる。また、同機は、飛行場を攻撃しようとした際、突如エンジンが止まりそのまま滑走路の真ん中に不時着したことになっているが、日本側の記録では日本軍の高射砲で撃墜され、パイロットらは海上にパラシュートで逃れたとなっている。これが正しいように思われる。その理由として、当日同島飛行場に不時着した米機を地上で目撃した者は一人もいない。

3、「石垣島事件」については大田静男（『石垣島事件』南山舎、一九九六年八月十五日）が詳しい。

戦場と化したビーチパーティー

五、六月になると、慶良間内海は特攻機の飛来も日ごとに減少し、比較的平穏な日が続いた。艦船や飛行艇の乗員たちは、船上や機上から眺める周辺の島々の美しい砂浜や海岸線に目を奪われた。しかし、慶良間内海を取り囲む島々の中には、阿嘉島のように依然として日本軍が島全体を支配している所もあった。したがって、これらの島々の海岸や砂浜に足を踏み入れることは危険であり、米軍側もそのことは十分承知していた。一方、無人島には米兵が時折舟艇で乗り入れ、海水浴や砂浜を散策して戦場の疲れを癒していた。

そんななか、ある日突然、日本兵による襲撃事件が阿嘉島の海岸で起こった。以下同事件の概要をE・W・グリーン氏[1]（E. W. Greene、USS NORTON SOUND〈AV－11〉）の手記で振り返ってみたい。

——阿嘉海峡周辺には日本兵が駐屯していない小島が無人島を含めいくつかあり、海岸の砂浜は飛行艇や艦船の乗員のくつろぎの場であった。乗員たちは、およそ月に一回、島の海岸に上陸し、ビールを飲みながら楽しい一時を過ごした。

ところが、ある日のこと、レクリエーションのため島に渡った艦艇の乗員が、突然日本兵の集団に海岸の砂浜で襲撃された。あわてふためいた米兵らは一斉に海に飛び込み、海岸近くに駐機していた飛行艇目がけて泳いで逃げた。しかし、何人かは逃げ遅れて射殺されたり、負傷したりした。

レクリエーションには総勢一五人の米兵が参加していたが、射殺された海軍中佐と負傷した水兵一人が海岸に取り残された。

この騒ぎを知った海軍は、二人の救出のため直ちに武装兵を島の海岸に派遣した。

上陸した米軍は日本兵を山中に追い払い、負傷した兵を担架に収容するとともに、海軍中佐の遺体も収容した。しかし負傷した兵は、手当の甲斐もなくその晩息を引き取った。

この事件で一二人は生還したが、二人が死亡、一人が負傷した。

実は、乗組員が渡った島は、無人島ではなく、日本軍が駐屯する別の島だった。——

当時の状況からして、事件が起きた場所は、どうやら阿嘉島のマジャの浜（戦隊第二中隊の特攻艇秘匿壕があった場所）のようだ。儀同保氏の「捕獲されたマルレ」[2]の中にもこの事件に酷似した内容の記述がある。読み比べてみることにする。

――この日正午過ぎ、「米軍三、四十名が、第二中隊の秘匿壕から舟艇を引き下ろしている」と、本部に報告されたのである。（中略）このため昼間ではあるが斬込隊を出すことになり、第三中隊の古川少尉が指名され、特幹と基地隊の兵隊八名が小銃を持って海岸に潜行した。

隊員は海岸の阿壇林に助けられ、引き出し作業に気を取られている米兵に気づかれず十数メートルまで接近し、一斉に狙撃を行なった。不意の攻撃に、米兵はどこから弾が来るのか判らず狼狽していたが、ようやく後ろの林の中と気づき、海中に飛び込んで応戦した。この反撃で古川少尉が大腿部を射たれ、二名の兵隊が肩や足に負傷し、一名は米兵と格闘して顔を切られる、という白兵戦になった。

この奇襲に、米軍の発動艇も海岸に接近し、斬込隊が退避した後、機銃や自動小銃を乱射しながら上がって来て、死体を収容して引き揚げた。（中略）

この戦闘は、小規模ではあったが、島で行われた戦いの中では、日本側が負傷者三名に対し米軍側は十名以上の戦死者と数名が負傷という結果で、最も効率のよい戦果であったし、ともあれ米軍の行動を阻止してその目的を達したものであった。（後略）――

米兵が海岸に来た目的や、上陸した米兵の数、死傷者数などについては両者間に記録の相違はあるが、それ以外はよく似ている。日米双方の記録は恐らく同一事件を取り扱ったものではないかと思われる。ちなみに、この事件が起きた日は五月十三日と儀同氏は記している。

1、E. W. Greene、USS NORTON SOUND〈AV－11〉（前掲）。Lt. Comdr., USNR, ChiefCensor（第ＶＰＢ－26中隊海軍少佐Ｅ・Ｗ・グリーン）〈http://www.ussnortonsound.com/A/html/letters.htm〉

2、儀同保『ある沖縄戦―慶良間戦記』（前掲）。

特攻機の攻撃と米艦船

特攻機一四六五機も投入した「菊水作戦」

四月六日～六月二十二日にかけて、日本軍は航空部隊の総力をあげて、沖縄方面の米艦船に対して攻撃（菊水第一号～十号）の矢を向けた。米側の記録によると、一〇回の作戦（日数にして一九日）で、出撃した特攻機の数は一四六五機に上る。[1]

作戦毎の陸海軍別の出撃機数は次のとおり

菊水作戦（号）	期間	海軍	陸軍	合計
一	四月六～七日	二三〇	一二五	三五五
二	四月十二～十三日	一二五	六〇	一八五

三	四月十五日	一二〇	四五	一六五
四	四月二十七〜二十八日	六五	五〇	一一五
五	五月三〜四日	七五	五〇	一二五
六	五月十日〜十一日	七〇	八〇	一五〇
七	五月二十四〜二十五日	六五	一〇〇	一六五
八	五月二十七〜二十八日	六〇	五〇	一一〇
九	六月三〜七日	二〇	三〇	五〇
十	六月二十一〜二十二日	三〇	一五	四五
合計	二二（日数）	八六〇	六〇五	一四六五

特攻機の攻撃目標は主として洋上の艦船で、その中でも特に大型の戦艦、空母、弾薬・燃料輸送船などが狙われた。

六月十二日までの累計では、攻撃を受けた米艦船の数は戦艦、巡洋艦、駆逐艦、上陸用舟艇など合わせて二五〇隻に上り、そのうち撃沈された艦船は三四隻で、その大多数が駆逐艦や小型艦艇となっている。[2]

菊水第一号作戦初日の四月六日だけで、一〇隻の艦船が撃沈され、損傷をうけた艦船はその数を上回るとされる。[3]

1、UNITED STATES ARMY IN WORLD WAR II, The War in the Pacific

『OKINAWA: THE LAST BATTLE』〈HTTP://www.army.mil/cmh-pg/wwii/okinawaa/chapter14.htm〉

2、U. S. Navy at War 1941-1945, Official Reports by Fleet Admiral rnestJ. King, U. S. N.〈http://www.ibiblio.org/hyperwar/USNatWar/USN-KI…〉

3、『WORLD WAR II』Pacific Island Guide: A History of U. S. Naval Operation in World War II by S. E. Morrison〈http://books.google.co.jp/booksrid=ChyilRml0hcC&pg…〉

八重山出身の伊舎堂大尉、輸送艦隊に突入する

菊水作戦は四月六日に開始されたが、慶良間諸島海域ではそれ以前に特攻機の攻撃があった。これは八重山の白保《しらほ》飛行場から発進した第八飛行師団所属の特攻機によるものだ。

米軍が慶良間諸島に侵攻した一九四五年三月二十六日早朝（六時二十四分）[1]、沖縄県八重山出身の伊舎堂用久大尉[2]（戦死後、中佐に二階級特進）が率いる特別攻撃隊（「誠第十七飛行隊」を基幹に編成）が同海域に集結していた米艦船を襲った。これは米軍が阿嘉島に上陸するわずか約一時間半前のことで、沖縄戦では最初の特攻攻撃とされる[3]。

この時の状況についてT・E・クルー（Thomas E. Crew）は次のように記している[4]。

――三月二十五日、西部諸島攻撃部隊（Task Group 51.1）は沖縄の南西方面から慶良間諸

島に接近した後、同諸島海域で三箇所に分散し、明くる二十六日の上陸作戦に備えた。LST、LSM、哨戒艇、掩護艇などで編成した上陸部隊は、LSM四隻を擁する一群が座間味島の北西、一方、LST一四隻、LSM一二隻、ほかに多数の支援艦艇を擁するほかの一群が久場島の南西約二マイル（約三・二キロ）の洋上に、それぞれ待機した。
一方、マウント・マッキンリーを司令艦とする高速輸送艦隊（大型輸送艦一九隻、前衛駆逐艦、水中爆破チームを乗せた護衛駆逐艦二隻、軽空母二隻などで編成）は屋嘉比島の西方（久場島の西方約七マイル沖〈約一一・二キロ〉との記録もある）に洋上待機した。（中略）
三月二十五日の夕暮れ、日本の偵察機一機が攻撃輸送艦テート（USS Tate〈AKA-70〉）の船団に近づいた。偵察機は八マイル（約一二・八キロ）まで接近したが攻撃せず引っ返した。夜明け前には、フロート付きの航空機がテートの右舷に水面から約一五〇フィート（約四六メートル）の低空で飛んで来た。しかし、攻撃する前に船団の間を抜けて飛び去った。日本機の突然の出現に船団は緊張した。一瞬の出来事だった。明らかに偵察飛行で、敵機は消灯した船団の存在を突き止めたようだった。
明くる三月二十六日の夜明け前、今度は約一〇機の特攻機が飛来し、いきなり輸送艦隊に襲いかかった。攻撃は三〇分ほど続いたが激しいものだった。幸いテートは無事だった。
この攻撃で特攻機三機が水中に墜落、一機がテートの船尾から約三五〇〇ヤード（約三二〇〇メートル）の水面に突っ込んだ。あわや巡洋艦に激突するところだった。（中略）
しかしほかの一機（急降下爆撃機）は速度や方向を巧みに変え、粗っぽく操縦しながら駆逐艦キンバリー（USS Kimberly〈DD－521〉）に船尾から突入した。特攻機は対空砲火の光跡や砲煙を手掛かりに船尾の二基の砲台の間に突入したのだ。体当たり攻撃を受けた同駆逐艦の船尾には、機体と爆弾の爆発によるオレンジ色の丸い大きな炎が上がった。攻撃を受けた駆逐艦は四人の死者と五七人の負傷者を出した。（中略）

対空砲火が止んだ後、東方海上を遠望すると米軍艦艇による慶良間諸島への艦砲射撃がすでに始まっていた。——

なお、この攻撃で損害を受けた艦船の数はキンバリーのほかに五隻もいる。また、同艦は沖縄戦で特攻機の被害を受けた最初の駆逐艦とされる。[5]

この攻撃は、日時、場所、機数などからして明らかに伊舎堂隊によるものと思われる。

一方、八重山における伊舎堂隊出撃時の様子については、又吉康助氏の著書の中に次のような記述がある。[6]

——（前略）柳本飛行団長は二十五日二三五〇（午後十一時五十分）白保飛行場戦闘指揮所に誠第十七飛行隊及び独立飛行第二十三中隊の全員および関係部隊長らの参集を求め出撃命令を下達すると共に「敵はいよいよ我が国土に侵冠しようとしている。諸官の成功を祈る」と決別と激励の辞を述べ用意の冷酒で別れの盃を酌み交わし通常の出陣式を行った。壮途を見送ったのは関係部隊の将兵三十名乃至四十名位であった。

出撃する隊員は全員キリリと白鉢巻を締めて眉に決意を漲らし中には「お母さんお先に」と墨書した紅顔の少年飛行兵の姿も見られ定刻、黙々として機上の人となった。（中略）

時に〇四〇〇（午前四時）であった。

〇五五〇（午前五時五十分）所命の時刻通り伊舎堂隊長以下、全機が敵機動部隊に突入した。攻撃情況は無線で各部隊に通報され第九飛行師団司令部では柳本団長以下、粛然として合掌、瞑目した。——

戦死者は「誠第十七飛行隊」伊舎堂大尉以下四人と独立飛行第二十三中隊阿部久作少尉以下六人の計一〇人で、戦死後それぞれ二階級特進し、第十方面軍司令官から感状が与えられ、全軍に布告されたという。なお、伊舎堂隊の出撃は極秘に、しかも未明の四時に実行されたので、身内の者はおろか、島の住民のほとんどがそのことを知らなかったようだ。しかし、伊舎堂大尉の壮途を、親戚の中でただ一人、しかも直接搭乗機の側まで行って見送った人がいる。その人は伊舎堂隊長の義兄（大尉の姉の夫）の石垣信純氏である。そのときの様子を氏は次のように記している。[7]

——当時、私は第五〇六特設工兵隊の第五中隊長として軍務に就いていた。用久が二十年二月石垣基地に配置された時、特別攻撃隊として出撃するのではないかと思っていた。（中略）

三月二十六日未明、整備員の方が私の兵舎に駆け込み「伊舎堂隊長の出撃です。直ぐ来てください」と連絡してくれた。兵舎から飛行場まで一キロ以上も離れて居り生憎トラックや自転車などの乗物もなかった。やむなく飛行場目がけて息せき切って駈けに駆けた。ようやく飛行場に着いたところ、用久の搭乗機は既にエンジンをかけ、プロペラは回転し始めているのではないか。今将《まさ》に飛び立たんとする寸前である。しまった、遅かったかと気は動顛して頭がボーッとなってどうしてよいやら見当がつかない。このとき、飛行場設営隊長と思われる人物が素早く私を見付け私の手を抱えて「早く早く」と、私をせかせ今将に出発せんとする用久の搭乗機の側迄誘導してくれた。

用久は私の姿に気がつかず真正面をキッと見詰め将に発進しようとしている。私は思わず飛行機にしがみついた。ここで初めて私が来たことに気づいたようでうしろを振り返ってただの一言「姉さんに宜しく」私が言わんとする間もなく搭乗機はスルスルと滑走し始め轟音と共に大空に舞い上がった。私は云う言葉もなくただ胸が一杯になって涙に暮れるのみであった。この間一〜二分間くらいが経過しただろうか、これが用久との今生の別れであった。

（後略）――

一方、その日の朝、伊舎堂大尉の両親は息子が出撃したとは知らず、娘たちが作った心づくしの手料理を携え白保飛行場へ向かった。しかし、途中、非情にも村役場で息子の戦死を知らされた。

悲報を聞いた母親は取り乱すまいとこらえていたが、しまいには泣き崩れてしまった。父親は「用久は武人として御国のため立派に奉公した。むしろ本望というべきではないか」と、毅然とした態度で話していたという[8]。平静を装う父親の悲しみは察するに余りある。

1、Morison, S. E.『Victory in the Pacific』(前掲)。
2、又吉康助『千尋の海―軍神・伊舎堂中佐の生涯』(資)池宮商会、平成元年八月十日(伊舎堂用久中佐の経歴や人となりなどについては同書が詳しい)
3、Frank B. M.『Okinawa: touchstone to victory』(前掲)。
4、Crew T. E.『COMBAT LOADED』-Across the Pacific on the USS Tate(前掲)。
5、3に同じ。
6、2に同じ。
7、同右。
8、同右。

海峡を追い出された弾薬輸送船の最期

一九四五年四月六日、米海軍弾薬輸送船ピア・ビクトリー(USS Pierre Victory)は僚船六隻で船団を組み慶良間海峡に入った。しかし、積載物の性格上、ピア・ビクトリーを含む三隻の弾薬輸送船は同海峡に待機することが許されず、久場島水道(阿嘉島のサクバルの鼻と久場島に挟まれた水路）に移動を余儀なくされた。当日、慶良間海峡には二〇隻ほどの艦船が投錨していたが、同水道には三隻の弾薬輸送船とそこから南東に四キロほど離れた海上に戦車揚陸艦（ＬＳＴ－448）一隻が待機していた。

ところが、運悪く、その日の午後、三隻の輸送船団は同水道に進入してきた特攻機に襲われた。

以下、同船団と特攻機の二時間余に及ぶ攻防戦の模様をピア・ビクトリーの元乗員Ｃ・Ｃ・バートレー（Charles C. Bertley）氏の手記から拾ってみた。[1]

――一九四五年四月六日午後三時三十五分、全船団に空襲警報が発令され、全員戦闘配置についた。四時二十分、ピア・ビクトリーは慶良間海峡に侵入する特攻機の機影をとらえた。同時に慶良間海峡の艦船から一斉に対空砲火が始まる。しかし、特攻機は対空砲火を巧みにかわしながら海峡外へ去った。幸い、碇泊中の艦船には損害はなかった。

ところが、その直後、同海峡南東沖に待機していた戦車揚陸艦ＬＳＴ－448が右舷中央部に特攻機の体当たり攻撃を受け炎上した。

四時二十四分、今度は低空飛行で久場島水道に進入してきた零戦がピア・ビクトリーを目がけて突進してくる。同船は直ちに五インチ（一二・七センチ）砲で応戦し特攻機を右舷六〇ヤード（約五五メートル）の海面で撃墜した。

続いて四時三十五分、単発機が水道内に侵入したが、同機も対空砲火で撃墜される。

特攻機の体当たりによって炎上、黒煙を高く上げるローガン・ビクトリー
(1945年4月6日、水上機母艦ハムリンから撮影、沖縄県公文書館)

四時四十分、低空飛行した特攻機が水道の中央に向かって侵入してきた。一斉に対空砲火が始まる。このため、特攻機は急に飛行コースを変更し、水道の端を旋回した後、ピア・ビクトリーの船首を横切って飛び去った。しかし、同機は急旋回して水道に戻り、ピア・ビクトリーから約二五〇〇ヤード(約二二八六メートル)離れた同水道内に待機していた僚船ローガン・ビクトリー(USS Logan Victory)に機首を向け、被弾しながらも同船の船橋に体当たりした。

このためローガン・ビクトリーは火災を引き起こす。搭乗員の多くは炎上する船から筏で脱出し、後に機雷敷設艦テラー(USS Terror3〈M－5〉)に救助された。しかし、一二人の乗員と三人の警備兵は船内に取り残され船と運命を共にした。

ローガン・ビクトリーは奇跡的に爆発は免

バートレー氏が乗艦した弾薬輸送船ビア・ビクトリー（米軍撮影）

れたが、ついに阿嘉島のサクバルの鼻と久場島の間の海底に約七〇〇〇トンの弾薬を船倉に残したまま沈没した。四月六日午後五時過ぎのことだった。

四時五十二分、僚船のピア・ビクトリーは炎上中のローガン・ビクトリーの爆発の巻き添えを避けるため、ほかの僚船ホブス・ビクトリー（USS Hobbs Victory）と共に、急遽久場島水道を離れ、同島の南方沖合に避難した。

しかし、五時三十分、そこにも低空飛行した特攻機が現われ、今度はピア・ビクトリーの左舷に突進してきた。幸い、突入は免れた。

五時四十五分、またもや低空飛行した特攻機が現われ、今度は久場島水道方面からホブス・ビクトリーをめがけて突っ込んでいった。同船は船橋に体当たりされ炎上した。午前零時頃、載せていた約六〇〇〇トンの弾薬が爆発し久場島の南方沖合いの海底に沈んだ。――

米軍側の記録によると、当日特攻機の攻撃で沈んだこれら二隻の弾薬輸送船、ローガン・ビクトリー及びホブス・ビクトリー、それに四月二十七日沖縄本島読谷沖で撃沈されたとされるカナダ・ビクトリー（USS Canada Victory）の損失により失った弾薬は合計二万四〇〇〇トン（大量の八一ミリ迫撃砲弾を含む）に上り、米軍の沖縄侵攻作戦に大きな打撃を与えたという。特に、迫撃砲弾の損失は大きく[2]、このため首里城（第三十二軍司令部）の最大の防御陣地の一つだった嘉数高地の戦闘で、米軍は大苦戦を強いられたとされる。ちなみに同高地一帯では四月六日ごろから約一〇日間、日米間の死闘がくり広げられた。

ここで、ビクトリー型の貨物輸送船（Victory Ships）について若干触れておく。船の全長は四五五フィート（約一三九メートル）、船幅六二フィート（約一九メートル）、速力は最高一五～一七ノット（時速二〇～三一キロ）、エンジンは六〇〇〇馬力で、総トン数が一万八五〇トンの貨物輸送船。乗員は、通常民間人六二人と火器類の操作を担う海軍の警備兵二八人が配置されていた。装備としては、船首に五インチ（一二・七センチ）と三インチ（七・六二センチ）の対空砲各一門、それに二〇ミリ機関砲八梃がデッキの数ヵ所に設置されていた。

なお、久場島水道で沈んだ弾薬輸送船ローガン・ビクトリーは戦後一二年を経た一九五七年六月、海底で大爆発を起こし、同船でスクラップ（くず鉄）を収集していた作業員全員が犠牲者になった。

以上、米軍の海上基地として慶良間内海が担った役割や同海域で起きた幾つかの出来事について、主に米軍側の記録を基にまとめてみた。

1、CHARLES C. BARTLEY,『THE PIERRE VICTORY IN ENEMY ACTION』April 6, 1945〈http://www.armed-guard.com/item06.html〉

2、Victory Ships. GlobalSecurity. org〈http://www.globalsecurity.org/military/systems/ship/vicory-ships.htm〉

戦後一二年目に起きた海上の惨事

戦後一二年を過ぎた一九五七（昭和三十二）年六月三十日午後、阿嘉島のサクバルの鼻と久場島の間の海上で、突然大爆発が起きた。住民は原爆が落ちたのではないかと大パニックに陥った。

この爆発について、同年七月二日付『琉球新報』夕刊は「目をおう海上の惨事！」の大見出しで、次のように報じている。

――天地ゆるがす大爆音

生存者一人もなし―現地の声聞く

天地をゆるがす大音響、一回、二回、三回、四回……その度毎に閃光が眼を射り大水柱を伴って空中に吹き上げる。二百米ほどもあろうか、シネスコで見る原子雲のように空高く吹き上げた水柱のために向こう側の島さえ見えない。六月三十日午後六時…座間味沖（正しくは阿嘉島佐久原の鼻と久場島の間の海上＝引用者）で沈没船解体中の三二人（推定）の生命が永久に海の藻屑となって消え去った一瞬である。（後略）

悲しみ誘う花一輪

原爆とまちがえ戦争騒ぎ

慶留間、阿嘉島の区民たちもこの物凄い爆音に戦争が始まったのではと感じ、老人や女子供の中には泣き叫ぶ者さえ出る有様。爆音に続いて今度は地震が阿嘉、慶留間、座間味島をおそった。一番事故現場に近い阿嘉島では今にも家が倒れそうで、軒並みにランプのホヤが割れた。地震が終わったと思ったら津波だ！（後略）――

「津波」を目撃した阿嘉島の住民はサクバルの奇岩群に、「台風時にしか見たことのない大波が二、三回押し寄せた」と、その時の爆発の恐ろしさを語ってくれた。

爆発の直接の原因は、スクラップ収集のためダイバーが仕掛けたダイナマイトではないかと推測されている。この事故で、三二人（大多数が伊江村出身とされる）の命が失われたが、遺体は一体も収容されていない。これは爆発がいかに大きかったかを物語るものである。

爆発した沈船はビクトリー型貨物輸送船（琉球政府工務交通局陸運課＝当時＝が発表したリバティー型貨物船ではない）で、船名はローガン・ビクトリー。前述したように、同船は一九四五年四月六日、特攻機の攻撃により船内に閉じ込められた一五人の乗員と約六〇〇〇

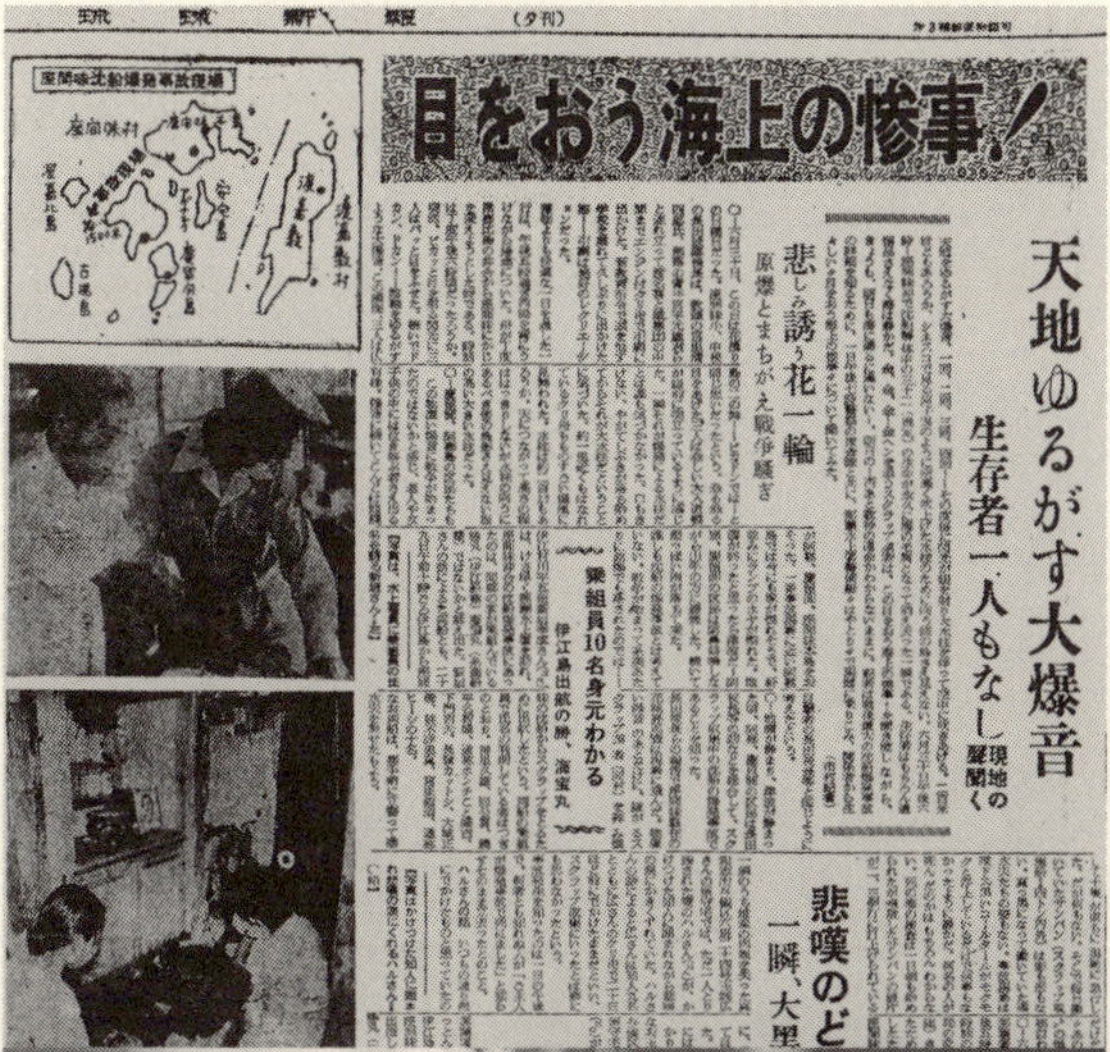
琉球新報（夕刊）

座間味沖沈船爆発事故現場

目をおう海上の惨事！

天地ゆるがす大爆音

生存者一人もなし　現地の声聞く

悲しみ誘う花一輪

原爆とまちがえ戦争騒ぎ

乗組員10名身元わかる

伊江島出航の際、海宝丸

悲嘆のど

一瞬、大黒

上、沈没船の大爆発を報じる1957年7月2日付『琉球新報』夕刊
下、ローガン・ビクトリーが爆発事故を起こした阿嘉島のサクバル沖。2006年4月

トンの弾薬を積んだまま同海域に沈んだ。

同船のほかに、同日特攻機の攻撃を受けて慶良間海域で沈没した米艦船は僚船のホブス・ビクトリー（久場島の南方沖合）と戦車揚陸艦ＬＳＴ－447（モカラク沖）などである。

第９章　阿嘉島の日本軍に降伏勧告

降伏を呼び掛ける米軍

一九四五年六月十三日午前九時半ごろ、突然一台の水陸両用トラック（ＤＵＫＷ）が阿嘉島東海岸のニシバマに上陸し、いきなり日本語で放送を始めた。トラックには沖縄本島から特殊な任務をおびてやって来た三人の米兵と二人の日本兵捕虜、それに座間味島駐留の慶良間諸島米軍守備隊（米第二四歩兵連隊＝以下、座間味島米軍守備隊）から派遣された護衛兵らが乗っていた。

これが、沖縄戦終結直前、米軍と阿嘉島日本軍守備隊との間で二週間にわたり繰り広げられた降伏交渉の幕開けである。

この作戦は日本兵捕虜の尋問を基に計画されたもので、その目的は阿嘉島の日本軍守備隊に無血降伏を勧めることにあった。

放送の内容からして、日本軍や住民は米軍側の狙いが日本軍の降伏であることはおおむね

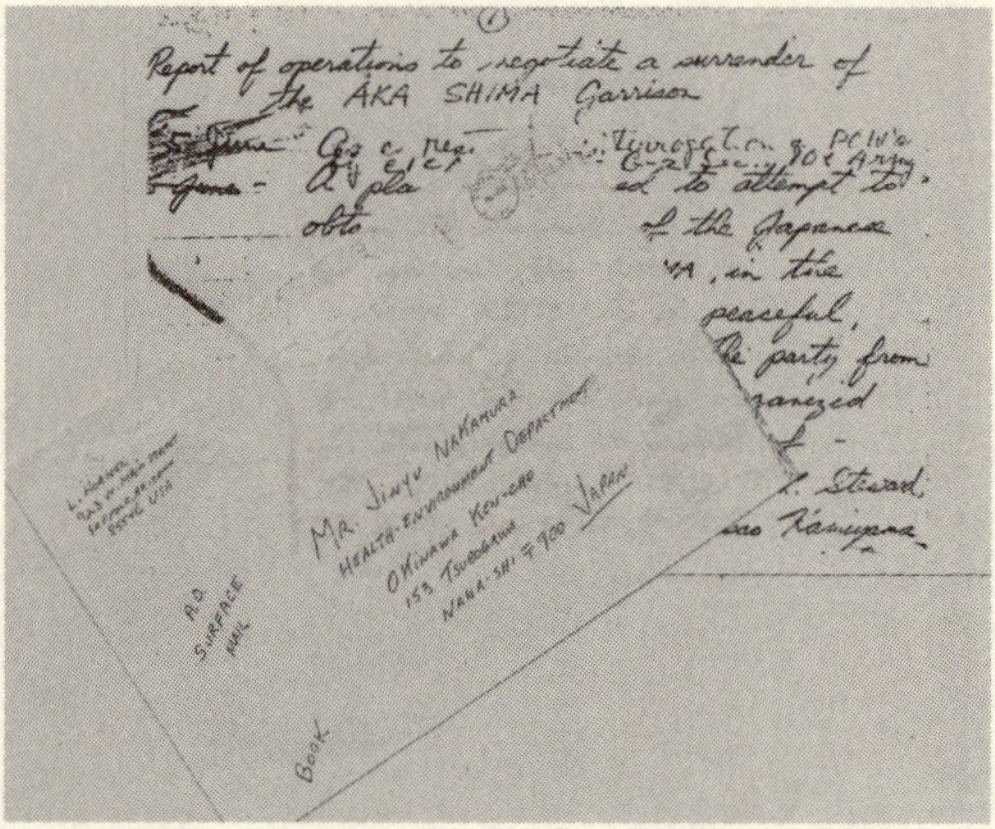

「阿嘉島日本軍守備隊の降伏交渉についての報告」の写し

承知していた。

この呼び掛けに対し日本軍は秘密裏に軍使の派遣や予備交渉などを重ねた後、米軍側との会談（以下、日米会談）に臨んだ。このことは、公然の秘密として一般の兵士や住民にも広く知れわたっていた。

私自身、日米会談に参加する野田戦隊長が正装するところを直接見かけたことがある。[1]また、二人の米軍将校が日本軍部隊本部の訪問を終えてウタハの海岸に帰るところを、ナカタキのお宮の近くで目撃した。

しかし、降伏交渉の詳細については、一般の兵士や住民には全く明らかにされなかった。また、残念なことに、同交渉に関する日本軍側の記録もほとんど見当たらない。

私自身は終戦後、野田元戦隊長らに直接聞いて、はじめて日米会談の概要を摑むことができたのである。

ところで、同会談の内容を戦後、沖縄県糸満市の上原正稔氏が一九八五（昭和六十）年五月『沖縄タイムス』紙上[2]で紹介した。これ（連載記事）により、日米会談の模様がより鮮明になった。上原氏は米国立公文書館で同会談についての報告書を見つけたとされる。

この章では、降伏交渉に直接参加した米軍将校らによる手書きの報告（複写）『Report of operations to negotiate a surrender of the AKA SHIMA Garrison』[3]（阿嘉島日本軍守備隊の降伏交渉についての報告）を基に、当時交渉団の団長だったジョージ・J・クラーク中佐(Lt. Col. George J. Clark）の書簡などを参考に、二週間にわたる降伏交渉の経過やそれにまつわるいろいろな出来事について、まとめてみた。

1、湿気の多い本部の壕では寝苦しかったのか、六月に入ると戦隊長は本部壕から北へ約二五〇メートル離れた糸林軍医の小屋の近くに、一〇畳ほどの茅葺小屋を立て、当番兵の小山伍長と二人で移ってきた。そこは、私ら義勇隊員（医務室勤務）三人の小屋から僅か二〇メートルほどしか離れていなかった。したがって、戦隊長小屋の大きな動きは大体見て取れた。

2、上原正稔「沖縄戦日誌 第10軍G-2㊙報告書」（訳上原正稔）、『沖縄タイムス』昭和六十（一九八五）年五月十八日～同二十三日。

3、『Report of operations to negotiate a surrender of the AKA SHIMA Garrison』同報告の写しはクラーク中佐の友人のホーナー博士（Dr.Layton Jack Horner）を通じて入手する。

降伏交渉に情熱を燃やす日本兵捕虜と米軍将校

一九四五（昭和二十）年六月五日、米第一〇軍情報機関（CICA, G-2, 10th Army, HQ）は、阿嘉島日本軍守備隊の降伏を勧めるため、降伏交渉団（以下、交渉団）を組織した。交渉団のメンバーは団長のクラーク中佐のほかに、デビッド・L・オズボーン海軍中尉（Lt. David. L. Osborn）、ニュートン・L・スチュワート海軍中尉（Lt. Newton. L. Steward）、日系二世のロバート・M・オダ軍曹（T/3 Robert. M. Oda）、それに日本兵捕虜の染谷正之少尉（阿嘉島日本軍守備隊）と神山操中尉（座間味島日本軍守備隊）の五人だった。

一行は六月十日、座間味島米軍守備隊司令部に阿嘉島行きの許可を求めた。六月十二日、同司令部の許可を得た五人は、午後遅く軍の郵便物輸送艇で座間味島に渡り、その足で同守備隊司令部に出向き、降伏交渉の諸準備に取りかかった。

この作戦は日本兵捕虜の協力に負うところが大きかったが、その中でも特に米軍の間で「まれに見る進歩的な日本兵」として知られていた染谷少尉の働きが大きかった。同少尉は阿嘉島日本軍守備隊について熟知し、山中に潜んだ日本兵や住民らの悲惨な状況、とりわけ飢餓状態のまま放置されている住民・一般兵・朝鮮人軍夫の惨状に強い懸念を抱いていて、この作戦こそが彼らを救出するまたとない機会だと決めていた。

また、この作戦を指揮した団長のクラーク中佐、そして同会談の開催をお膳立てしたオズボーン中尉や、スチュワート中尉、日系二世のR・M・オダ軍曹らの情熱的で勇敢な行動も特筆すべきものがあった。

加えて、親友の野田少佐に降伏を勧めるため、わざわざ沖縄本島から担架で参加してもらった第一戦隊の梅沢裕少佐（座間味島で負傷後捕虜となる）の協力も見逃せない。

投降を拒む日本兵と住民

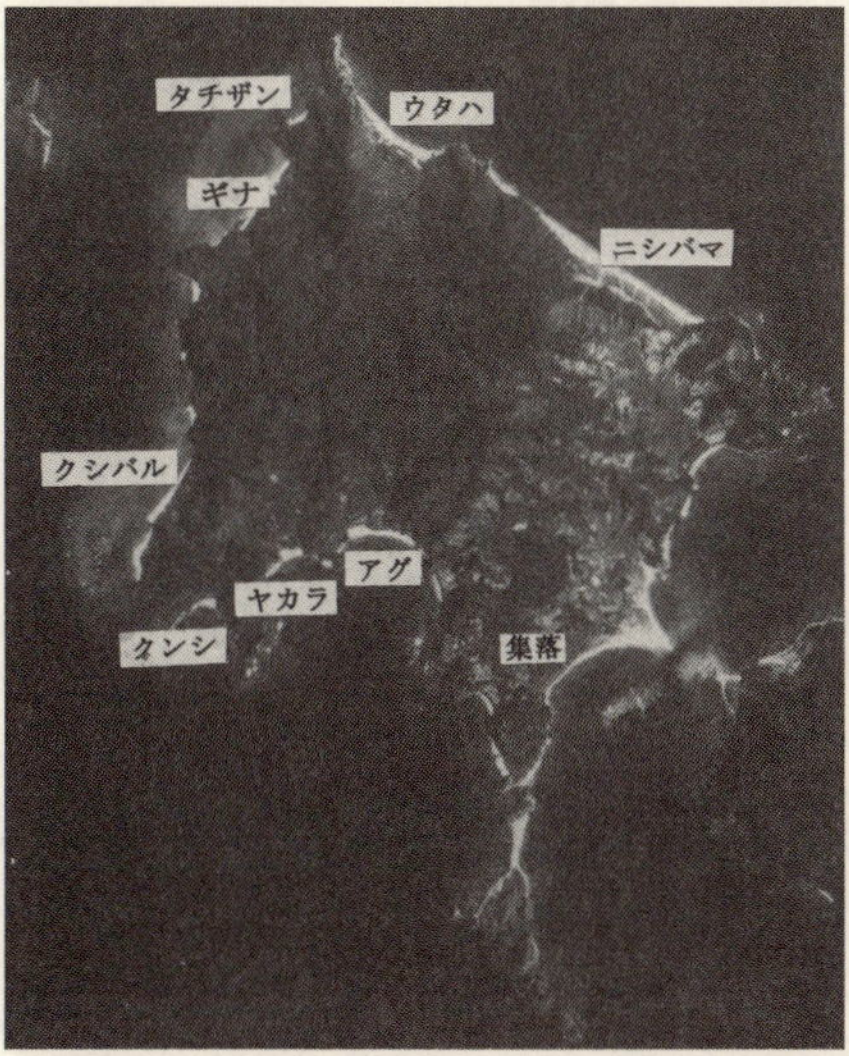

舟艇から日米会談の開催を呼び掛けた阿嘉島の海岸

降伏交渉団は六月十三日〜十九日までの七日間、阿嘉島の八つの海岸で大音量の拡声器を使用して日米会談の開催を日本語で呼び掛けた。放送は主として染谷少尉が担当した。

その間、日本兵は主にウタハの浜で、一方、住民はアグやヤカラの浜で頻繁に姿を現わした。しかし、日本軍も住民も、放送には興味は抱いているようだったが、投降する気配はまったくなかった。

ところが、呼び掛け最終日の六月十九日、交渉団はついに日本軍側と海岸で接触することができた。

以下、交渉団の一週間の活動を追

ってみることにする。

先に述べたとおり、六月十三日午前九時半頃、交渉団一行は水陸両用トラックで阿嘉島のニシバマ（報告書の地図には①と印されている）に上陸し、拡声器で第一声を放った。「阿嘉島の皆さん……」拡声器から聞こえる日本語は透き通り、しかも大音量だったので、耳をすませば日本軍や住民が立てこもる山中からでもなんとか聞き取れた。放送の内容は、直接降伏交渉に関わるものもあったが、戦況に関するものが主であった。例えば、沖縄本島の戦闘が終焉に近いことや、米軍の空爆により壊滅的な被害を受けた日本本土の深刻な状況などがそれであった。放送内容は何れも日本の敗北が迫っていることを示唆するものだった。

しばらくの間、米軍はニシバマの同じ場所で放送を続けていたが、「島」からは何の反応もなかったので、隣の海岸ウタハ（同②）へ移動し同様な放送を続けた。その日、茂みの中で初めて日本兵の姿が確認された。しかし投降する気配は見られない。初日は午前中で日程を終え根拠地の座間味島へ引き揚げた。

二日目の十四日午前、六日間の予定で座間味島米軍守備隊から借用した上陸用舟艇で、クシバルの浜（同⑤）とギナの浜（同④）へ向かい、前日とほぼ同じような内容の放送をする。午前十時頃、ギナの浜で、やっと住民らしき年配の男の人を見かけたが、山の斜面を駆け上がって逃げられてしまった。その後、タチザン入江（同③）とウタハの浜へ移動し放送を続ける。前日同様、ウタハの浜では日本兵を見かけるが反応は全くなく、その日も午前中で活動を終了した。

オズボーン中尉が３本の白旗を立てたクシバルの浜。2008年７月

砂浜に立つ２本の白旗

三日目の六月十五日午前、一行はクシバルの海岸に向かった。午前九時三十分頃、オズボーン中尉は泳いで砂浜に渡り、そこに三本の白旗を立てた。その中の一本の旗竿の先にメッセージを入れた封筒を結わえて置いた。メッセージには、①交渉を希望しないなら旗を一本残しなさい②交渉を希望するなら旗を二本残しなさい③再放送を希望するなら旗を三本残しなさい――と記しておいた。

その後、舟艇はタチザン入江とウタハへ移動する。午前十一時二十分頃ウタハで日本兵を発見するが、いつものとおり反応はまったくなかった。

ところで、明くる朝クシバルの海岸に戻ってみると、白旗が二本立っているのが目に入った。オズボーン中尉は小躍《こおど》りしながら海に飛び込み、砂浜に向かって泳いだ。さっそく、旗竿の先に結んでおいた封筒を調べた。

封筒は確かに開封され、読んだ形跡があった。しかし、中のメッセージは無造作に折り曲げられて封筒の中に戻されていた。オズボーン中尉はしばらくその場にたたずみ、誰かが現われるのを期待して待った。だが、時間が経っても人が現われる気配はなかった。オズボーン中尉は「日本軍にからかわれたのだ」と思いこみ、三本の旗を竿ごと引き抜き沖の舟艇に泳いで戻った。

十一時頃、気を取り直した一行はウタハへ移動し、放送を始めた。ついでに、砂浜に煙草とチョコレートを手紙とともに置いてきた。いつものとおり日本兵を発見するが、近寄る気配はない。

午後二時三十分、クシバルへ戻る。その時、住民らしい年配の女性が砂浜を西の方へ向かって歩いているのが見えた。しかし、舟艇を浜辺に近づけると丘の方へ歩いて逃げた。その後、クンシの海岸（同⑥）に舟艇を進め、投降を呼び掛けた。そこでは丘の上を二人の子供が走って逃げるのが見えた。しばらくして、アグ湾（同⑦）に到着する。住民三人を見かけ、投降を呼び掛けたがそこでも逃げられた。

日々増える住民の姿

五日目の六月十七日午前、ニシバマの内陸部の尾根で放送するが、反応は全くない。

午後二時三十分、クンシの海岸に着く。住民七人が浜を走り去るのが見えたので、一行はゴムボートで砂浜に渡り逃げる住民の後を追った。しかし、追跡は失敗に終わった。帰りに、煙草、チョコレート、それに手紙を箱の中に入れて海岸に置いた。午後三時四十五分にも、アグの浜で住民一〇人を見かけるが投降せず逃げ去った。

六日目の六月十八日、午前はウタハに行く。日本兵は見かけるが、投降の気配はない。午後三時、アグへ向かう。そこでは二〇人ほどの住民を見かけるが投降の呼び掛けに応えず逃走した。染谷少尉は泳いで砂浜に渡り、ビスケットの箱を岩の上に置いて戻った。

このように、六日間投降者は一人もいなかった。しかし、海岸に現われる住民や日本兵の姿は日々増え、将来に希望が膨らんだ。

投降の呼び掛けに奔走するオズボーン中尉が偶然、日本兵と遭遇した尾根（三角岩の頂上あたり）。2008年7月

オズボーン中尉、日本兵とぱったり

七日目の六月十九日午前九時三十分、ウタハの浜へ向かう。染谷少尉は島の「住人」の感情に訴えるような口調で放送を始めた。小川や尾根を越えて約三〇〇ヤード（約二七〇メートル）ほど内陸に入ったところで、マイクを握った。

「われわれの勤めは今日で最後です。阿嘉島の皆さん、これで永遠の別れです！」

あとで分かったことだが、このとき、すでに野田戦隊長は水沼實一軍曹を部隊本部に呼びだし、染谷少尉と連絡を取るよう指示していた。しかし、同軍曹がウタハの海岸に駆けつけた時は、染谷少尉一行はそこを離れ、アグの海岸に向かっているところだった。

一行がヤカラ（同⑦a）に行くと、砂浜に五〇人前後の住民が集まっていた。しかし舟艇が近づくのを見て全員山の方へ逃げてしまった。

捕らえ焦ったオズボーン中尉とスタンボー軍曹は、丸腰で海岸に泳ぎ渡り、逃げる住民を裸足で追いかけながら丘に駆け上がる。

ちょうど尾根にたどり着いた時のことである。オズボーン中尉は突然、武装した日本兵と遭遇した。両者は一瞬にらみ合ったが、日本兵は何もせずにその場を走り去った。

一方、オズボーン中尉は来た道を引っ返し、大声で海岸の舟艇に日本兵に遭遇したことを知らせた。その後、尾根を再び駆け上がり、逃走する日本兵の後を追いかけた。

オズボーン中尉の声を聞いたスチュワート中尉とオダ軍曹は声のする方向へ走った。湾内の舟艇で待機していた護衛兵も上陸し、オズボーン中尉の「救出作戦」を掩護した。

戦隊長、軍使を派遣

この騒ぎに気づいたのか、アグの海岸（同⑦b）に集結していた武装日本兵の一隊が米軍が活動する尾根に向かって移動を開始した。

その時である。野田少佐が軍使として派遣した水沼軍曹が丸腰で尾根の米兵らの前に現われた。水沼軍曹はその中に染谷少尉の姿を発見すると、近寄って挨拶を交わし、さっそく交渉に入った。

両者の話し合いの結果、①米軍側は護衛兵を尾根から即時海岸に撤退させること、②水沼軍曹は野田少佐に交渉の結果を報告すること――の二点で合意に達し、即刻行動を開始した。

約一時間半後、水沼軍曹は部隊副官の竹田義之少尉を伴い海岸に戻ってきた。

両軍の予備交渉は米軍の護衛が待機する海岸からかなり離れた砂浜で行なわれた。

ところで、会談のさなか突然米軍の上陸用舟艇が海岸に接近してきた。危険を感じた竹田少尉は血相を変え、半ば膝を立て、一〇〇ヤード（約九一メートル）ほど離れた尾根の日本兵に何やら合図を送ろうとした。それに気づいた米軍側は、すかさず「あれは昼食を運んで来る船だ！」と説明、その場は事なきを得た。竹田少尉は非礼を詫び交渉の席に戻った。

この会談で合意した内容の大筋は、①交渉団は第一戦隊長の梅沢少佐（沖縄本島の米陸軍病院に入院中）を一週間以内に阿嘉島に連れてくること、②交渉団が阿嘉島に戻るまでの一週間米軍側は攻撃を行なわないこと（このことについては、後に座間味島米軍守備隊の合意も取り付けた）、③交渉団が阿嘉島に戻ったとき米軍側は黄色い旗、日本軍側は日の丸を、それぞれ揚げ交渉に臨むこと――の三点だった。

会談終了後、竹田副官らは儀礼的な軍隊式挨拶をした後、山へ戻った。一方、米軍側は舟艇に乗りこみ海岸を離れる。舟艇の上から振り返って見ると、多くの日本兵がぞろぞろと山の方に引き揚げていく姿が見えた。
こうして降伏交渉の予備会談がようやく実を結んだのである。

日米会談始まる

梅沢少佐、阿嘉島行きを承諾

交渉団一行は六月二十日、沖縄本島に戻り第一〇軍司令部でクラーク中佐にそれまでの交渉の結果を報告した。中佐は同作戦の継続を承認し、併せて野田少佐の要望も了承した。六月二十一日、オダ軍曹は入院中の梅沢少佐に直接会い、阿嘉島日本軍守備隊の降伏説得が難航していることを伝えるとともに、野田戦隊長が同少佐に個人的に会いたがっていることも伝えた。話の一部始終を聞いていた梅沢少佐は、その要請を承諾した。その上、野田少佐のことを非常に聡明で理解のある人だと評価し、降伏説得にある種の自信も窺わせた。

交渉団は、新たに加わった団長のクラーク中佐のほかに、ホプキンス中尉、スチュワート海軍中尉、オズボーン海軍中尉、オダ軍曹、クーム軍曹（以上、第一〇軍司令部情報機関所属）ら五人で、そのほかに捕虜の梅沢少佐、染谷少尉、神山中尉、日高兵長、内田一等兵（将校を除く二人は梅沢少佐の担架搬送要員）が参加した。

一行は六月二十五日午前十一時三十分、歩兵上陸用舟艇（ＬＣＩ）で沖縄本島を発ち、午後一時三十分、座間味島に到着した。スチュワート、オズボーンの両中尉は到着と同時に座間味島米軍守備隊司令部に直行し、明くる二十六日に予定している日米会談に備え、護衛兵の派遣を新たに要請した。

ところで、阿嘉島の日本軍に根強い不信感を抱く同司令部は、護衛兵の派遣は無駄であるばかりか、敵に不意打ちの機会を与えるだけだとして、一行の申し出になかなか応じてくれなかった。

しかし、二人は、阿嘉島で投降した防衛隊や、朝鮮人軍夫、住民などの証言を基に、日本軍が交渉団に対し猜疑心《さいぎしん》を抱いているとの確固たる証拠がないこと、日本軍は極度の栄養失調のため効率的な不意打ち攻撃などを実行しうる状況にないこと、野田少佐自身が梅沢少佐に会いたがっていることなどを理由に挙げ、護衛兵の派遣を強力に要請した。その結果、ようやく許可が取れた。

山頂の日の丸と海岸の銃声

いよいよ日米会談開催の日がやってきた。六月二十六日午前九時、交渉団一行はウタハの浜に拡声器と黄色の旗を携えて上陸した。会談の場所は、当初の予定では、アグの浜だった。しかし、日本軍による待ち伏せ攻撃の危険を最小限にとどめたいことと、アグの入江は水深が浅く舟艇の出し入れに支障を来す恐れがあること、座間味島米軍守備隊が定期的にパトロールするアグの海岸一帯は、日本軍にとって要警戒地域として恐れられていること――などの理由で、前日の晩、急遽交渉場所をアグの浜からウタハの浜に変更したのである。

1945年6月26日、上陸から3ヵ月後、上陸用舟艇で日米会談のために阿嘉島のウタハの浜に向かう米軍側交渉団一行（米軍撮影、坂井宏氏提供）

早速、一行は日本軍に梅沢少佐とクラーク中佐が来島したことを拡声器で伝えた。

しかし、半時間ほど経っても山からは何の反応もなかった。交渉団一行の顔には焦りの色が見え始めた。その時、日の丸が山頂に翻った。午前九時三十分だった。一行はほっとした。

ところが、ほっとしたのもつかの間、予期せぬ事件が起きた。一行が乗ってきた海岸の舟艇から銃声が響いたのだ。「ああ！　日本軍に反撃される！」と団長のクラーク中佐は心の中で叫んだ。

「誰だ、発砲した奴は！」と中佐は舟艇に向かって怒鳴り、急いで舟艇に戻った。銃声は小銃の暴発だった。しかし、怒りが収まらない中佐は、護衛兵の一人から武器を取りあげ、船外に出ることを禁止した。

幸い、銃声に気づかなかったのか、山の日本軍からは反撃はなかった。一行は一様に胸をな

日の丸の旗を携えて待ちうける米軍の前に姿を現わした日本軍の部隊副官の竹田義之少尉ら先遣隊（1945年6月26日、米軍撮影。坂井宏氏提供）

で下ろしたが、これは交渉の成否と団員の運命を左右する大事件だった。「まったく馬鹿げている！ こんなことって考えられますか。まったくばかばかしい！」と、元中佐は当時の心境を『The Emperor Said No』[1]の著者で従軍記者でもあったH・L・メリラット氏に、戦後語っている。

このように、日米会談初日の幕開けは予期せぬ事件でつまずき、前途に一抹の不安を残す結果となった。

1、Capt. H. L.Merillat, USMC,『THE EMPEROR SAID NO』Collier's, October 6, 1945.

野田戦隊長現われる

この事件から約三〇分経って、やっと先遣された日本軍守備隊の竹田副官が三人の下士官と伝令一人を伴い米側交渉団の前に現われた。竹田副官は放送の内容が正しいことを確認すると、自身のメモと梅沢少佐の私信（メモ）を伝令に手渡し、部隊本部で待機している野田少佐に届けるよう命じた。

その間、日米双方の交渉団は緊張した雰囲気のなかで、野田少佐が海岸に現われるのを待った。

午前十一時頃、ついに、正装した野田少佐が二人の軍曹と数人の武装護衛兵を伴って交渉団の前に姿を現わした。

日本軍の警備兵は交渉現場には直接姿を見せなかったが、そこから約三五ヤード（約三二メートル）ほど離れた茂みの中で警戒に当たっていた。一方、米軍側の護衛兵は海岸から三〇〇ヤード（約二七四メートル）ほど沖に停泊している歩兵上陸用舟艇の中で警戒の任に当たっていた。

野田少佐は交渉団長のクラーク中佐や随行の米軍将校らに紹介された後、担架の上でしびれを切らして待っている梅沢少佐と対面した。日米双方の交渉参加者は砂浜の上に敷かれた米軍のポンチョ（雨がっぱ）の上に腰を下ろした。

儀礼的挨拶がひとまず済んだところで、クラーク中佐が会談の口火を切った。同中佐は野田少佐に対し、戦況、特に沖縄本島における日本軍の敗北について話した。その上で、戦争終結後の日本軍兵士の役割に触れ、「平和な日本の再建のためには野田少佐や若い有能な部下将兵の貢献が必要であり、無意味な自決や餓死を待つのではなく、生きる勇気を持つことが大切である。このことが天皇に忠誠を尽くす最善の方法でもある」と力説し、阿嘉島日本軍守備隊の降伏を勧めた。

一方、野田少佐の会談冒頭の発言は、「米軍は武力による阿嘉島の占領を企んでいるのではないか。もし、そうだとすれば、それは軍事基地の強化が狙いなのか」というものだった。これは米軍の新たな攻撃の可能性を探るための質問のように思えた。

これに対し、クラーク中佐は、交渉団は座間味島米軍守備隊とは組織上直接には関係ないので、この件については返答しかねると答えるとともに、慶良間諸島のほかの島々はすべて米軍の支配下にあり、軍事基地も十分確保できている、とつけ加え日本軍側の不安の払拭《ふっしょく》に努めた。

その上、中佐は、阿嘉島は民間人を収容するには理想的な場所であり、もし解放されれば座間味島や慶留間島の人口過密も緩和できると補足した。また米艦船の乗員の保養のためにも、うってつけの場所でもあるとも述べ、解放後の阿嘉島が果たす役割がいかに大きいかを強調した。

発言を締めくくるにあたり、クラーク中佐は、交渉団の目的は阿嘉島の占領ではなく、あくまでも新生日本の戦後復興に必要な人材の無駄な消失を防止することにあるのだと再度力説し、日本軍の降伏を強力に勧めた。

その後、野田、梅沢の両少佐は、梅沢少佐の要望により二人だけで話し合いを持つことになった。その間会談は一時中断となる。胸襟を開いた話し合いがしばらく続いた。二人の話が終わると、全体の会談が再開された。

ウタハの海岸の草むらにたたずむ米軍側交渉団の団長クラーク中佐（1945 年 6 月 26 日、米軍撮影。坂井宏氏提供）

会談再開直後、野田少佐は「結論を出すにはもう少し時間が欲しい」とクラーク中佐に伝えた。しかし、同中佐は、呼び掛けを開始して二週間も経っており、検討する時間は十分あったはずだとし、野田少佐の要求を断わった。やむなく、野田少佐は自身の要求を撤回し、次の日の午前十時に最終回答を提示したいとの新たな提案を行ない了承された。これで日米会談初日の日程は終了する。

日米の将兵、砂浜で昼食

会談初日の午前の時間があっという間に過ぎ去り、時刻は正午前だった。クラーク中佐は昼食を一緒にするよう野田少佐に勧めた。当惑した野田少佐は食事は自分のところで準備したいと伝え、クラーク中佐の申し出を丁寧に断わった。しかし、クラーク中佐は、舟艇には参加者全員分の昼食がすでに準備されているので遠慮する必要はないと伝え、意地をはる野田少佐を説得し続けた。根負けした野田少佐は、その場はクラーク中佐の好意に甘えることにした。

オダ軍曹が日本軍側の人数を確認したところ、将校と兵合わせて七五人（茂みの中に待機していた警備兵を含む）に上った。中佐は直ちに舟艇から食料を運ばせ、将校にはポークチョップにアップルソース、兵には野戦食を振る舞った。

ところで、昼食中、予想もしていなかったことが起きた。それは現場に居合わせた日本兵捕虜と日本兵が、どちらからともなく会話を始めたのである。しかも、彼らの行動を野田少佐は完全に黙認した。意外だった。

話の内容といえば、日本兵捕虜は米軍の宣伝などをするのではなく、日常のいろいろなことについて日本兵と語りあった。さらに、護衛として座間味島米軍守備隊から派遣された高射砲分隊の米軍兵士や、日本語を捕虜から教えてもらったことのある同島捕虜収容所の警備兵までもが、日本兵との会話に加わった。米兵らは数名の日本兵とそれぞれグループを作り、お互いに会話を楽しんだ。非常に有意義な会食だった。

「それにしても、何故、野田少佐が軍事機密漏洩の恐れがある捕虜を含む日米双方の兵士の自由な接触を許したのか、今もってその真意が分からない」とクラーク中佐は当時のことを、戦後述懐している。

丸腰で裸足の米兵、日本軍本部へ

初日の会談終了直後、オズボーン、スチュワートの両中尉は信頼の証にと断わりながら、野田少佐に日本軍司令部への同行を申し入れた。野田少佐は直ちに快諾する。後で、クラーク中佐も同行を希望したが、それは断わられた。両中尉は武器も携帯せず、オズボーン中尉にいたっては、裸足のままだった。脱いでおいた軍靴を舟艇に取りに行く時間を惜しんでのことだった。

野田少佐らは二人の米軍将校を引き連れて山の部隊本部へ向かった。途中、護衛の日本兵はオズボーン中尉の裸足を気遣い、「足は大丈夫ですか」と何度も聞いた。オズボーン中尉は「自分は南方に住んでいたこともあるので、半原住民だ」と平気な顔をして見せた。野田少佐を含め日本兵らは、予期せぬことにもいささかも動じることなく、常に自然体で振る舞うこの二人のアメリカ兵の仕草を面白がったり、感心したりした。

茂みを三〇メートルほど入ったところで、任務を解かれた日本軍の警備兵らが一行の後について来た。山頂へは、樹木が覆いかぶさる川底を歩いて上がった。途中三度も小休止を取る。米兵らは軍曹にもらったタオルを小川の流れにぬらし、それで顔の汗を拭いた。

しばらく行くと、三〇～四〇人のやせ細った、衰弱した朝鮮人軍夫らしい一群とすれ違った。彼らは食用の木の葉を集めているようだった。小川の流れでは、服を洗ったり水浴びをしている者もいた。

その後、険しい坂を上りつめ、山頂にたどり着いた。そこが、日本軍司令部だった。周辺では、日本兵が天幕の中、あるいは小屋の窓に掛けられた毛布をかきわけて、奇妙な眼差しで、しかも、いとも滑稽な顔つきで二人の珍客を覗き見していた。

ちょうど、山道の分岐点辺りで眺めが素晴らしい場所にたどり着いた。そこからは座間味島が一望できた。木陰があり、一行はそこに腰を下ろした。野田少佐はそこでいったん席を外す。

その時、武装した従兵が竹田副官や米兵に近寄ってきた。副官は銃を置いてくるよう彼に命じた。間もなく、毛布が木陰に敷かれた。日本兵は汗で濡れたシャツを脱ぐよう米兵に勧めた。脱いだシャツは従兵が近くの木の枝に掛けて陽に干してくれた。竹田副官もシャツを脱いだので、上半身裸の米兵らは気まずい思いをせずにすんだ。そこに新鮮な水の入った二個の水筒が運ばれてきた。米兵らがその水筒に口を付けようとした途端、竹田少尉は彼らの手から水筒を取り上げ、自ら飲んで見せた後、水筒を彼らに返した。

1987年8月、42年前の日米会談の日にオズボーン氏が日本軍部隊本部からの帰途に立ち寄ったナカタキのお宮の前で、左から儀同、オダ、オズホーン、野田、柳本の各氏

ちょうどそのとき、軽装に着替えた野田少佐が戻り、二人の米軍将校と一緒に毛布の上に座った。野田少佐はそこでも、米軍は本当に阿嘉島を軍事基地として必要ないのか、と執拗に問い質した。米兵らはそんなことは決してないと

きっぱり答える。しばらく経った後、米兵らはドル紙幣二枚を懐から取り出し、一枚をスーベニア（記念品）として少佐に渡し、残る一枚には少佐にサインしてもらった。しばらく歓談した後、野田戦隊長は中座した。

少佐が席を離れた後、従兵が陶器の容器に入れたパイナップル缶詰をお膳で運んできた。米兵らは竹田少尉と一緒に膳を並べてパイナップルをご馳走になった。同席していた日本兵の話によると、「戦争が終わったら、ここで住んでみたい」という主旨のことを米兵の一人が言っていたという。

小一時間ほど日本軍部隊本部で過ごした二人の米兵は竹田副官と軍曹に伴われ、来た道を経てウタハの浜へ戻った。汗にぬれた米兵のシャツは、軍曹が軍刀の先端に結び海岸近くまで持っていき、二人に手渡した。

そこで、オズボーン中尉らは竹田少尉と軍曹に別れを告げ、クラーク中佐らが待つ浜辺へと向かう[1]。

なお、話は前後するが、その日の朝、声が聞こえる医務室隣の戦隊長宿舎（茅葺の掘っ建て小屋）に目をやると、久し振りに戦隊長の正装姿が目に飛び込んできた。真新しい階級章と軍服に身を包んだ野田戦隊長は、当番兵の小山伍長に、「これで良いか」と再三問い掛けながら、服装を整えていた。状況からして、何か重要な会合があるに違いないことは容易に想像できた。当時医務室にはいろいろな兵隊が出入りしていて、たいていの情報はそこで入手できたのだが、この日の朝の戦隊長の正装については、誰も知らなかった。このように、何の情報もないままその日の午前中は過ぎた。

しかし、先に述べたようにその日の午後起きた「米兵騒動」（二人の米兵の部隊本部訪問）でその謎はようやく解けた。久方ぶりに正装した野田戦隊長は日米会談に行く準備をしていたのである。

それは、米軍が阿嘉島に上陸した日からちょうど三ヵ月経った一九四五年六月二十六日のことだった。

1、ちょうどその時、やせ衰えた二人の軍夫が一行の後方に姿を現わした。明らかに米軍への投降を希望しているようである。竹田副官は軍夫の頭を軽くたたき逃亡を黙認した。交渉団は彼らを舟艇に収容しウタハの海岸を離れた。その直後、新たに三人の軍夫が砂浜に現われたので、舟艇は海岸に引っ返し彼らも収容した。

日本軍、降伏勧告を拒否

姿を見せなかった野田戦隊長

日米会談二日目の六月二十七日午前九時、交渉団は座間味島米軍守備隊から派遣された護衛兵を伴い、歩兵上陸用舟艇でウタハの海岸に向け出発した。九時三十分、ウタハの浜に到着し、まず護衛兵を砂山に沿って配置した。その後交渉団の黄色い旗を携えた米兵四人が、周囲が見渡せる砂浜の小高い平坦な場所に移動し、山の日本軍に旗を振って合図を送った。

これに対して、日本軍は十時ごろ、丘の中腹で日の丸を振り米軍側に応えた。十時十五分、竹田少尉と二人の軍曹からなる日本軍側の交渉団一行が現われた。しかし、その中に野田少佐の姿はなかった。

竹田少尉ら一行はクラーク中佐が待つ砂浜へ案内された。その後、米軍側の護衛兵は全員舟艇に戻った。

竹田少尉は「野田少佐がこの場に直接出席できないのは残念だが」と前置きしながら、野田少佐の回答をクラーク中佐に手渡した。それをオズボーン中尉が英語に翻訳した。回答の内容は次のとおりだった。

――米陸軍座間味守備隊司令官殿[1]

日本陸軍阿嘉島守備隊司令官　野田義彦

回答

一、天皇やその代理の者からの命令が無い限り、降伏はできない。これは全軍の総意である。

二、阿嘉島に対する米軍の攻撃には反撃する。ただし、軍事行動を行なわない限り、日本軍は米兵がビーチや港内において貝拾いや海水浴を楽しむ分には、何ら危害を与えることはない。

三、座間味島に収容された阿嘉島の住民の帰島については、私は米軍の要請に従い、住民の解放に関し、そのような約束をしたけれど、阿嘉島に未だ残っている住民は座間味島に住むことに反対している。従って、私はその要求を受け入れることは出来ない。[2]

阿嘉島――

一九四五年六月二十七日　午前十時

1、交渉団と座間味島米軍守備隊を混同している。

2、論旨が不明である。なお、原文にもそのような主旨のことが注記されている。

日米の会談は決裂したが、その後挨拶をかわす両軍の代表者たち（1945年6月27日、米軍撮影。坂井宏氏提供）

日米会談ついに決裂

野田少佐の回答の内容がクラーク中佐に伝えられた直後、しばらくの間梅沢少佐、竹田副官、クラーク中佐らは個別に、または全体で会合をもった。

話の中で、竹田副官は、通訳のオダ軍曹を介して、野田少佐の心境を次のように伝えた。

野田少佐は米軍側の誠意や善意も十分理解して

会談終了間際にクラーク中佐の提案で行なわれた日米参加者全員による祈りのとき（米軍撮影。坂井宏氏提供）

いる。できることなら、生き延びて国際社会で尊敬される新生日本の建設のために尽くしたいのだが、残念ながら軍紀および武士道精神に反する行為を受け入れることはできない。また、降伏を受け入れることは、下された命令と長年受けてきた教育にも反する。竹田副官は、このように、野田少佐の苦しい心境を伝えた後、米軍側の理解を求めた。

これに対し、クラーク中佐は、前日話したことを繰り返し述べるとともに、この会談を開いた理由をあらためて、かいつまんで述べた。さらに、米国は日本を属国や植民地にする意図など全くないことも強調した。

このようにして、二日間にわたって行なわれた日米会談は、残念ながら決裂した。

日の丸、クラーク中佐の手に

会談が終わりに近づいた頃、クラーク中佐は突然旗の交換を竹田少尉に申し入れ、次のようにつけ加えた。もし会談を再開したいときはいつでも、黄色い旗を砂浜に立てその旨知らせて欲しい。阿嘉島の状況は座間味島米軍守備隊が逐一交渉団に報告することになっているので、日本軍側の意思表示があり次第、交渉団は別の黄色い旗と日章旗を携えて海岸に戻ってくることにする。

竹田少尉はクラーク中佐の提案を即座に受け入れ、日本軍が同会談で使用した日の丸をクラーク中佐に手渡し、一方中佐は黄色の旗を竹田少尉に渡した。旗の交換を終えた日米二人の将校は、固い握手を交わし将来に希望を託した。

会談終了間際、クラーク中佐は祈りに参加してはどうかと竹田少尉に尋ね、同少尉の了解を得た。日米の参加者全員が脱帽してひざまずくなか、従軍牧師が短い祈りの詞《ことば》を捧げた。祈りの詞はオダ軍曹が日本語で通訳した。

最後に、クラーク中佐は、阿嘉海峡に駐機している飛行艇に攻撃をしないよう日本側に要請した。竹田少尉は、飛行艇からの攻撃がないことを条件に、クラーク中佐の申し入れを了承した。

竹田少尉、染谷少尉をなじる

二日目の会談が終わりかけた時のことである。染谷少尉が突然自分の心境を会談参加者の前で次のように述べた。彼は軍人としてではなく、一個人として話したいと前置きしながら、

「野田少佐が勇敢であり、投降しないことはそれでよいとしても、命令さえあれば投降する

兵士が日本軍の中に大勢いることを知ってほしい。愛する部下将兵に無駄な犠牲を強いることは、利己的ではないか」

これを隣でじっと聞いていた竹田少尉は激怒し、「そんな話は聞きたくない」と言い捨て、染谷少尉に黙るよう怒鳴った。竹田少尉のけんまくに機嫌を損ねた染谷少尉はその場を立ち去った。

その後、竹田少尉は会談に参加した米兵一人ひとりと両手で固い握手を交わし、「友人」という意味の言葉を口にして、目に涙を浮かべながら別れの挨拶を終え帰途についた。帰り際、オズボーン、スチュワートの両海軍中尉は、竹田少尉一行に対し別れの言葉を述べた。

まぼろしの「停戦協定」

日本軍が降伏を拒否したため、降伏協議を目的とした日米会談はついに決裂した。しかし「停戦」については、兵士や住民の間では、なんらかの協定が成立したものと受けとられていた。

ところで、座間味島米軍守備隊による阿嘉島に対する攻撃はその後も続いた。海岸で魚介類を採っていた住民が舟艇からの銃撃で死亡したり、私が一時期所属していた漁労班も漁労中幾度となく攻撃を受けた。

このように、状況は以前とほとんど変わらなかった。このため、兵士や住民の間では、

「停戦協定」について疑問を抱く者が出た。元特幹の儀同保氏もその一人だった。戦後、氏は、「停戦」について、自著の中で次のように述べている。

「この後も海岸の多根林（アダン）の内側にいて米軍から狙撃されたことも多数あり、敗戦の日の直前にも負傷者が出たので私には真偽は定かではなかった」[2]

だが、真相が全く分からないまま、時間は経過し、終戦を迎えた。

以下、米軍側の記録を基に、その謎に迫ってみたい。

そもそも、日米会談は、米第一〇軍司令部直轄の情報機関が阿嘉島日本軍守備隊に降伏を勧告するためにお膳立てしたものであり、座間味島米軍守備隊と阿嘉島日本軍守備隊との停戦については、同会談の議題にはなかった。

したがって、約一週間にわたる呼びかけや予備交渉を経て開かれた日米会談は、直接第一〇軍から派遣された交渉団と阿嘉島日本軍守備隊の間で行なわれた。

ところが、阿嘉島日本軍守備隊は、同交渉団を座間味島米軍守備隊の代表と誤解し日米会談に臨んだ。このことは、野田戦隊長が交渉団にあてた六月二十七日付「回答」文のあて先が「米陸軍座間味守備隊司令官」となっていることからも明らかである。

日本軍側の誤解に気づいた交渉団は、竹田副官にその旨伝えておいたが、このことが野田戦隊長に伝わる前に交渉が暗礁に乗り上げたため、「回答」文を検証する時間的余裕もなく、結局うやむやのうちに日米会談は終わってしまった。

いずれにせよ、座間味島米軍守備隊と阿嘉島日本軍守備隊との間には、降伏交渉はおろか、

「停戦協定」の協議など一切行なわれていなかったのだ。したがって、交渉団の護衛と舟艇などの提供以外、同会談に一切関わっていない座間味島米軍守備隊としては、自ら「停戦」を申し入れたわけではないので、日本軍側の「回答」を無視せざるをえなかったのである。

　もっとも、降伏の予備交渉開始から日米会談終了までの期間は、交渉団の仲介もあって、同守備隊と日本軍の間で停戦の取り決めがあったことは事実だ。しかし、それ以後については、両者（座間味島米軍守備隊と日本軍守備隊）間には何の約束もなかった。

　一九八七年八月二十三日、ＴＢＳが放映した報道特集『日米兵士の昼食会―阿嘉島』の中で、交渉団の団長だったクラーク氏は、日米会談の決裂について、「日本軍に降伏を受託させることは出来なかったが、部分的にせよ休戦協定が成立したことは、画期的なことだった（傍点は引用者）」と述べているが、これはクラーク中佐が会談終了直前に、阿嘉海峡に駐機している飛行艇に攻撃をしないよう日本側に申し入れた際、竹田少尉が、飛行艇からの攻撃がないことを条件に、同中佐の申し入れを了承したことが[3]、そのような発言となって表われたのだと思う。

　しかし、このことも座間味島米軍守備隊と阿嘉島日本軍守備隊との停戦とは直接関係はない。

　さらに悪いことは、座間味島米軍守備隊のハーン司令官は、詔勅が発表された直後、阿嘉島の日本軍に対し、最後まで強い敵意を抱いていたということだ。同司令官は、詔勅が発表された直後、阿嘉島の日本軍守備隊に降伏命令書を手渡すため同島に立ち寄った米軍情報将

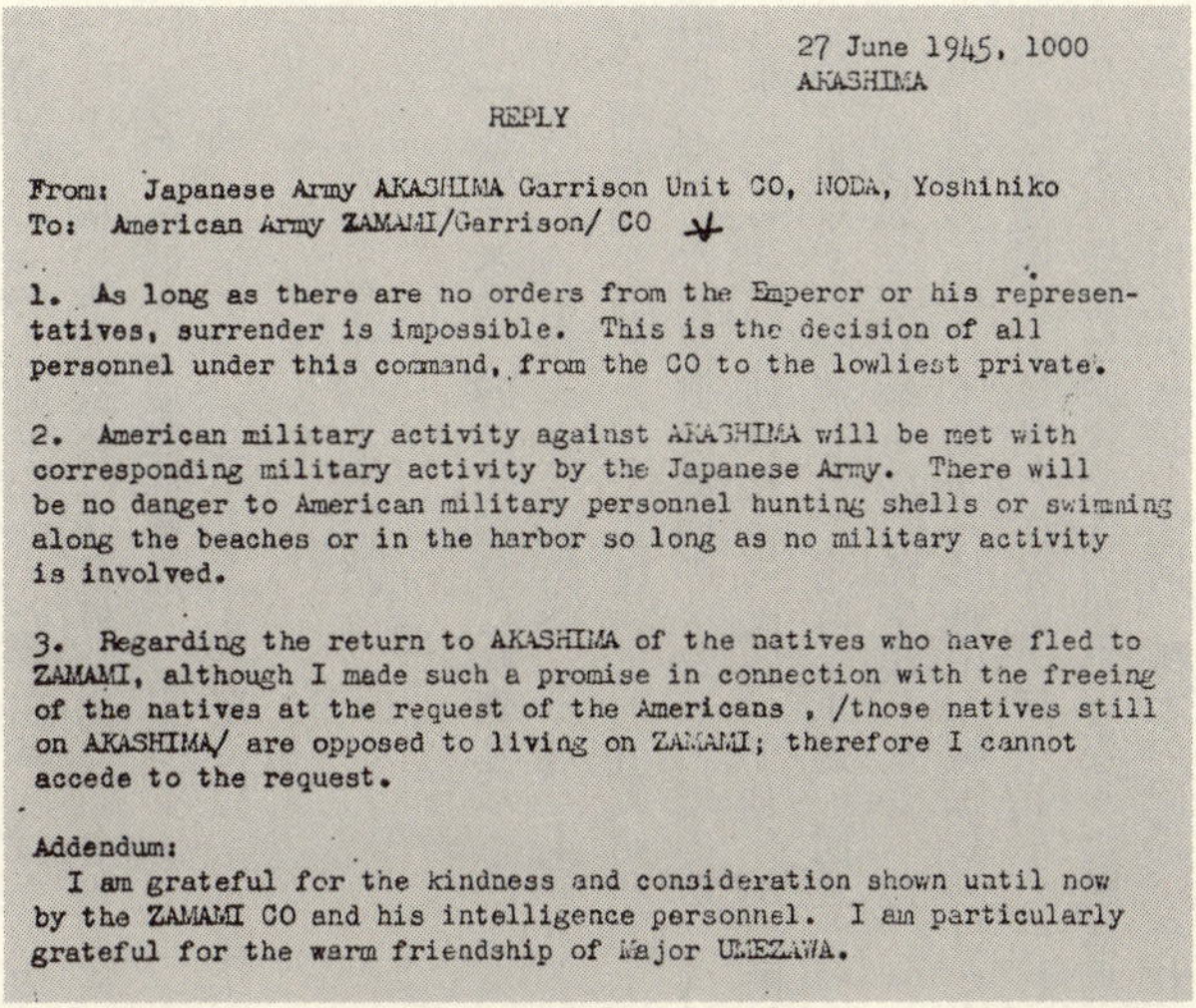

27 June 1945, 1000
AKASHIMA

REPLY

From: Japanese Army AKASHIMA Garrison Unit CO, NODA, Yoshihiko
To: American Army ZAMAMI/Garrison/ CO

1. As long as there are no orders from the Emperor or his representatives, surrender is impossible. This is the decision of all personnel under this command, from the CO to the lowliest private.

2. American military activity against AKASHIMA will be met with corresponding military activity by the Japanese Army. There will be no danger to American military personnel hunting shells or swimming along the beaches or in the harbor so long as no military activity is involved.

3. Regarding the return to AKASHIMA of the natives who have fled to ZAMAMI, although I made such a promise in connection with the freeing of the natives at the request of the Americans , /those natives still on AKASHIMA/ are opposed to living on ZAMAMI; therefore I cannot accede to the request.

Addendum:
I am grateful for the kindness and consideration shown until now by the ZAMAMI CO and his intelligence personnel. I am particularly grateful for the warm friendship of Major UMEZAWA.

英訳された野田戦隊長の「回答」の写し

校に対し、「阿嘉島の日本軍は狂信的な者ばかりである。彼らはこの命令書を信じないだろうし、我々も彼らを信じていない（後略）」と述べ、同将校の阿嘉島行きに強い懸念を表わした。この事も、同島守備隊と阿嘉島日本軍守備隊との間に、「停戦協定」がなかったことを証すものである。

したがって、座間味島米軍守備隊にとっては、脅威の存在である阿嘉島の日本軍に対する軍事行動（通常のパトロールを含む）は、日米会談が決裂したあとも、引き続き行なう必要があったのだ。

写真の英文は野田義彦戦隊長が座間味島米軍守備隊司令官にあてた「回答」文（米軍側による翻訳）の写しである。なお、原文（日本語）については第9章の「姿を見せなかった野田戦隊長」の中に掲載済みである。

1、犠牲者の遺体は後日外地島に漂着し遺族に引き取られた。

2、儀同保『慶良間戦記』（前掲）。

3、「日の丸、クラーク中佐の手に」の最後の段落を参照されたい。

降伏交渉余話

二人の元米兵、四二年振りに阿嘉島へ

一九八七（昭和六十二）年八月六日、オズボーン元海軍中尉とオダ元陸軍軍曹が四二年振りに阿嘉島を訪れた。二人は一九四五（昭和二十）年六月、阿嘉島で行なわれた日米会談に直接参加した米軍側交渉団のメンバーである。両氏の阿嘉島訪問に合わせて、野田元戦隊長[1]も東京から同島を訪れた。三氏は、TBSが企画した終戦特集テレビ番組の現地撮影のため、米国と東京から合流した。当時米軍側の団長だったクラーク元中佐も来島の予定だったようだが、残念ながら病気のため実現しなかった。

現地撮影には日本側からは野田元戦隊長のほか、第二戦隊の元隊員儀同保、柳本美量の両氏、阿嘉島関係者は私と従兄弟の垣花武一、それに弟の仁政が加わった。

TBSの撮影は降伏交渉の現場となった阿嘉島のウタハの浜で行なわれることに決まった。そのため野田元戦隊長と儀同、柳本の両氏、それに私は前もって阿嘉島に渡り、オズボーン、

オダの両氏とは撮影当日ウタハの浜で落ち合うことにした。

当日正午近く、小型遊漁船が、真夏の穏やかな慶良間内海を白波を立てながらウタハの浜に近づいてきた。船が接岸するやいなや、オズボーン、オダの両氏は今や遅しとばかり波打

上、1987年8月、ウタハの浜でオズボーン氏たちを待つ元戦隊長の野田氏（左端）。下、42年ぶりの再会。ウタハの浜で野田氏に日の丸の旗を手渡すオズボーン氏。左から柳本、オズボーン、野田、オダ、儀同、中村の各氏

ち際に飛び降り、砂浜で待っていた背広姿の野田元戦隊長に駆け寄った。再会を喜ぶ三人の会話は感激のあまり途切れがちで、それは間もなく涙声に変わった。そこに儀同、柳本の両氏と私が加わった。一瞬時間が止まり、現場は四二年前にタイムスリップした。

四二年前に会談が行なわれた砂浜やその一帯の地形は、かなり変化していた。しかし、真っ白な砂浜、アダンの茂み、山頂近くまで延びたなだらかな尾根、それに日の丸が翻った日本軍守備隊本部があった野田山など、当時を思い起こすには不足はなかった。

降伏交渉が行なわれた場所では、当時のいろいろな出来事に会話が弾み、時間の経つのも忘れた。日系二世のオダ元軍曹は「戦争が終息しつつある中、自決や餓死は全くばかばかしい。それをさせないためにわれわれはこの阿嘉島に来たのに、日本軍はわれわれの言うことを信じてくれなかった。その事が非常に悔しかった」と顔を涙でしわくちゃにしながら当時を振り返った。

その後、一行はオズボーン氏が裸足で上っていった野田山の部隊本部跡を訪れ、当時を忍んだ。本部壕跡は雑木林の中に僅かにその痕跡を留めていた。オズボーン氏は、四二年前パイナップルをご馳走になった場所を自分の目と足でしっかりと確かめていた。

壕から少し上ったところは野田山の頂上で、そこには当時日本軍の監視所があった。そこからはウタハの浜や慶良間内海が一望できる。日米両軍の元兵士らは山頂から見下ろす慶良間内海を取り囲む美しい島々や青い海を眺めながら、平和の尊さを確認しあった。一行は山頂を何度も振り返りながら、名残惜しそうに下山した。

なお、オズボーン氏は日本語も堪能で、帰国後、日本語の便りを私によこしてくれた。[2]

一九八九（平成一）年の暮れ、弟の仁政がカリフォルニア州のサンディエゴ市滞在中、オズボーン氏に会う機会があった。昼食をしながら、オズボーン氏は太平洋戦争中の阿嘉島での出来事をあれこれ回想し、当時を懐かしむとともに、降伏交渉が決裂したことを非常に悔やんでいたようだ。

何れにせよ、阿嘉島でのことは、オズボーン氏にとって、生涯忘れることの出来ない大きな出来事の一つだったようである。

上、日本軍本部の壕跡。下、再会した各氏と野田山の頂上にて（日本軍本部壕はこの裏側にあった）。1987年8月

ところで、弟が帰国して二年後の一九九四（平成六）年九月、突然オズボーン氏死去の

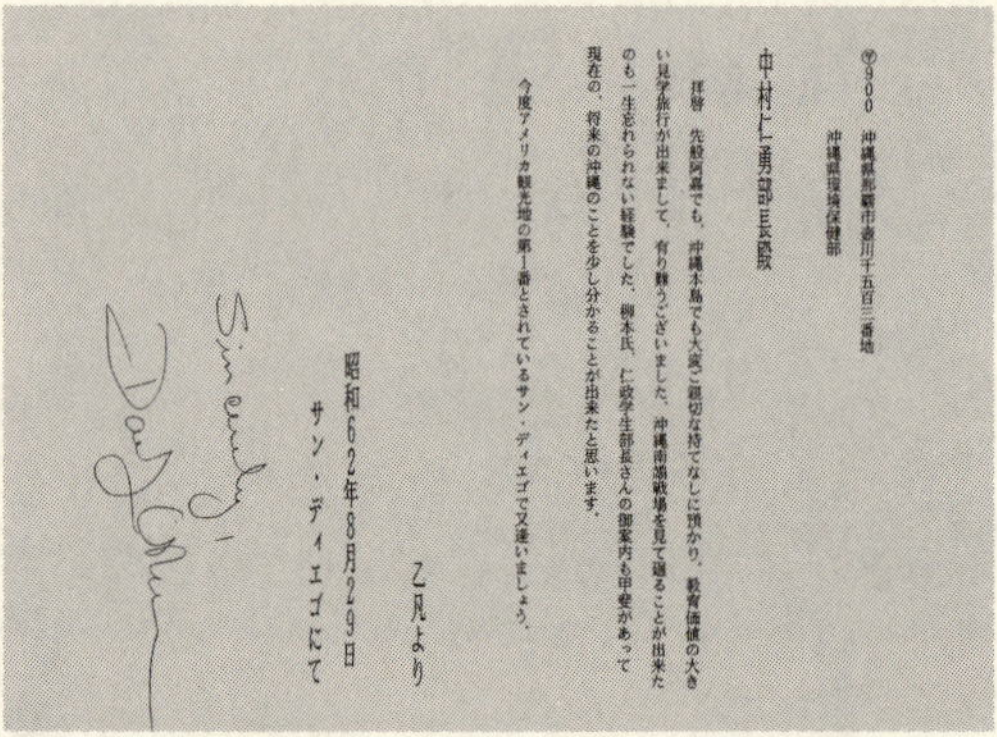

〒900　沖縄県那覇市泉川千五百三番地
沖縄県環境保健部
中村仁勇部長殿

拝啓　先般阿嘉でも、沖縄本島でも大変ご親切な持てなしに預かり、教育価値の大きい見学旅行が出来まして、有り難うございました、沖縄南部戦場を見て廻ることが出来たのも一生忘れられない経験でした、柳本氏、仁政学生部長さんの御案内も甲斐があって現在の、将来の沖縄のことを少し分かることが出来たと思います。

今度アメリカ観光地の第1番とされているサン・ディエゴで又逢いましょう。

乙凡より

昭和62年8月29日
サン・ディエゴにて

Sincerely,

筆者にあてたオズホーン氏からの手紙の写し

訃報が同氏と親交のあった儀同保氏を通じて入った。自転車で走行中事故に遭い九月十六日に永眠されたとのことだった。享年七三歳。六七年前の阿嘉島での降伏交渉に直接参加した生き証人の最後の一人であっただけに、同氏の死は非常に残念でならない。

オズボーン氏の死去は同年九月二十五日付『沖縄タイムス』で「阿嘉島の日本軍五〇〇人に降伏を呼び掛けたオズボーン氏死去」の見出しで、記事が載っている。

また、現地サンディエゴ市の日刊紙「サンディエゴ・ユニオン・トゥリビューン」（The San Diego Union Tribune）はかなりのスペースを割いて同氏の死を報じた。その中で、戦時中の阿嘉島における氏の活躍について、かなりのスペースを割いて報道している（内容が重複するので、ここでは割愛する）。

なお、ついでにオズボーン氏の経歴を「サンディエゴ・ユニオン・トゥリビューン」から拾ってみる。

――オズボーン氏は一九二一年宣教師の息子としてインディアナ州で誕生。子供の頃から東洋に興味を持ち、中国語の勉強をする。後に、ハーバード大学に進み、中国語の修士号を授与される。同大で中国語の修士号を授与された最初の卒業生の一人でもある。中国語だけでなく、日本語にも秀でていた。

沖縄県庁環境保健部の筆者の執務室にて。1987年8月

一九四二年海軍に入隊し、四年間兵役に服する。日本語と中国語の能力がかわれて、中国では日本人捕虜の尋問、戦後は戦犯の裁判にも関わってきた。一九五六年、中国共産党との外交交渉で米国の特別代表も勤めたこともある。退役後、三一年間米国国防省に勤務。一九五一年から五二年まで北海道で領事、一九五三年在神戸米国総領事館で政治顧問としてそれぞれ勤務する。一九六一年、在日米国大使館の内政問題担当一等書記官に任命される。

一九五八年から一九六一年まで、台北で国務省政治担当参事官。一九六五年、米国国務省教育文化担当書記官補佐に任命され、二年後に在日米国大使館公使となる。そのほか、在香港米国総領事館総領事を四年勤め、一九七四年から一九八七年まで駐ビルマ（現ミャンマー）米国大使となる。彼の自転車好きは有名で、ビルマでは「自転車大使」と呼ばれていた。

退職後は、サンディエゴの日本親善庭園協会名誉会長に就任、同市のバルボア公園にある日本庭園のツアー・ガイド養成の任に当たった。——

1、野田元戦隊長は一九七二（昭和四十七）年三月二十六日、日本軍戦没者慰霊祭参列のため戦後初めて阿嘉島を訪れている。

2、原文（日本語）のまま。

三本の白旗と三人の無邪気な少年ら[1]

日本軍に対する降伏の呼び掛けは、六月十三日と同十四日の両日、阿嘉島のニシバマ、ウタハ、タチザン、ギナ、クシバルの五ヵ所の海岸でそれぞれ一日数回も行なわれた。しかし、「島」はまったく反応を示さなかった。いらだった米軍側は、放送開始後三日目の六月十五日午前九時半頃、クシバルの海岸に舟艇で向かい、前もって準備していた三本の白旗を、オズボーン中尉が砂浜の出入り口付近に立てた。事の結末については、既出の「砂浜に立つ二本の白旗」で、触れておいたのでここでは省略するが、その試みが失敗した後も米軍側は精力的に降伏の呼び掛けを続けた。

放送が終了した六月十九日までに、ウタハ、クシバル、ヤカラ、アグを含む阿嘉島の八ヵ所の海岸で、延べ二一回の放送を行なった。その結果、六月十九日午後、ついに降伏をめぐる日米間の予備交渉がアグの浜で開かれた。

それにしても、誰が一本の旗竿に結わえておいた封筒を開け、また交渉の意志もないのに何故白旗二本を立てておいたのか。事の真相は、誰も知らなかった。三本の白旗を立てた張本人のオズボーンさんも、四二年振りに阿嘉島を訪問するまで、その真相はまったく分からなかった。

ときに、米軍による降伏交渉の呼びかけが始まった六月下旬といえば、日本軍や住民が山に立てこもって優に三ヵ月が過ぎた頃である。食料も底をつき、日本軍も住民も飢餓と直面していた。住民は山菜を採ったり、夜間集落近くの畑で農作物をあさったり、元気な者は米艦船からの漂流物を海岸で拾うなどして、辛うじて飢えをしのいでいた。

当時一三歳だった国吉忠一氏も同級生や友人と連れだって、よく海岸に立ち寄り漂流物を拾ったものだ。

以下、国吉氏の話を基に、浜巡りやそれにまつわるエピソードを拾いながら「砂浜に立つ二本の白旗」の謎を解いてみたい。

シジヤマに避難中、国吉少年は同級生の垣花正栄、金城正吉の両君とよく一緒にハマミグイ（浜巡り＝漂流物を求めて海岸に行くこと）をした。彼らがよく行った場所は、集落正前のメーヌハマや、アグ、ヤカラ、クンシ、クシバル、ギナなどの海岸。メーヌハマとアグの海岸を除いては、日本軍の歩哨や斥候に遭遇することがほとんどなく、頻繁に足を運んだ。海岸では米艦船の廃油や流木に混じって、果物、肉、メリケン粉（小麦粉）などの食べ物や、生活用品などもいろいろ見つかった。しかし、漂流物のほとんどが英語で表記されているため、見て食べ物だと確認できない物は、口に入れて確かめなければならなかった。中には、口の中にいれても食べ物かどうか区別できない物もあった。例えば、初めて見る生ゴムなどがそれであった。

国吉少年の場合、海岸で拾った無色の靴墨を食用の脂と勘違いして食べてしまい、口の中は「靴あぶら」でまみれ、終日物が食えなかったこともある。食べたものは違うが、この種の失敗談は、ほかにいくらでもある。

また、ある時は、普通の大きさの倍以上もあるメリケン粉の袋を海岸で見つけ、袋を割いて中身を取り出そうとしたところ、中から人間の死体が出てきたこともあった。多分水葬された米兵の遺体だったのだろう。袋を開けた時、一瞬びっくりしたが、飢えにあえいでいた少年らにとっては、腐乱死体を目の前にしても、何の感情も湧かなかった。

六月十五日午後、いつものように三人の少年は、連れだってヤカラとクンシの海岸を経て、クシバルの海岸まで足を伸ばした。曲がりくねった山道を通り過ぎてクシバルの浜の出入り口に差しかかった時のことである。少年らは、行く手を遮《さえぎ》った三本の白旗にびっくりした。「何だろう?」辺りを見渡したが砂浜には人影はない。三本の白旗だけが浜風にひらめいている。風に吹かれた旗の音と潮騒以外なにも聞こえない。安全を確認した三人はすばやく旗のところまでかけ寄った。

真新しい純白の矩形の布切れでできた旗は意外と大きく見えた。これは、掘り出し物だと、三人はさっそく三本の竿を倒し、布切れを竿から外そうとした。そのとき、一本の竿の先端に封筒が結ばれていることに気がついた。封筒を開けて中身を取り出して読んでみた。それには、何やら三本の白旗の取り扱いについての指示がいろいろ書いてあった。

しかし、米軍側の狙いをよく知らない一三歳の少年らにとって、そのことはあまり重要な意味を持たなかった。彼らはさっそく布切れを竿から外しシジヤマに持ち帰ることにした。ついでに、メッセージの入った封筒も懐にしのばせて持ち帰った。

夏の陽はすでに西に傾いていた。三人は急いで帰途につく。夕暮れの山道は物音一つ聞こえず不気味に静まりかえっていた。日本軍の斥候を警戒しながら、でこぼこ道をひたすら歩き続け、避難所に無事たどり着いた。三人はその日の「収穫」を携えて、それぞれ家族の下に帰った。

ところが、晩遅く、正栄君が国吉少年のところに突然やって来て、だしぬけに「白布をクシバルの浜に戻しに行こう」と言うのである。正栄君によると、持ち帰った封筒の中のメッセージを念のため防衛隊員に見せたところ、「直ちに元に戻しなさい！」と怒鳴られたという。少年らは、このとき初めて、事の重大さに気づいた。三少年は、真っ暗闇の中、急いでクシバルの海岸まで戻り、純白の布切れと封筒を手探りで元通り竿に結び、砂浜に立てておいた。

オズボーン中尉の報告によると、三本の白旗のうち二本だけ立っていたことになっているが、「確かに、もとどおり三本立てておいた」と国吉さんは証言する。たぶん、一本は夜半の強い浜風に倒されたかも知れない。これが、どうやら事の真相のようである。

オズボーンさんが四二年ぶりに阿嘉島を訪れたとき、私がこの話をウタハの浜で披露した。オズボーンさんは当時を思い起こしながら、「これで、やっと謎が解けた」と苦笑しながらも、納得した様子だった。

この事件は、いささか交渉団の活動を妨げる結果となった。しかし、「三本の白旗」の狙いが日米会談の開催にあっただけに、それが実現した以上、無邪気な少年らの行為は戦時中のこぼれ話として「免罪」されよう。

1、第9章「砂浜に立つ二本の白旗」を参照されたい。

阿嘉島に帰ってきたあの時の日の丸

一九八七年八月二十三日、TBSが放映した報道特集『日米兵士の昼食会―阿嘉島』の中で、オズボーン氏が、ウタハの浜で四二年振りに再会した野田義彦元戦隊長に、古ぼけた日の丸の旗を手渡す場面が映っていた。この旗は、野田元戦隊長に届けるため、オズボーン氏が交渉団の団長だったクラーク元中佐から預かってきたものである。現在この日の丸は、野田氏の遺志により私が保管している。縦が七五センチ、横が一〇〇センチの絹織りの旗で、白地は若干黄ばんでいるが保存状態は良好である。

実は、この旗は今から六七年前、阿嘉島で行なわれた日米会談で日本軍側が使用したものである。

この日の丸は、米軍による会談開催の呼び掛けに対し、日本軍が野田山の山頂で応諾の意志を伝えるために振りかざした歴史的な旗である。日本軍の反応をしびれを切らして待っていた交渉団は、小躍りして山頂の日の丸を仰いだという。また、二日間にわたって開かれた日米会談でも、日本軍側はこの旗を先頭に砂浜での会談に臨んだ。

しかし、降伏交渉が決裂した際、クラーク中佐の提案でこの旗は米軍側の黄色い小旗と交換され交渉団の手に渡った。会談の決裂は非常に残念ではあったが、日本軍の降伏を強く期待していた米軍側としては、会談再開の望みを旗の交換に託したのだった。

ところが、交渉団の期待に背き、阿嘉島日本軍守備隊は終戦の日を一週間も過ぎた一九四五年八月二十二日まで降伏することはなかった。それは降伏交渉が決裂して約二ヵ月後のことでもある。以後この日の丸は二度と使用されることはなく、クラーク中佐の手元で今日まで保管されていたのだ。

このように、この日の丸は戦時中の阿嘉島で開かれた日米会談の一部始終を見守ってきた戦争の遺物である。

なお、同旗には米軍側による署名入りの「宣誓供述書」も付されている。以下は同「宣誓供述書」の日本語訳である。

――「宣誓供述書」――

この国旗は一九四五年六月二十七日、琉球諸島慶良間列島の阿嘉島において、同島日本軍

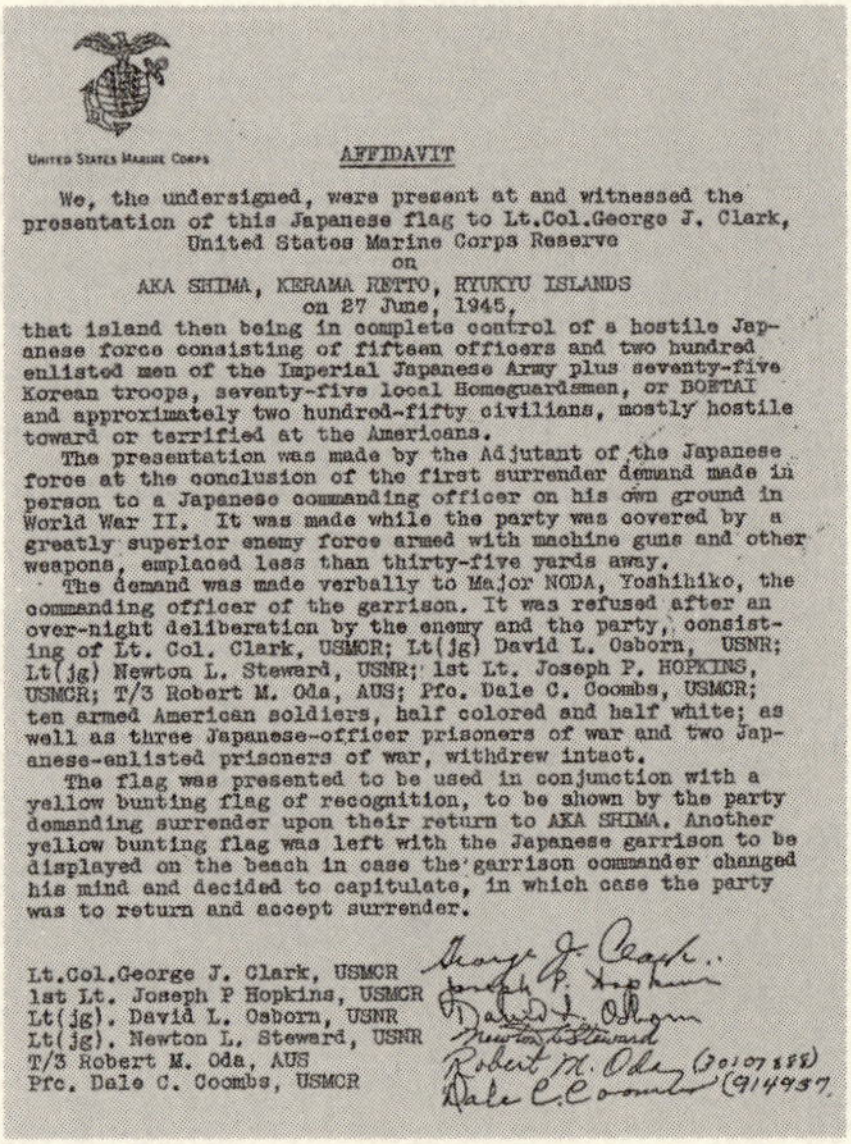
UNITED STATES MARINE CORPS

AFFIDAVIT

We, the undersigned, were present at and witnessed the presentation of this Japanese flag to Lt.Col.George J. Clark, United States Marine Corps Reserve
on
AKA SHIMA, KERAMA RETTO, RYUKYU ISLANDS
on 27 June, 1945,
that island then being in complete control of a hostile Japanese force consisting of fifteen officers and two hundred enlisted men of the Imperial Japanese Army plus seventy-five Korean troops, seventy-five local Homeguardsmen, or BOETAI and approximately two hundred-fifty civilians, mostly hostile toward or terrified at the Americans.

The presentation was made by the Adjutant of the Japanese force at the conclusion of the first surrender demand made in person to a Japanese commanding officer on his own ground in World War II. It was made while the party was covered by a greatly superior enemy force armed with machine guns and other weapons, emplaced less than thirty-five yards away.

The demand was made verbally to Major NODA, Yoshihiko, the commanding officer of the garrison. It was refused after an over-night deliberation by the enemy and the party, consisting of Lt. Col. Clark, USMCR; Lt(jg) David L. Osborn, USNR; Lt(jg) Newton L. Steward, USNR; 1st Lt. Joseph P. HOPKINS, USMCR; T/3 Robert M. Oda, AUS; Pfc. Dale C. Coombs, USMCR; ten armed American soldiers, half colored and half white; as well as three Japanese-officer prisoners of war and two Japanese-enlisted prisoners of war, withdrew intact.

The flag was presented to be used in conjunction with a yellow bunting flag of recognition, to be shown by the party demanding surrender upon their return to AKA SHIMA. Another yellow bunting flag was left with the Japanese garrison to be displayed on the beach in case the garrison commander changed his mind and decided to capitulate, in which case the party was to return and accept surrender.

Lt.Col.George J. Clark, USMCR
1st Lt. Joseph P Hopkins, USMCR
Lt(jg). David L. Osborn, USNR
Lt(jg). Newton L. Steward, USNR
T/3 Robert M. Oda, AUS
Pfc. Dale C. Coombs, USMCR

宣誓供述書（原文）の写し

守備隊によりG・J・クラーク米国海兵隊予備役中佐に贈られたものである。われわれ署名者は阿嘉島での同旗贈呈式に参列しその場に立ち会った。当時同島は敵対す日本軍の完全支配下にあり、日本軍側は一五人の将校、二〇〇人の兵、七五人の軍夫、七五人の防衛隊、それに二五〇人の住民が、米軍に敵対するか、あるいは恐れをなして山中に潜んでいた。

同旗は第二次世界大戦中、阿嘉島の日本軍守備隊隊長に対する最初の降伏勧告が不調に終わったとき、同島守備隊副官により贈呈されたものである。

同旗の贈呈は、機関銃などで武装した圧倒的兵力を誇る日本軍（降伏交渉の現場から僅か三五ヤード〈約三〇メートル〉ほどしか離れていなかった）の包囲網の中で行なわれた。

降伏勧告は阿嘉島日本軍守備隊隊長の野田義彦少佐に直接口頭で伝えられたが、それは一夜おいて日本軍によって拒否された。このため、交渉団一行（G・J・クラーク中佐、D・L・オズボーン中尉、N・L・スチュワート中尉、J・P・ホプキンス少尉、R・M・オダ軍曹、D・C・クームズ二等兵、それに一〇人の武装護衛兵〈その半数は黒人兵〉、三人の日本軍将校〈捕虜〉、二人の日本兵〈同〉）は同島から引き上げた。

この国旗は、交渉団が将来阿嘉島に戻ったとき、黄色い小旗と合わせて使用する約束だった。一方、日本軍に渡しておいた小旗は、守備隊隊長が従来の方針を変更し降伏に同意した場合、同島の砂浜に立てられる手はずであり、その際、交渉団は日本軍の降伏を受理するため阿嘉島に出向くことになっていた。

中佐　ジョージ・J・クラーク　合衆国海兵隊予備役
少尉　ジョセフ・P・ホプキンス　同上
中尉　デビッド・L・オズボーン　合衆国海軍予備役
中尉　ニュートン・L・スチュワート　同上
技／3軍曹　ロバート・M・オダ　AUS
二等兵　デイル・C・クームズ　合衆国海兵隊予備役

（署名〈サイン〉省略）――

異色の日本軍将校染谷少尉

第4章の「米第七七歩兵師団」で染谷少尉の投降時のことについては触れておいた。ここでは同将校の異色振りや投降後の活躍などについて若干補足したい。

米軍が阿嘉島に上陸したその日から、全く所在がつかめなかった染谷少尉が三ヵ月振りに、ひょっこり阿嘉島の海岸に現われた。自身がかつて所属していた阿嘉島日本軍守備隊の降伏を勧めるため、米軍側交渉団と共に沖縄本島からやって来たのだ。

同少尉は舟艇に備えた大音量の拡声機で、何のためらいもなく「私は第二小隊長の染谷少尉です」と名乗り、日本軍守備隊に降伏を呼び掛けた。部隊本郡は同少尉の「裏切り行為」に戸惑い、早速、「デマ宣伝」に惑わされないよう、兵士に注意を促した。

しかし、戦況について、まったく情報が入らなかった阿嘉島の日本軍や住民にとって、海岸からの放送は半信半疑ながらも、その内容は非常に新鮮で、好奇心をそそるものがあった。とくに一般兵の中には上官の目を盗んで、放送がよく聞き取れる場所にわざわざ移動する者もいたという。

ところで、何故、指揮官の一人でもある染谷少尉が、敢えて軍のおきてに背き米軍に投降したのか。彼の取った行動は、当時、われわれの理解をはるかに越えるものがあった。しかし、米軍上陸前の言動を振り返ってみると、同少尉の行為は、衝動的なものではなく、確固たる信念に基づいたものではなかったかと認識するようになった。

私の家は同少尉が所属する基地隊第二中隊の将校宿舎の近くにあり、また、わが家の風呂場が同中隊の浴場として使用されていた関係で、屋敷内は兵士がよく出入りしていた。染谷少尉もその一人だった。

特に、同少尉は普段の服装や言動などがほかの将校と異なっていて、当初から異色の存在だった。暇の時はよくわが家の縁側に掛けて、私の母や家族と雑談していた。同少尉の話からは、戦局が緊迫しているような雰囲気は微塵も感じられなかった。

しかし、ある日、同少尉は唐突として私の母に「いったい、阿嘉島の住民は今度の戦争をどう思っているのかな」と、暗に日本の敗北を予測しているかのような、当時としては極めて信じ難い内容の言葉を口に出した。「日本は必ず勝ちますよ」と母はかるく受け流したが、気が気でなかった。染谷少尉は「そうかな」と言ったきり黙ってしまったという。

当時は「神国日本」が戦争に負けるなんて全く信じられないことだった。国を護るはずの兵士が、このような「不謹慎」な言動をするとは……。母にとってはショックだった。

言動だけではない。外を歩いている時の服装ときたら、軍服に下駄を履き、杖まで持ち、誰の目にも異様に映った。外見上、こんな、ちんどん屋まがいの将校は日本中どこを探しても見あたらなかったのではないか。

既述したとおりわが家の裏の伯父の家は、当時基地隊の古賀隊長の宿舎として使用されていた。両家は細い道を挟んで、それぞれ生け垣で仕切られてはいたが、囲いはすき間だらけであった。時々、古賀隊長は木刀を振りながら、わが家の裏門から入り、庭を横切って海岸が見えるウフガニク（芝生の広場）まで散歩していた。

ある日の午後、隊長宿舎の畳の上に一人の兵士がひざまずいている姿が、生け垣のすき間から見えた。最初は来客かと思い、特に気に留めることもなかった。しかし、雰囲気が何と

日米会談でウタハの浜へ向かう染谷少尉（右から２人目、眼鏡の人物。1945 年 6 月 26 日、米軍撮影。坂井宏氏提供）

なくおかしいので、興味半分に顔が見える位置に移動して透き見した。見慣れた横顔だった。染谷少尉が隊長の前にひざまずいていたのである。後日、同少尉が珍しく軍靴をきちんと履いてわが家を訪れた。私の母には、なにやら古賀隊長に対する不満をぶちまけていたという。

　米軍上陸四日前の三月二十二日の夕刻、情報が悪い（空襲の恐れがある）ということで、家族総出で箪笥《たんす》など家具類を家から離れたアダン林の中に運んでいたところ、染谷少尉が通りがかり、家族を手伝ってくれた。その間、戦争の話は一切口に出さなかった。本人は、その時点で、すでに投降する覚悟を決めていたと思うが、最後まで心境は明かさなかった。

　米軍上陸後三日目の三月二十八日、同少尉は部隊を離脱し米軍に投降した。兵隊や住民の中には、染谷少尉のことを「裏切り者」だと非難する者もいれば、「命の恩人」と感謝する者も多くいる。一方、米軍側は「当時まれに見る進歩的な思想の持ち主」と染谷少尉を評価している。いずれにせよ、戦時中阿嘉島の山中に立てこもる兵士、軍夫、住民の救出のために同少尉が示した熱意と努力は高く評価してよいのではないか。「捕虜の身の不自由を忍ぶことが、玉砕よりも勇気を必要とするものだ！」これは染谷少尉が阿嘉島の日本軍に降伏を勧める放送の中で、最後に口にしたフレーズである。含蓄に富む一言だ。

日米のマスコミも取り上げた阿嘉島の日米会談

阿嘉島の日本軍守備隊に対する米軍による降伏の呼び掛けは、一九四五年六月十三日午前の放送を皮切りに、約二週間にわたり断続的に行なわれた。その結果、クラーク中佐を団長とする米軍側交渉団と阿嘉島日本軍守備隊の野田義彦戦隊長らとの間で、日米会談が同島ウタハの海岸で開かれることになった。しかし、米軍側の降伏勧告は日本軍側に拒否され、同会談は同月二十七日決裂した。

ところで、会談の開催が日本が降伏した同年八月十五日以前のことであったため、日本軍側にとっては軍律上重大な問題（旧陸軍刑法では「通敵罪」）を抱え、一方米軍にとっては敵地に小人数で乗り込むという大きなリスクを背負うことになり、双方にとって会談の開催は大きな賭けであった。

このように、同会談は戦時中の異例の出来事として、両国のマスコミなどでも取り上げられ、多くの人の注目を浴びた。

THE EMPEROR SAID NO

By CAPTAIN H.L. MERILLAT, USMC

"And there on the sand all the Japs and Americans knelt down and bared their heads, and the chaplain asked for divine guidance"

OKINAWA

This true story was written on Okinawa as our arms won a grim victory in the Pacific war.

I do not know what people home will

ended, there was a Jap major on a hilltop not far from us, responsible for the lives of several hundred people, who was tortured with doubts about the decision he had made. There was another

A JAPANESE garrison unit, about 200 strong and supplemented by several dozen *Boeitai* (Home Guards), was pocketed early in June on an island near Okinawa. The Jap unit had been whittled down in action and had withdrawn into the hills. With several hundred civilians and Koreans

of Kauai, Hawaii, got both his courage and his Japanese vocabulary by the fortunate chance of birth. He seems to have been born brave, and there is no doubt that his mother and father belonged to the Japanese race. He is a Nisei—an American of Japanese extraction.

1945年10月6日発行のアメリカの週刊誌コリアーズに掲載された阿嘉島での日米会談の記事。「天皇はノーだ」の表題がつけられている（レイトン・ホーナー博士提供）

以下、同事件に関する日米双方の報道について、幾つか取り上げてみた。

戦後いち早くこのエピソードを取り上げたのは、一九四五年十月六日発行の米国の週刊誌Collier'sであった。その中で、米海兵隊大尉のH・L・メリラット（H. L. Merillat）氏が「天皇はノーだ」（『THE EMPEROR SAID NO』）という表題で、戦時中の阿嘉島で起きた「奇異」な出来事を記事（約四五〇〇字）にしている。これは降伏交渉団の団長だったクラーク中佐や、同団メンバーのオズボーンやスチュワート両中尉らの報告を基に書かれたもので、したがって、記事の内容自体は本章ですでに述べた事とほぼ同じである。次の文は同記事の書き出しである。

――これは、我が軍が激戦を制して勝利した沖縄で実際にあった話である。本国にいるアメリカ人の中で、誰がこの東シナ海の小島で演じられた奇異なドラマを想像できたであろうか。これは通常では決して起こりえない出来事で、このことを当事者に訊くと、口をついて出る言葉は決まって「皆さんは信じないだろう。しかし、これは実際にあったことなんだ」である。——

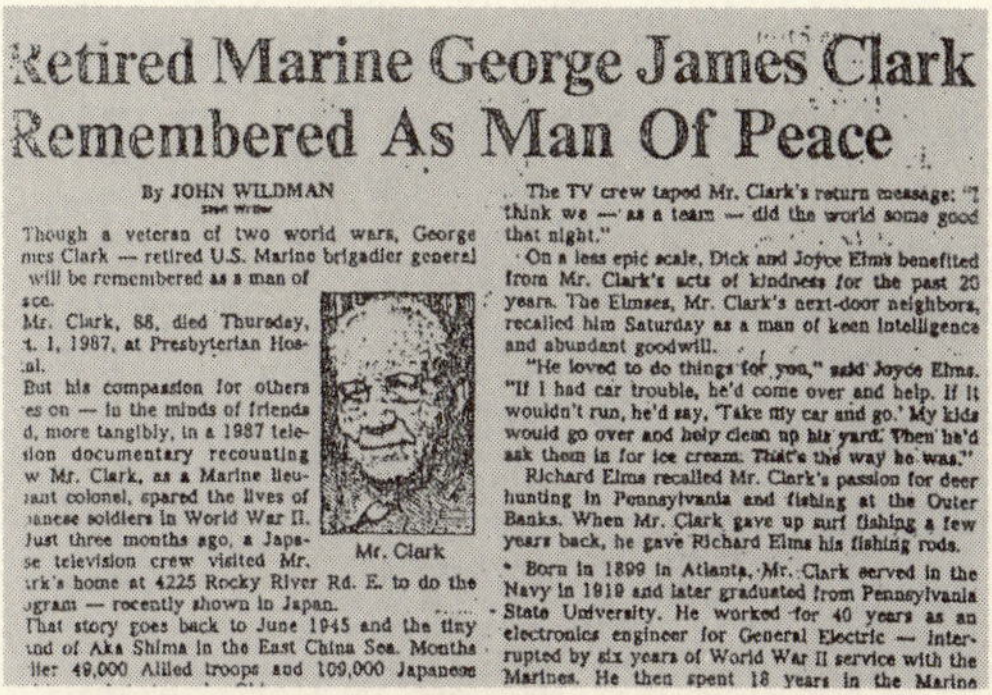
Retired Marine George James Clark Remembered As Man Of Peace

By JOHN WILDMAN
Staff Writer

Though a veteran of two world wars, George mes Clark — retired U.S. Marine brigadier general will be remembered as a man of ace.

Mr. Clark, 88, died Thursday, t. 1, 1987, at Presbyterian Hos- al.

But his compassion for others es on — in the minds of friends d, more tangibly, in a 1987 tele- sion documentary recounting w Mr. Clark, as a Marine lieu- ant colonel, spared the lives of anese soldiers in World War II.

Just three months ago, a Japa- se television crew visited Mr. rk's home at 4225 Rocky River Rd. E. to do the ogram — recently shown in Japan.

That story goes back to June 1945 and the tiny and of Aka Shima in the East China Sea. Months lier 49,000 Allied troops and 109,000 Japanese

Mr. Clark

The TV crew taped Mr. Clark's return message: "I think we — as a team — did the world some good that night."

On a less epic scale, Dick and Joyce Elms benefited from Mr. Clark's acts of kindness for the past 20 years. The Elmses, Mr. Clark's next-door neighbors, recalled him Saturday as a man of keen intelligence and abundant goodwill.

"He loved to do things for you," said Joyce Elms. "If I had car trouble, he'd come over and help. If it wouldn't run, he'd say, 'Take my car and go.' My kids would go over and help clean up his yard. Then he'd ask them in for ice cream. That's the way he was."

Richard Elms recalled Mr. Clark's passion for deer hunting in Pennsylvania and fishing at the Outer Banks. When Mr. Clark gave up surf fishing a few years back, he gave Richard Elms his fishing rods.

Born in 1899 in Atlanta, Mr. Clark served in the Navy in 1919 and later graduated from Pennsylvania State University. He worked for 40 years as an electronics engineer for General Electric — interrupted by six years of World War II service with the Marines. He then spent 18 years in the Marine

日米会談での米側交渉団の団長だったクラーク氏の訃報をつたえるオブザーバー紙（レイトン・ホーナー博士提供）

次に、Observer紙は一九八七年十月三日、「平和の使者元海兵隊退役准将G・J・クラーク氏逝く」（『Retired Marine George James Clark Remembered As Man Of Peace』）の見出しで以下のような追悼文を載せている。その中で、一九四五年六月阿嘉島で開かれた日米会談についても触れている。

——G・J・クラーク氏は平和の使者として人々の記憶に長く残ることだろう。氏は去る十月一日（一九八七年）、当地（ノースカロライナ州シャーロット市）の長老派協会病院で死去された。享年八八歳。生前人情の厚い人として多くの友人に親しまれ

David L. Osborn; ex-ambassador to Burma, expert on the Orient

By JACK WILLIAMS
Staff Writer

David L. Osborn, a scholar of the Orient whose language skills bridged diplomatic gaps during distinguished military and foreign service careers, died of head injuries Friday at a San Diego convalescent center.

Mr. Osborn, 73, was injured when he fell from his bicycle several weeks ago near his Uptown home. He was wearing a helmet and had been negotiating a familiar downhill grade on Maple Street, said his wife, Helen-

David L. Osborn

boat, recalled Larry Cushman, a San Diego investment executive and longtime friend.

Mr. Osborn's ability to read, speak and write both Japanese and Chinese proved invaluable during his career — from interrogating Japanese prisoners during World War II and serving on war crimes trials to acting as a special representative for diplomatic talks with the Chinese Communists in 1956.

Mr. Osborn served four years in the Navy beginning in 1942 and was instrumental in negotiating the first Japanese surrender in Okinawa.

A Navy intelligence officer at the time, Mr. Osborn was dispatched to the offshore island of Aka, where 500 Japanese troops were camped in the jungle.

"With a loudspeaker, I called on

His fascination with the Orient began as a child in his native Indiana. The son of a missionary, he learned to read Chinese by translating a Chinese Bible.

Later, he became one of the first students at Harvard University to earn a master's degree in Chinese.

From 1958 to 1961, Mr. Osborn held the position of political counselor in Taipei, Taiwan. He was appointed deputy assistant secretary of state for educational and cultural affairs in 1965.

Two years later, he was named deputy chief of mission at the American Embassy in Tokyo, with a personal rank of minister.

Before being appointed to the ambassadorship of Burma, Mr. Osborn served four years as American consul general in Hong Kong.

"One of his greatest dreams was

1994年10月に死去したオズボーン氏の業績を伝える『サンディエゴ・ユニオン・トリビューン』紙(儀同保氏提供)

た。また、彼の人道主義的行動は一九八七年に日本で放映されたTBSのテレビドキュメンタリー番組(『日米兵士の昼食会―阿嘉島』=引用者)で証明済みである。

第二次世界大戦中、海兵隊中佐だったクラーク氏が、命を賭けて日本兵の生命を救ったことはよく知られている。(中略)この夏、クラーク氏はTBSを通して野田少佐と竹田副官からビデオテープの挨拶状を受けとった。野田氏は、その中で、「クラーク氏の四二年前の行動はアメリカ人の人間性について認識を新たにさせられた。復員できた私の部下の生命はクラーク中佐の平和を愛する心と博愛の精神に負うところが大である」と伝えてきた。一方、クラーク氏は「その日、我々は一つのチームとして、世界の人々のため、何か役立つことをしたと思う」と野田氏にTBSを通してメッセージを送っている。(後略)――

カリフォルニア州サンディエゴ市の『サンディエゴ・ユニオン・トゥリビューン(日刊紙

＝引用者）』（The San Diego Union Tribune）は、一九九四年十月十六日に死去した降伏交渉団のメンバーの一人だったオズボーン氏の死を悼み、「D・L・オズボーン氏：元ビルマ大使で東洋専門家」（『David L. Osborn; ex-ambassador to Burma, expert on the Orient』）という見出しで、氏の阿嘉島での活躍を報じている。以下は報道の粗筋である。

――当時海軍の情報将校だったオズボーン氏は約五〇〇人の日本兵が立てこもる阿嘉島に派遣された。氏は拡声器で日本軍の司令官に降伏交渉に応じるよう呼びかける一方、新生日本を建設するため決して死んではいけないと阿嘉島の日本兵に降伏を訴えた。その甲斐あって、日米会談が開かれるようになった。――

『沖縄タイムス』に連載された上原正稔氏の記事

一方、わが国で戦後最初にこのことをマスコミで取り上げたのは、沖縄県糸満市在住のドキュメンタリー作家・上原正稔氏である。同氏は一九八五年五月十八日～二十三日までの六日間にわたり沖縄タイムス連

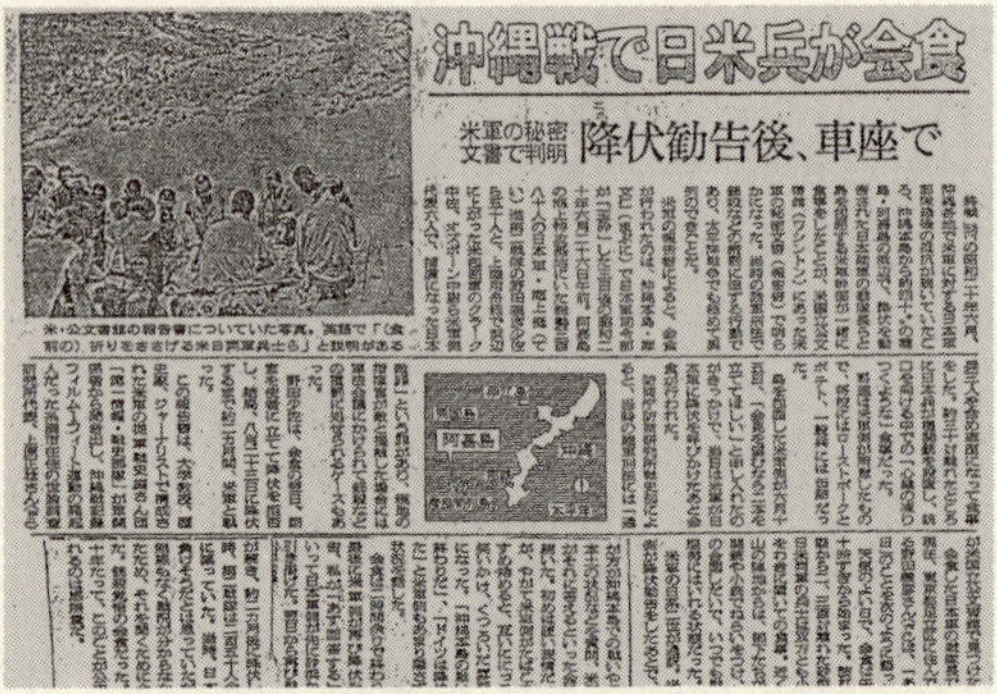
沖縄戦で日米兵が会食
米軍の秘密文書で判明
降伏勧告後、車座で

『朝日新聞』に掲載された日米会談についての記事

載の「沖縄戦日誌―第10軍G－2㊙報告書」の中で、阿嘉島の日米会談に関する報告書の翻訳記事を載せている。上原氏は米国立公文書館で同報告書を見つけたとされる。

阿嘉島における日米会談については、当時、山中に潜んでいた私自身大まかなことは知っていた。先に述べたとおり、米兵二人（戦後オズボーンとスチュワートの両氏と判明）を医務室の近くで目撃した。また同会談が行なわれたウタハの海岸に当日昼、米兵が上陸していたことも目撃して知っていた。

さらに、会談の内容については極秘扱いだったようだが、その一部については公然の秘密として多くの兵士や住民にも広く知りわたっていた。しかし、詳細については、私を含め多くの人はよく分からなかった。その意味で、上原氏の新聞連載記事は非常にインパクトがあった。

なお、同会談の内容は氏の著書『沖縄戦トップシークレット』（沖縄タイムス社、一九九五年三月八日）の第一章第一話「戦いの島、神の島、祈りの島―阿嘉島の平和交渉」の中にも再録されている。

中央紙では、一九八五年六月九日付『朝日新聞』が社会面（二二ページ）で「沖縄戦で日米兵が会食」という見出しで同会談の模様を伝えている。この記事は上原正稔氏が発見した「第10軍―G－2㊙報告書」を基に、独自の取材を加味して編集したものである。次に同記事のリードの部分を紹介する。

――終戦直前の昭和二十年六月、沖縄各地で米軍に対する日本軍部隊最後の抵抗が続いていたころ、沖縄本島から約四十キロの離島・阿嘉島の浜辺で、降伏を勧告された日本軍の戦隊長らと島を包囲する米軍幹部が一緒に食事をしたことが、米国立公文書館（ワシントン）にあった米軍の秘密文書（報告書）で明らかになった。当時の陸軍刑法で銃殺などの厳罰に値する行動であり、太平洋戦争でも極めて異例のできごとだ。（後略）――

新聞や週刊誌以外で阿嘉島の日米会談を取り上げたものには、大学生向けの英語テキストやテレビの報道番組などがある。

テキストではレイトン・ホーナー博士の『THE JAPANESE AND THE AMERICANS―アメリカ人と日本人』（編註者：大谷泰昭、発行者：佐野義光、成美堂。一九八七年一月二十日発行）がある。博士は同テキストの二三～二八ページにわたり、『Cultures under Stess: Truce on Aka Shima』（異文化の狭間で苦悩する二国民：阿嘉島の休戦＝試訳）とい

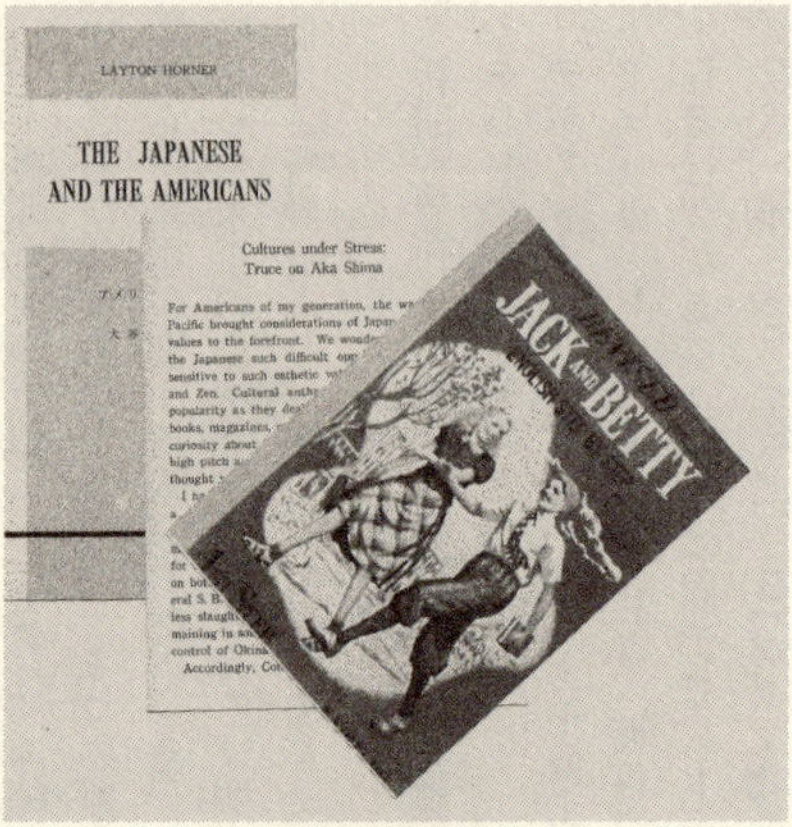

レイトン・ホーナー博士の著書『アメリカ人と日本人』『ジャックとベティー』の表紙（前書では阿嘉島の日米会談について紹介している）

う表題で阿嘉島での日米会談の様子を紹介している。この文章も、基本的には降伏交渉団の団長だったクラーク中佐（ホーナー博士の友人）や、オズボーン、スチュワート両中尉らの報告に基づいて書かれたものであるが、とくに文化の違いから生ずる異文化間の問題を絡めてこの出来事の説明を試みている。

ところで、ホーナー博士は知る人ぞ知る戦後の一世を風靡した例の「（中学）英語教科書Jack and Bettyの名付け親・校閲者」として日本ではよく知られている著名な方である。一九九〇年九月八日、アリゾナ州のスタホードで七六歳の生涯を終えた。

なお、私がホーナー博士と知り合ったきっかけは、元海上挺身第二戦隊の柳本氏（故人）の紹介によるものだった。私が沖縄県庁在職中、ホーナー氏からわざわざ電話があり、弟仁政の通訳で話をしたことがある。私が戦時中、少年義勇隊として阿嘉島の戦闘に参加したことを伝え聞いて、電話してきたのだ。ちょうど、右記テキストが出版された年の夏である。

その後しばらくして、「阿嘉島日本軍守備隊の降伏交渉についての報告」（前述の戦場ノート

＝英文）のコピーを私のもとに送ってくれた。

テレビでは一九八七年八月二十三日、TBSが放映した報道特集『日米兵士の昼食会―阿嘉島』がある。この番組は上原正稔氏が米国立公文書館で見つけた「第10軍―G－2㊙報告書」を基に独自の取材を加えて編集・作成したものである。番組には、クラーク、オズボーン、オダ、それに捕虜の染谷、梅沢の元日本軍将校、一方、日本軍側は野田元戦隊長や竹田元副官らが登場している。

日米会談の開催について、クラーク中佐は同番組の中で「日本軍に囲まれることは知っていた。日本軍がその気なら、ひとたまりもないことも分かっていた。ものすごく心配だった」と会談開催前の心境を打ち明けた。また会談の決裂について、同氏は日本軍に降伏を受託させることは出来なかったが、部分的にせよ休戦協定が成立したことは、画期的なことだったとも述べている。

オズボーン氏は、この会談の目的は阿嘉島の日本軍に降伏を受託させることだったが、この作戦を思いついたきっかけは染谷少尉の助言だった。彼は阿嘉島の日本軍について熟知していたと述べ、同少尉の労をねぎらった。また、本人自身は「もし日本軍の降伏が実現すれば有意義なことだと思った」とも話し、同作戦に対する氏の期待感が強かったことを窺《うかが》わせた。

日系二世のオダ元軍曹は、山に閉じ籠もって抵抗する日本軍について、「ばかばかしいと思った。何のために死ぬのか。同じ血を引く日本人としても分からなかった」と当時を振り

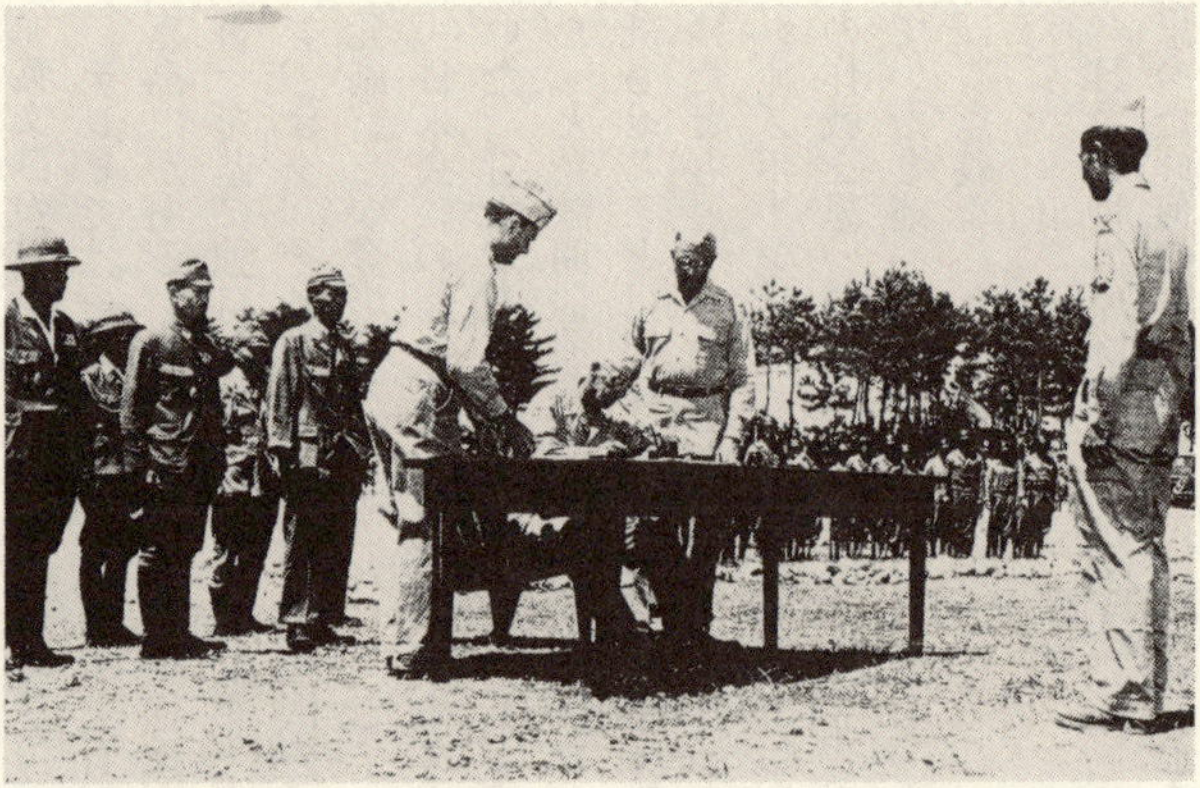

ロバート・M・オダ軍曹（右端）は1945年9月7日、嘉手納基地内で行なわれた降伏調印式に通訳として立ち会った（左から日本軍代表の能見敏郎、高田利貞の両中将と加藤唯雄少将。中央のテーブルで座って降伏文書署名をしているのは米第10軍司令官J・W・スティルウエル中将）。米軍撮影

かえる。最終的に降伏を拒否した野田戦隊長については、氏は「がっかりした。まだ若い（戦隊長）ので考えを変えるかと思ったが、だめだった」と不調に終わった会談の結末を残念がった。

降伏交渉に参加した日本兵捕虜の一人染谷少尉は、TBS記者の「日本軍に対し、後ろめたさみたいなものはなかったか」との質問に対し、「ありません。むしろ誇りに思っている。今でも正しいと信じている。無駄死にを避けてもらうため、信念をもってこの作戦に参加した」と言い切った。

クラーク中佐に懇願されて、野田戦隊長の説得に参加した梅沢少佐（野田戦隊長の陸軍士官学校の同期）は、「あの時、ああいうこと〈降伏説得＝引用者〉は、自分としてはね……本当につらかった。つらかったけれども絶対にやるべきだと思った。こ

日米会談が行なわれたウタハの浜の全景。2008年7月

れをやらなければ、無駄死にだよな」と当時を振りかえる。

一方、日本軍側だが、野田元戦隊長は会談への参加について、「状況を知るために会談に参加した。上の命令が来るまでは戦うということだ」と語り、もともと降伏の意思がなかったことを吐露した。

一方、会談を主導した米軍側については「アメリカ軍は人道的に接してくれた。お互いに軍人であるという意識があっただろう。皆さんのおかげで、こうして多くの日本人（阿嘉島の＝引用者）が生き残っている。お礼を言いたい」とも述べた。例の日米兵の昼食会について、氏は「敵の食事は食べたくなかった。攻められている敵から勧められるものをどうして……」と当時の苦しい心境を述べた。しかし、飢えている部下のことを思うと野田少佐も、最後にはクラーク中佐の好意に甘えざるを得なかったようだ。

竹田元副官は、米兵の態度はわれわれ敵兵に対しても平等に接してくれ、会談の雰囲気は和やかだった。部下を餓死させてはいけないとか、心の奥底を衝くような言葉が幾つも発せられた。「神様のようで、敵に会っているような気はしなかった」と語る。オズボーン中尉が日本軍本部を訪れたことについては、「アメリカ魂はわれわれのよりはるかに素晴らしいと思った。びっくりした」と米兵の勇敢な行動を礼賛する。

なお、日本軍本部を訪れたことについて、オズボーン氏自身は「もう少し野田さんに考える余地を与え、氏のかたくなな考えを変えてもらうためだった」と日本軍本部に立ち寄った目的を初めて語った。しかし、結局、野田戦隊長は米軍側の降伏勧告を拒み、終戦の日まで山中に立て籠もることになる。

同番組を締めくくるにあたり、番組のディレクターは沖縄戦について、「それはアメリカ軍の戦史に『ありったけの地獄を一ヵ所にまとめたような戦闘』と記されているような凄惨な戦いであった」と評し、「それ（日米会談＝引用者）は激戦のさなか、一輪の花のようなエピソードだ。花の可憐さが戦闘の激しさを裏書きしているかもしれない」と結んだ。

このように、「太平洋戦争史上、例を見ない日米会談」は日米双方に多くの貴重な教訓を残し、幕を閉じた。今から約六七年前の一九四五年六月のことである。

住民の決断

投降か、残留か

これまでも、家族単位や少人数の投降は幾度かあった。私の伯父の家族がその第一号で、このことについては第6章で詳しく述べておいた。しかし、日本軍の監視下で、しかも二週間という短期間で約三〇〇人の大勢の住民が集団で米軍に投降したことは、阿嘉島では初めてのことであり、日本軍や残った住民にとっては大きな衝撃だった。

集団投降の直接のきっかけは、六月初めに始まった米軍の放送だった。放送の内容は日本軍の降伏を勧告するもので、これは住民に動揺を与える結果となった。

また、六月二十一日には、戦隊長の次のような訓示があった。

> 戦闘開始以来三ヵ月、現在のような情況を迎え、阿嘉島における食料は、部隊将兵、住民ならびに軍属全員を支えて行くには足りない。しかし軍紀は犯すことを許さぬものであるから、いかなる苦闘になろうとも、軍人軍属で軍紀を犯すものは断固として処分する方針である。ただ、一般住民は適用外であるから、その進退は自由意志に任す方針である[1]（傍線は引用者）。

この訓辞の内容は、時を移さず防衛隊員や義勇隊員を通じて避難所の住民にも伝わった。住民は、島に残るか、それとも米軍に投降するか、二者択一を迫られた。多くの住民は最終的に後者を選んだ。その主な理由は、①このまま島に残れば餓死する恐れがあること、②日

多くの住民が米軍に投降したウタハのワラグァー岬。2008 年 7 月

本軍に対する不信感が根強いこと（虐殺の噂ばなしなどが一部に流れていた）、③日本の敗戦が濃厚になったこと――などであった。

米軍に対する住民の恐怖心は依然として残ってはいるものの、これらの理由が、投降の決断を決定づけた。

夜間、日本軍の歩哨を避け、家族・親戚（軍籍にあった防衛隊を含む）単位で、多くの住民が島の海岸（例えば、ウタハのワラグァー岬の岩場やアグの海岸など）に逃れ、座間味島からの救出を待った。

その間、心配していた日本軍の追跡もなく、投降者は無事米軍の舟艇に収容された。また、殺し文句などで恐れられていた米兵は、宣伝のような「鬼畜」でもなかった。

投降した住民は、いったんは座間味島に収容されたが、その日のうちに慶留間島に移送され米軍の保護下に入った。ただし、防衛隊員は座間味島に連れ戻され、その後沖縄本島に移送される。

米軍の記録によると、六月十三日～七月二日までに米軍の呼び掛けに応じて投降した住民は三八四人にも上った。そのほかに防衛隊員（阿嘉島出身者を含む）三九人、朝鮮人軍夫七〇人、それに日本兵五人も投降した。

一方、一〇〇人弱の住民はシジヤマに残り苦しい避難所生活を続けた。私の家族、親戚も大部分が残った。島に残留しなければならない特別な理由があったわけではないが、強いて理由を挙げるとすれば、それは、①米軍に対する「鬼畜米英」の恐怖心が根強く残っていたこと、②投降の途中日本兵に捕らえられる恐れがあること、③戦争は間もなく集結するかもしれないこと（日本の敗戦が濃厚）――などであった。いずれにしても、島に残った住民にとって投降は、どちらかといえば危険な賭《かけ》として最も恐れられていた。

住民の集団投降後、シジヤマは以前とは違い閑散として寂しく感じられた。食料事情は相変わらず厳しかったが、残留を選択した以上それに甘んじるほかはなかった。米軍との大きな摩擦もなく、また日本軍との関係も特に悪化することもなく、日常の生活はいたって平穏だった。

このようにして、山の時間が静かに経ち、八月二十三日ようやく集落に戻る日が来た。残留した住民にとって、戦後はその日から始まった。

1、儀同保『ある沖縄戦―慶良間戦記』（前掲）。

防衛隊員、素っ裸でハワイへ

先に述べたとおり、阿嘉島で米軍に投降した住民は全員慶留間島にいったん収容された。しかし、軍籍にあった防衛隊員は座間味島に連れ戻され、それから約一週間後の六月二十四日頃、軍用船で沖縄本島へ移送された。約一ヵ月半、本島北部の屋嘉捕虜収容所で過ごした後、今度はハワイに移送される。

以下、当時防衛隊員だった与那嶺正三郎さんに投降後の捕虜生活について語ってもらった。

与那嶺さんは弟妹と慶留間島で別れた後、座間味島を経て沖縄本島の屋嘉捕虜収容所に収容された。そこには本島で捕虜になった日本兵も大勢収容されていた。収容所内では沖縄県出身者と他府県出身者は別々の棟に入れられた。食事は三食与えられ、栄養失調で衰弱しきっていた与那嶺さんは、みるみるうちに元気を取り戻し、一ヵ月後には体力もかなり回復していた。早期解放も取りざたされるなか、捕虜たちは生気を取り戻し、所内は明るい雰囲気に包まれていた。

そんななか、県出身者に急遽移動命令が出た。着の身着のままで米軍のトラックに乗せられた与那嶺さんらは、本島を横断し西海岸へと向かった。着いたところは嘉手納飛行場付近の海岸だった。そこから舟艇に乗せられ、沖に停泊する米輸送船に向かった。総勢約一五〇〇人の捕虜は、輸送船の船べりに吊された縄梯子をよじ登り船内に収容される。

乗船まもなく、船は沖縄本島を離れ、一路洋上に向かって走り出した。うわさでは遠くハワイに行くのだという。

しばらくすると、船内では、収容所で着ていた服を全部脱ぐよう命令された。捕虜は真っ裸のまま、船内のコンパートメント（仕切られた大部屋）に放り込まれた。もちろん部屋にベッドなどはなく、雑魚寝だった。

食事は一日二食。一食分の量は少量で、しかも食器の支給がないため食事は手のひらにのせて食べざるをえなかった。この状態はハワイに着くまで続いた。このため、せっかく屋嘉収容所で蓄えた体力も再び衰え始め、気力も失った。

しかし、抗議しようにも、相手は勝者であり、しかも荒くれ者の水兵である。何をされるか分からないので、ただ黙って我慢するしかなかった。このときほど敗者の悲哀を強く感じたことはない。一日が過ぎるのが待ち遠しかった。

沖縄を発ってから一〇日後、輸送船はハワイ諸島のオアフ島に到着した。これで惨めな船内生活から解放されるかと思うと、疲れも吹っ飛んだ。しかし、同時にあらたな不安が持ち上がった。それは素っ裸で桟橋に降ろされるのではないかという心配だった。間もなく下船準備の命令が出た。皆覚悟を決めて、素っ裸のまま船のタラップへ移動し始めた。

ところが、タラップの手前に差し掛かると、そこには洗濯された米軍の服が山積みになって置かれていた。その横に米兵が立ち、捕虜一人ひとりに服を手渡し始めた。一〇日振りに裸の生活から解放され、みんなの顔にも笑顔が浮かんだ。

しかし、服は着たものの、だぶだぶだった。しかも、ベルトの支給もなかった。船のタラップを降りる捕虜の姿はまるで上下対になった雨合羽を着たようにだぶつき、しかも片手はズボンを押さえていた。吹き出したくなるような滑稽な格好だった。思わず、あっちこっちで爆笑が起こった。こうして、屈辱の旅はやっと終わった。

なお、真偽のほどはよく分からないが、この「はだか組」（別の船では下着の着用は許可されていたと聞く）の輸送船の移送責任者は、捕虜虐待のかどで国際法に基づき処罰されたとのことである。

オアフ島上陸後、与那嶺さんらは町はずれのキャンプに収容され、捕虜を意味するPW（POW）の印の付いた新しい服に着替えさせられ、そこでしばらくの間、炊事の仕事などさせられる。その後、約二〇〇人の防衛隊員はハワイ諸島最大の島ハワイ島に移送された。そこでは、戦場から帰還したばかりの米兵を一時収容する施設で雑役に従事した。

そのうちの一〇〇人は町近くのキャンプへ、ほかはキラウェア火山（ハワイ火山国立公園）近くの山手の米軍将校キャンプに送られた。与那嶺さんと同じく阿嘉島出身の仲村三郎さん、垣花武一さんは将校キャンプに移動させられ、炊事、清掃そのほかいろいろな雑役に駆り出された。

そこは火山に近いため、雨が降るとキャンプ周辺の道路は地熱の影響で湯煙が立ち込め、視界不良になることもしばしばあった。

施設内の食料事情は悪くはなかったが、夜中に腹が空くことがあった。その時は、残り物を入れた容器からポテトやローストビーフなどを取り出し、空腹をみたした。また、ある時は監視兵の目を盗んでキャンプを抜け出し、近くの畑でサトウキビをかじったこともある。そこで寝込んでしまい明くる朝、監視に見つかることもあったが、たいがい免罪された。

このようにキャンプでは特に変わったこともなく、平凡な毎日がくり返された。ただ、キャンプの外に出て外気を十分吸えなかったことは残念だった。捕虜の身では仕方ないことであった。なお、キャンプでは捕虜は氏名ではなくＰＷ番号で呼ばれた。ちなみに与那嶺さんの番号は「７３６７」だった。

ハワイ島で約一年間過ごした後、オアフ島に戻り、そこでさらに半年近く滞在した。そこから日本の貨物船に乗せられ送還される。

船は浦賀（神奈川県）に着いたが、乗船者が沖縄出身者で占めていたため、間をおかずに沖縄へ向け浦賀を出発した。那覇港沖に着いたのが三日後の昼頃だった。しかし、那覇の港は放置された沈船の残骸のため接岸できず、本島東海岸の久場崎《くばさき》に回され、そこで約一年半振りに沖縄の土を踏んだ。

その後、与那嶺さんら阿嘉島出身の防衛隊員は糸満まで行き、慶留間島の高良さん所有の小型漁船に乗り、家族や親戚が待つ阿嘉島に帰った。

このように、阿嘉島出身の防衛隊員は、戦争が終わった後も自分の意志とは関係なく、遠くハワイまで強制的に連れていかれ、ここでも戦争のつけを払わされた。

日本兵の投降者増える

日米会談が破綻したあと、日本兵の脱島・投降者が急増した。飢えに苦しんでいる者、上

整備中隊の小森中尉と部下たちが投降したアグの浜。2008 年 7 月

官に不満を抱く者、日本の敗北を受け入れる者、そのほかいろいろな理由で軍の組織から離脱し島を去った。その中から、整備中隊の小森中尉と四人の特幹の脱島事件を紹介したい。

芝居を打った小森中尉の投降

六月十八日、整備中隊の指揮官・小森茂夫中尉は座間味島の捕虜収容所の状況を調べるため、部下のスギオカ上等兵とシオタニ兵長に同島行きを命じ、帰りの期日を六月二十一日の深夜と決めた。二人は米軍の舟艇で無事座間味島に渡った。しかし、舟艇の都合で彼らは約束の期日に阿嘉島に戻ることはできなかった。苦肉の策として、二人は、事の経緯と捕虜収容所の状況をしたためた阿嘉島投降兵全員の署名入り文書を、小森中尉に直接手渡すよう、ヤマモト上等兵とハタダ一等兵に託した。二十日午後七時、阿嘉島の海岸に無事舟艇で到着した二人は、その足で小森中尉の所へ向かった。

六月二十一日午前三時頃、小森中尉、ヤマモト上等兵、ハタダ一等兵らは、ほかの八人の兵士らと共に、アグの海岸（その二日前の六月十九日、米軍の交渉団と日本軍が最初に接触した場所）に降りた。そこで、米軍の舟艇が来るのを待った。夜が明けると、一行は近くの洞窟に身を隠す。しかし約束の午前九時になっても米軍の舟艇は現われなかった。その時、運悪く副官の竹田少尉が塩田班の兵士を伴って海岸に降りてきた。[1]

竹田少尉は小森中尉の名前を呼びながらアグの海岸を探し回った。中尉は、部下に対し午後七時に同じ場所に迎えに来るよう指示した後、自身は洞窟を飛び出し、何食わぬ顔で、竹田少尉のところへ向かった。

小森中尉は竹田少尉に会うなり、意気消沈した素振りで、「残念なことに部下が脱走してしまった。これら不心得者を探しだすためにここまで来たのだが、見あたらない」と、竹田少尉に芝居を打った。その後、本部に行き同様な芝居を野田戦隊長の前でも演じた。万事事なきを得た。

海岸の洞窟に隠れていた小森中尉の部下は、午前十一時、米軍の舟艇に無事収容され座間味島へ向かった。一方、中尉は、約束どおり午後七時、アグの海岸で米軍の舟艇に収容された（この浜では、多くの住民や兵士が米軍へ投降、あるいは脱島した。また、一九四五年六月十九日の日米会談の予備交渉もここで行なわれた）。

1、竹田少尉は午前三時頃、小森中尉と彼の部下が抜け出した整備中隊の壕へ行き、一行の逃亡を確認していたようだ。

阿嘉から久米島の阿嘉に逃れた四人の特幹

日米会談が決裂した二日後の一九四五年六月二十九日、近日中に敵艦に斬り込みをするという主旨の手紙を残して、突然四人の兵士が阿嘉島から姿をくらました。
脱島したのは戦隊第三中隊第三群の代田昇、玉利辰哉、柳本美量、久保富男の四人の兵士。彼らは阿嘉島のアグの海岸に軍が隠してあったサバニを持ち出し、夜陰に乗じて同島を発った。しかし、「斬り込み」を敢行する前に、四人は阿嘉島の約四キロ南西に浮かぶ久場島に立ち寄り、そこで一週間鉱山管理人の世話になる。
七月五日、同島を後に久米島をめざした四人は五〜六時間ほどサバニを漕いだ後、行く手に島影を発見する。すでに夜は明け、朝日が差し始めていた。ちょうどその時、恐れていた事態が起きた。米軍機がサバニめがけて攻撃してきたのである。四人は海に飛び込み、陸地をめざして必死に泳いだ。

ところが、上陸した島は目ざした久米島ではなく渡名喜島だった。それから数日後、再び久米島をめざして暗闇の海に出た。海上はかなりしけていたが、七〜八時間ほど必死に櫂を漕いだ。明け方、島影が見えてきた。四人は、渡名喜島の二の舞を踏むことを恐れ、島をめざして一気にサバニを進め、日の出前には入江の砂浜に無事上陸することができた。

この様子をたまたま海岸近くで見ていた朝が早い島のおばあらは、びっくりして砂浜の四人の周りに駆け寄った。しかし、やせ細って、ぼろぼろの服をまとった四人の若者の姿に大きなショックを受け、しばらくの間、ろくに言葉も出なかった。

一方、四人は、予期しないおばあらの「出迎え」に一瞬とまどいを感じたが、その優しそうな表情を見て落ち着きを取り戻した。若者らは、米軍の攻撃を逃れて約五〇キロも離れた慶良間諸島からやって来たことをおばあらに話した。話を聞いていたおばあらは、この若い兵士たちのことが、かわいそうに思えてならなかった。

ときに、途中渡名喜島を久米島と間違えたこともあったので、念のため、今一度おばあらに島の名を訊いてみた。驚いたことに島の名は阿嘉だった。四人の兵士は、耳を疑った。実は、この集落は久米島の阿嘉[2]（現久米島町字阿嘉）で、慶良間諸島の阿嘉（島）と同名だったのである。

集落では、四人の兵士をみんなで世話することになった。軍服の替わりに芭蕉布《ばしょうふ》の着物を着せ、名前もシラー、ヤナー、タルー、クボーと沖縄風に呼び、島の若者に仕立てた。寝泊まりは、米兵の捜索を恐れて、昼間は海岸のアダン林に潜んでもらい、夜寝る時だけ村の集会場などを使用させた。しかし、しばらく経ってから、四人は一人ずつ分散して集落内の民家に住まわせた。民家では田畑仕事や家の周りの雑事を一生懸命手伝った。こうして、四人の兵士は、戦時中でありながら、集落の人々の好意で何とか日常の生活が送れるようになった。この間、米軍艦船への特攻は一時お預けとなった。

島滞在中、事あるごとに、おばあらは「『ぬちどぅ、たから[3]』どぅ」（命こそ、宝だよ）と話して聞かせ、命の尊さを教えてくれた。おかげで四人は、身も心も健康を取り戻し、一度は捨てた命だったが、いつの間にか生きなくてはならないと強く思うようになる。

だが、四人の兵士にとって、平穏な日々はそう長くは続かなかった。ある日の朝、突然米兵の集団が集落を襲い、日本兵狩りを始めた。米兵は、通訳を通じて、村人に日本兵を出せと迫った。しかし村人は最後までしらをきり、米兵の要求を無視した。とうとう、米兵はあきらめて集落から引き上げていった。その間、四人の兵士は集落裏の自然壕に身を潜めていた。

ところが、運悪く、裏山から大きな爆発音がきこえた。音の方向は確かに四人の兵士が潜んでいる洞窟付近である。おばあらは、てっきり四人が自決したものと思い、一人ひとりの名前を呼んだり、「『ぬちどぅ、たから』どぅ」と大声で叫びながら、洞窟へ走った。幸い皆無事だった。爆発音は四人のうちの一人が洞窟内で誤って落とした手榴弾が暴発したのである。

しかし、喜びもつかの間、爆発音を聞いた米兵らが集落に戻ってきた。四人の兵士はたちまち捕らえられ、おばあらと言葉を通わす機会もなく、慌ただしく連行されていった。八月十五日の終戦の日から約半年後の一九四六年二月十三日のことである。

こうして、四人の兵士は、洋上の米艦船に「体当たり」を敢行することなく、生き長らえて終戦を迎えたのである。これは、事ある毎に「『ぬちどぅ、たから』どぅ」と、先人の教えを説いてくれた島のおばあらのおかげだった。

一九七二年夏、戦後二八年ぶりに四人の兵士の一人、代田氏が沖縄を訪れ、世話になったおばあらと再会した。その時の様子は一九七三年六月一日付『琉球新報』に詳しく載っている。

なお、復員後同氏は久米島の阿嘉集落での経験を基に、絵本『四人の兵士のものがたり』[4]を出版した。

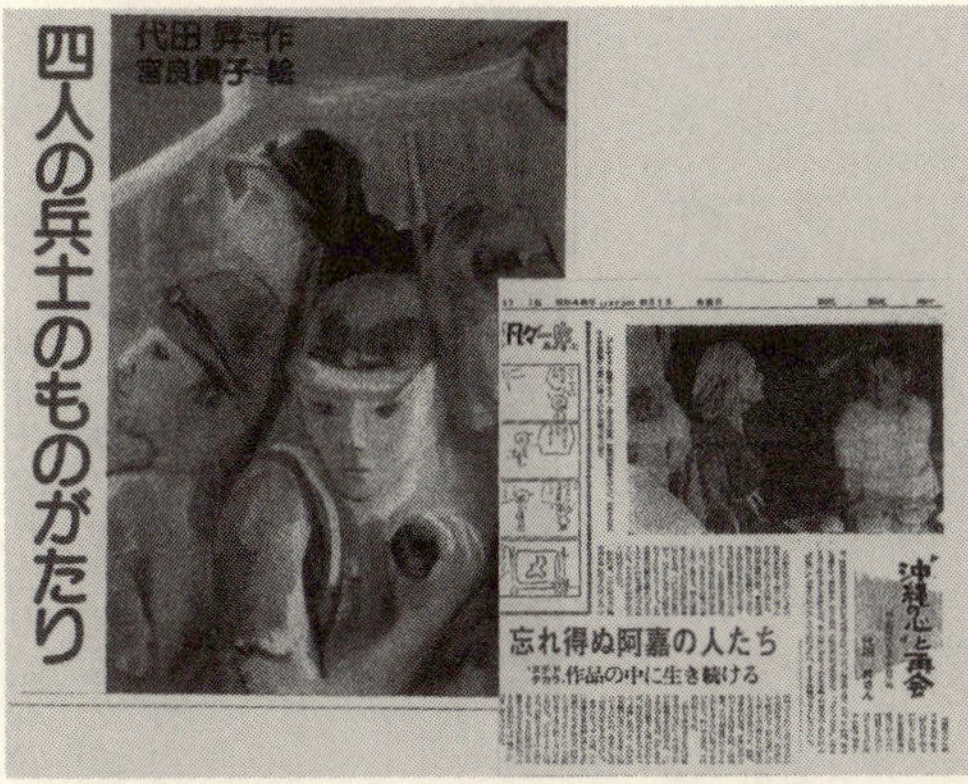

代田昇氏の絵本と『琉球新報』の記事、1973年6月1日

これまでの話は同書を参考に、著者の代田氏本人や柳本氏から直接聞いた話をもとに概略まとめたものである。

四人の兵士はすでに他界しているが、代田氏の遺灰は本人の遺言により阿嘉島のニシバマ[5]の海に撒《ま》かれた。四人の元兵士の冥福を祈る。

1、儀同保『慶良間戦記』（前掲）一七三ページ。

2、住民は久米島の阿嘉を「アーカ」、慶良間諸島の阿嘉（島）を「アカ」とそれぞれ発音する。

3、この言葉（先人が残した格言の一部）は、最近マスコミなどでよく取り上げられているが、私は代田昇氏の絵本の中で、初めて知った。

4、代田昇『四人の兵士のものがたり』理論社、一九八六年六月。

5、戦隊第三中隊の基地があった場所。

第10章　終戦と阿嘉島の日本軍

米軍による降伏の呼び掛け

飛行機からビラ

日米会談が六月二十七日に決裂したあと、阿嘉島の日本軍守備隊と米軍側の接触は完全に途絶えた。一方、座間味島米軍守備隊の舟艇による阿嘉島沿岸のパトロールは続き、日本軍や住民は米軍の脅威に引き続きさらされていた。また、食糧事情も極度に悪化し、山中の日本兵も住民も飢餓に苦しんでいた。

そんななか、突如として、米軍の軽飛行機から日本語のビラが、阿嘉島守備隊陣地や住民の避難所に大量に投下された。八月中旬のことである。

以前にも、何度か米軍の宣伝ビラは投下されたことはあったが、そのつど日本軍は、読むことはもちろん、拾うことさえ固く禁じていたので、今回も拾うことを諦めていた。しかし、周囲がいつとなく騒がしくなったので、ひそかに一枚のビラを拾い上げてポケットに忍ばせた。

ところで、ポケットから取り出して読む前に、まずびっくりしたことは、印字された紙の質であった。それは、中学で使用していた薄っぺらの茶色のわら半紙とは比較にならない、分厚い、真っ白な上質紙だった。

しかし、もっとも衝撃だったのはビラの内容そのものだった。ビラには特殊爆弾が日本本土に投下され、日本政府は近いうち連合国に降伏するだろうという主旨のことが記されてあった。

日本兵のなかには、いつもの「米軍のデマ宣伝だ」と一笑に付す者もいれば、「いや、今回は本当かもしれない」と真剣に話す者もいた。めずらしく、軍も以前のように厳しく取り締まるような気配もなく、ビラの内容は瞬《またた》く間に多くの兵士や住民の間に伝わり、部隊本部も動揺し始めた。

ビラは二、三日連続して投下され、その内容も数種類あった。その中には「ポツダム宣言」[1]を日本政府が受託し、戦争が終結したので降伏するようにという内容のものもあった。「ポツダム宣言」とは何のことか私は知らなかった。しかし、そこまで具体的に触れられると、単なるデマ宣伝と片付けるわけにはいかなくなり、阿嘉島の日本軍も早急な対応が迫られた。

1、ポツダム会談の合意に基づいて、米国、中国（中華民国）及び英国の首脳が一九四五年七月二十六日に日本に対して発した、日本軍の無条件降伏（第二次世界大戦に関し）などを求めた全一三ヵ条から成る宣言。ソ連は後から加わり同宣言を追認した。

日本軍が軍使を派遣

八月十六日午後、米軍はアグの海岸に舟艇を接岸させ、大音量で放送を始めた。放送の内容は、戦争の終結に伴う降伏交渉を八月十七日に行ないたいので、前回の場所（六月下旬、日米会談が行なわれたウタハの海岸）に軍使を派遣するようにとのことだった。

これを受けて、阿嘉島守備隊は八月十七日午前十時、軍使を同海岸に向かわせ、米軍との交渉に臨んだ。会談のなかで米軍側から日本政府が連合軍に降伏したことを正式に伝えられた。その後、竹田副官らが米軍の舟艇で渡嘉敷島の第三戦隊に出向き、日本の降伏をラジオで確認したという[1]。

一連の交渉の結果、ついに米軍側と阿嘉島日本軍守備隊は、八月二十二日、同島の正面海岸で降伏調印を行なうことに合意した。

これが降伏調印の日程を決めるまでの日米両軍による交渉の大まかな経緯である。

1、儀同保『ある沖縄戦―慶良間戦記』（前掲）。

日本軍ついに降伏

先に述べたとおり、阿嘉島の日本軍守備隊の降伏調印式が同島の正面海岸で八月二十二日に行なわれることが決まった。

調印式には日本軍側から野田義彦戦隊長以下全将校、米軍側は座間味島守備隊司令官ハーン大佐以下十数人の将校が出席した。式は式辞に則り予定通り行なわれ、降伏の諸手続きも滞りなく終了した。これで、阿嘉島の日本軍守備隊は正式に降伏することになった。

ところで、降伏調印式の詳細については、一般にはあまりよく知られていなかった。私は戦後同式出席者を通じて当時の様子を若干知ることはできたものの、詳しいことについては、よく知らなかった。また、日本側の公式な記録も見当たらない。

そんななか、米軍情報将校ジョセフ・M・クイン大尉の報告書「阿嘉島守備隊の武装解除[1]」が、戦後、元日本兵を通じて入手できた。この報告書には阿嘉島日本軍守備隊の降伏調印式に至るまでの日米双方の動向が詳しく記されている。以下その抄録（中村による）を収載する。

1、訳者及び原文〈英文〉の所在が不明である。同報告書は戦後、牧港捕虜収容所内で広く出回っていたようだ。

米軍将校、命令書を携えて阿嘉島へ[1]

――戦時中、太平洋やアジアの各地に残存していた数十万の日本軍は、終戦に伴い連合軍に降伏した。なかでも、沖縄本島の西方に位置する慶良間諸島の阿嘉島に駐屯していた海上挺身第二戦隊の降伏は、劇的なものだった。

同戦隊は天皇の終戦の詔書が発布されたあとも、終戦を信じず、かたくなに降伏を拒否し、山中に潜伏したままだった。

そこで、沖縄本島駐留米軍司令官フレッド少将麾下の参謀スエアリンゲン中尉は、八月十八日、沖縄本島南部で投降したばかりの塚本保次大佐に、第三十二軍司令官として慶良間諸島に残存する日本軍に対し、無条件降伏の命令を発令するよう要請した。塚本大佐を指名した背景には、同大佐が投降した日本軍将校の中で階級が最上位であり、さらに重要なことは、天皇の詔勅により投降した者であるという特別な理由があった。

塚本大佐はスエアリンゲン中尉の要請を承諾し、さっそく命令書を書いた。

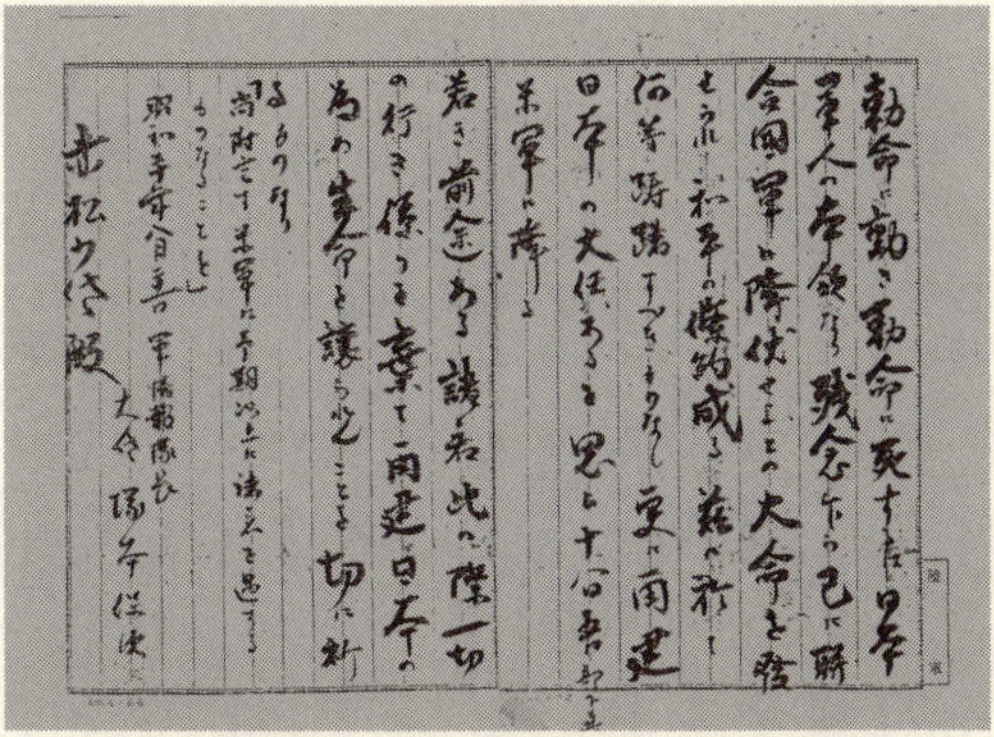

第三戦隊の赤松戦隊長にあてた塚本大佐からの書簡の写し
(同様な書簡が第二戦隊の野田戦隊長にも手渡された)

しかし、命令書を書き終えた同大佐は、降伏を渋る阿嘉島の戦隊に詔勅を受諾させることは困難だと判断し、スエアリンゲン中尉から要請のあった塚本大佐自身の阿嘉島行きを断わった。その代わり、大佐は同島守備隊に対し私信をしたため、命令書とともにスエアリンゲン中尉に託することにした。私信の概要は次のとおりであった。

「詔勅に応じて聯合軍に降伏する事は日本軍の義務である。平和条約成れる今は躊躇することなく直ちに貴地聯合軍に降伏せねばならぬ。自分は新日本の再建を考えて、米軍に下った。諸氏は煩わしき思想を捨て、日本再建の為努力されん事を祈る。米軍の吾々に対する取り扱いは自分が期待していたより良かった」

この書簡と命令書を携えて、スエアリンゲン中尉と情報将校のクイン大尉は舟艇で座間味島に向かった。

座間味島に到着した二人は、さっそく座間味島駐留の第二四歩兵連隊[2]の司令官ハーン大佐と会見し、阿嘉島守備隊の降伏について相談した。

しかし、ハーン大佐は「阿嘉島の日本軍は狂信的な者ばかりである。彼らはこの詔勅を信じないだろうし、我々も彼らを信じていない。スエアリンゲン中尉、貴官はなかなかきわどい任務を負っているね。むしろ白旗をかかげて軍使として行ったらどうか」と、同中尉の身の安全を気遣うとともに、降伏調印の成否を疑った。

1、抄録の小見出しはすべて中村による。

2、同連隊は、ニューヘブライ、ソロモン、マリアナ諸島などの戦闘で、日本軍と戦った米国でも有名な黒人部隊である。

降伏命令書が野田戦隊長に

1945年3月26日、米軍上陸の日、阿嘉国民学校の校舎。手前の草むらには銃をかまえた兵士が見えている（米軍撮影）

八月二十二日午前十時、日本軍側との事前の取り決めに基づき、スエアリンゲン、クインの両将校は、第二四歩兵連隊のエドワード少佐、モルス大尉、マサカワ軍曹（二世）、スズキ軍曹（同）と共に阿嘉島集落の正面海岸に上陸した。

その時、同島の日本軍は「砲火を納めよ」という天皇の命令にまだ服従していなかった。集落近くの茂みには日本軍の前哨（見張りのこと）が潜んでいるのが散見された。また、低木の密生した林の中では移動中の兵士の銃や短剣などが、真夏の太陽光線に反射してきらめいた。

阿嘉島の集落は、ほとんどの家屋が破壊され瓦礫の山と化し、一方、海岸の砂浜には米軍の弾薬、糧秣《りょうまつ》（食糧のこと）、毛布、それに使用不能の小火器などが散乱していた。これは三月二十六日に上陸した米第七七歩兵師団が撤収の際放置したものだった。同師団は阿嘉島、慶留間島に秘匿していた日本軍の特攻艇のほとんどを破壊したが、阿嘉島の日本軍を殲滅することはできなかった。

一行は日本軍の代表が山を降りて来るのをしばらく海岸で待つことにした。一時間ほどして、日本軍将校が黄旗を持った旗手を先頭に突然村はずれの林の中から現われた。カーキー色のシャツとズボンを着用した背の高い将校は、健康そうな顔つきをしていた。約束の会見場に到着すると、同将校は米軍の代表団に近づいて挙手の礼をしたあと、自分は「日本軍守備隊副官の竹田です」と自己紹介した。

エドワード少佐は部隊長の野田義彦少佐にあてた私信と命令書を同副官に手渡した。続けて、通訳のスズキ軍曹を通じて「我々は野田少佐と直接話したいのだが、ここまで来るのにどのくらいの時間が掛かるのか」と副官に尋ねる。竹田副官は山頂に向かって旗を前後に振るよう旗手（随員）に命じたあと、野田山の頂上を双眼鏡で覗いた。副官は顔に笑みを浮かべながら「少佐は三〇分以内に降りて来ます」と答えた。

一行が野田少佐を待っている間、副官と旗手は、エドワード少佐からすすめられたタバコをくゆらしながら、まるで少女が初めてタバコを吸った時のように、一服やるごとに火のついたタバコを見つめては、その味をかみしめていた。

その時、集落近くのやぶの中で何かきらめくものが見え、日本兵が近づいて来る気配がした。霧雨が降り始めた。しかし、誰も外被を持っていなかった。

予定の時刻より五分早く、野田少佐一行が海岸の所定の場所に現われた。軍服で正装した同少佐はエドワード少佐に敬礼し、一言挨拶を交わす。霧雨に濡れた野田少佐のカーキー色のシャツと半ズボンからぼたぼたと滴が落ち、濡れた戦闘帽は心なしか横に傾いていた。丸い顔には微笑すら見られ、一瞬開いた両唇の間からは前歯が一本欠けているのが見えた。

早速、エドワード少佐から野田少佐に私信と命令書が手渡された。両文書を注意深く読んだ後、野田少佐は「塚本大佐はいつ投降しましたか」と尋ねる。「彼の私信に書いてあるとおり八月十八日です」と、スエアリンゲン中尉が日本語で答えた。野田戦隊長は竹田副官と短い会話を交わしたあと、トレードマークの口ひげをひねりながら、「わが方に投降の用意があります」と粛々と述べ、阿嘉島日本軍守備隊隊長として初めて、降伏の意志があることを公式に伝えた。

そのあと、エドワード少佐は日本語で書かれた別の命令書を野田少佐に渡した。書類が雨にぬれるのを避けながら、野田戦隊長は命令書を注意深く読んだ。同命令書の主旨は「全部隊はすべての武器を直ちに海岸に投棄し、明くる日の午後三時三十分までに海岸に集結し沖縄本島への撤退に備えること。住民は阿嘉島に全員残すこと」であった。

これに対し、野田少佐は「部隊は大量の武器・弾薬を保有しているので、明朝までに海岸に投棄することは不可能である」と述べ命令の一部変更を求めた。「それでは、どのくらいの時間が必要か」とスエアリンゲン中尉は尋ねる。「多分数週間は掛かるだろう」と野田少佐は答えた。ほかの将校らと相談したあと、エドワード少佐は、将校一人と兵士数名を作業が終了するまで島に残ってもらうこととし、野田少佐の了解を得た。最後に、野田少佐は慶留間島の壕で自決した将校一人と三二人の隊員の遺骨収集が行なえるよう米軍側の善処を求め、それも了承された。

このように、終戦に伴う降伏交渉の予備会談は、滞《とどこお》りなく進められ、無事終了した。出席した日米両軍の将校らは、全員満面に笑みを浮かべ安堵した。

しばらくして、エドワード少佐一行は会談での合意事項を連隊長のハーン大佐に報告するため座間味島へ戻った。雨はすっかり止み、海岸には真夏の明るい陽光が輝いていた。

米軍将校、野田山の日本軍陣地へ

降伏調印式が予定されている午後三時三十分までには、まだ十分時間的余裕があったので、クイン大尉は通訳のウエダ軍曹を通して、日本軍司令部まで同行させてほしいと野田少佐に頼んだ。同少佐は笑顔で「何ももてなしは出来ませんが、大尉が我々の陣地を見たいというのなら喜んでお供します」と同行を快諾した。

しばらくして、クイン大尉とウエダ軍曹は日本軍将校らと共に、海岸を離れ山頂の日本軍守備隊本部を目指した。集落の狭い通路に来たとき、野田少佐は、全壊を免れた学校の校舎を指して、そこが米軍上陸前の日本軍守備隊本部だったと教えてくれた。

集落をあとに、一行は曲がりくねった細い山道を山頂に向かって歩き続けた。途中、偽装された重機関銃陣地の側まで来たとき、野田少佐は、兵隊たちを銃座の上に立たせて、米軍将校らに誇らしげに陣地の説明をした。また、少佐が落とし穴に危うく落ちそうになり、側近の将校が慌てる場面もあった。もし、米軍将校らが二、三歩前進していたら、その穴に落ちていたかもしれない。

日本軍将校らは、落とし穴に気づいてびっくりする米兵を見て爆笑した。とくに副官は小ひざを叩いて笑いこけた。穴の中を覗いて見たら、底には先が鋭く尖った竹槍が七本上向きに設置されてあった。以後、米兵らは野田少佐の直ぐ後について歩くことにした。周囲には同じ種類の落とし穴が全部で六個ほどあった。

山の中腹からは慶良間内海が一望でき、一行が登って来た丘も左側に見えた。小高い丘に到着した時、野田少佐は小さな畑を指さした。そこには、兵士の姿は見られなかったが、通り過ぎたあとを振り返って見ると、突然二〇名ほどの兵士が現われ農作業を始めた。

そのあと、竹薮の中に分け入ったが、そこでは顔を保護するため常に腕を顔の前に持っていく必要があった。それから樹林の中へ入る。開墾された小さな平坦な農場に差し掛かったとき、三人の哨《しょう》が捧銃《ささげつつ》（敬意を表するため銃を両手で支えて不動の姿勢を取ること）をして一行を迎えた。彼らは米兵が阿嘉島で遭遇した最初の武装日本兵であった。そこに野田少佐の司令部があった。

同司令部には電話の設備がなく、部隊内の連絡はもっぱら伝令がその任務を担っているようだった。空中撮影で撮った写真に見える山道は地上では一つも確認できなかった。辺りには爆弾が落ちた跡が四、五ヵ所もあり、一見して、とても人間が住めそうな所ではなかった。しばらくすると、半ズボン姿で裸足の日本兵六人が、どこからともなく茅束を持って現われた。

茅はさっそく地面に敷きつめられ、その上に毛布が敷かれた。三メートル四方ほどの日よけも設置され、即成の休憩所が完成した。野田少佐はクイン大尉とウエダ軍曹にそこに座るよう促し、少佐自身も二人に続いて腰を下ろした。二、三分後、竹田副官と兵が紙と鉛筆を持ってやってきた。野田少佐は命令書を書き、その写しを四人の伝令にそれぞれ渡し、なにやら簡単な口述の指示を与えた。四人の伝令はそれぞれ異なった方向に向かってその場を立ち去った。

クイン大尉は、通訳を通じて陣地の残りを見せてもらえるかどうか野田少佐に尋ねた。少佐は快く了承する。

丘陵をしばらく歩いて行くと、二つの壕の前に出た。一つの壕は高さ五フィート（約一・五メートル）、幅六フィート（約一・八メートル）、深さ六フィートほどの横穴で、三本の支柱が三面を支え、天井には板が張ってあった。畳を敷き詰めた寝台と、その上に毛布がたたんで置いてあった。壁には軍刀、拳銃、軍服、装具などが釘に掛けられ、奥には米軍の私物入れのような箱が置かれてあった。少佐は、ここが自分の居場所だと教えてくれた。

壕から出て二〜三ヤード（約一・八〜二・七メートル）歩いて別の壕の入り口に来たとき、野田少佐は「われわれは水際作戦を放棄して、新しい陣地の構築をこの場所で始めた。この丘を中心に円形陣地を四ヵ月かけて構築した。要塞は完成できなかったが、ここであと一ヵ年は頑張れたと思う。その間、日本兵一人で米兵五〇人を殺すこともできた」と真面目に言い立てた。そのあと、少佐は壕の中に入っていき、クイン大尉らにも入るよう促した。

壕の中は真っ暗で少佐は大尉に提灯《ちょうちん》を渡し、ウエダ軍曹にはローソクを持たせた。壕は高さ五フィート、幅四フィート（約一・二メートル）で、多くの支柱が使用されていて、堅固に造られていた。説明によると、その壕は地下五〇フィート（約一五メートル）まで掘り込んでいる箇所もあるという。全長が約一七〇〇ヤード（約一五五〇メートル）もあり、出入り口が四ヵ所、ほかの山に掘られた壕とは二ヵ所で連結し、もう一つの山の地下道に三ヵ所で繋《つな》がっているという。しばらく入っていくと、ちょうど反対側の山のふもとに出た。壕の外に出ると、雨がしとしとと降っていた。

その足で、司令部に戻ると、副官がパイナップル缶詰とコーヒーを作って待っていた。コーヒーは米軍のレーションに入っているもの。説明によると、兵士たちはコーヒーをあまり飲まないので、少佐はコーヒーに不自由することはなかったという。クイン大尉はウエダ軍曹が勧めた日本軍の「雑草（山菜）」の汁を口にした。なかなか美味しかった。日本軍のカンパンも出された。

野田少佐がクイン大尉らを壕に案内している間に、本部壕前には折りたたみ式のテーブルが置かれ、その上に大きな日の丸の旗が広げられた。その周りに日本軍将校らが集まり、旗に一人ひとり署名していた。野田少佐はその日の丸をクイン大尉に贈呈した。

降伏調印式の時刻が刻一刻と迫っていた。日本軍将校らは外被を脱ぎ、軍刀を手に持って、先導兵の後について降伏調印式会場に予定されている海岸に向け出発した。雨雲のすき間から射す真夏の太陽がじりじりと照りつけている。書類を小脇にかかえた副官が一番後ろからついてきた。その前がウエダ軍曹、クイン大尉、それに野田少佐の順に、すでに出発していた将校たちの後を追って下山した。山に登ってきた時と同じように、三人の歩哨が「捧げ銃」の礼で一行を見送った。下山の途中、警備についている日本兵の姿を所々で見かけた。集落の廃墟の中を通り過ぎたとき、女性や子供の声が聞こえたが姿は見えなかった。午後三時十五分、降伏調印式場の約五〇ヤード（約四六メートル）の地点に全員が到着した。そこで、野田少佐以下一四人の日本軍将校は、四組に分かれて調印式に備えた。突然、野田少佐は通訳を通じて「塚本大佐について知っているか」とクイン大尉に尋ねる。同大尉は「自分は余りよく知らない」と答えると、野田少佐は「大佐はいつ投降したか」と、再度同じ質問をした。「彼の手紙に書いてある通り八月十八日です」とクイン大尉は答えた。

そのとき、上陸用舟艇が海岸に近づいてくるのが見えた。日本軍は服装を整え軍刀を吊した。上陸舟艇が接岸すると、全員式場の砂浜に整列し、降伏調印式に参列する第二四歩兵連隊長のハーン大佐ら一行を待った。

厳粛に行なわれた降伏調印式

上陸用舟艇が接岸すると、野田少佐と竹田副官はエドワード少佐の横に並んで立った。日米両軍の将校らも全員その側に並ぶ。米軍の作戦将校は「ハーン大佐は五分後に到着します」と日本軍側に伝えた。一方、エドワード少佐は日本兵の所在について野田少佐に尋ねる。同少佐は、兵士は山中の所定の場所で待機しているが、将校が下山するとき全部隊海岸に降りてくることになっている、と答えた。

式場の砂浜では、二人の黒人兵が砂浜に穴を掘り、準備してあった旗竿をそこに立てた。

その時、舟艇が海岸に到着しハーン連隊長と連隊参謀が、黒人兵が持つ星条旗と連隊旗に導かれて式場に進み、先ほど設置した旗竿の周りに、海岸に向かい直立不動の姿勢で立った。通訳の一人が前に進み出た。ハーン大佐も一歩前へ出る。それに合わせて、野田少佐もハーン大佐の三歩前まで進み、直立して相対した。その

1945年8月22日、座間味島守備隊司令官ハーン大佐に軍刀を手わたす野田戦隊長（阿嘉島メーヌハマにて、米軍撮影）

あと両司令官は挙手の礼を交わした。

ハーン大佐は野田少佐に、投降の用意があるかどうか通訳を通して確認した。これに対し、野田少佐は投降の意志があることを伝える。ハーン大佐は準備してきた二通の降伏調印文書を通訳を通じて野田少佐に渡した。同少佐は目を通したあと署名し、ハーン大佐も同様に署名を終え、その一通を野田少佐に手渡した。

署名終了直後、野田少佐は自身の軍刀を腰から外し、武士道精神にのっとり、同刀を両手で持ち上げハーン大佐に差し出した。残りの日本軍将校も各自の軍刀を戦隊長を介して米軍将兵の腕の上に積み上げた。

間もなく、国旗掲揚の号音が響き、星条旗がする

するとポールに揚がった。星条旗が再び阿嘉島に翻った瞬間である。

ハーン大佐と野田義彦戦隊長は翻《ひるがえ》る星条旗に敬礼し、歴史に残る降伏調印式は終了した。

その間、日米両軍の将校らは全員不動の姿勢で式を見守った。

式終了後、米軍側は上陸用舟艇に乗り込み阿嘉島の海岸を離れた。——


山中に立て籠もって以来、かたくなに降伏を拒んできた阿嘉島日本軍守備隊はこの日をもって、ついに敵の軍門に下ったのである。これで、日米両軍は五ヵ月振りに、ようやく砲火を納めることになる。昭和二十（一九四五）年八月二十二日のことであった。

なお、阿嘉島に初めて星条旗が翻った日は、米軍が上陸した同年三月二十六日である。

戦隊長の最後の訓示

降伏調印式を終えた野田隊長はその足で部隊本部に戻り、このことを全部隊に報告するとともに、全部隊に撤退の準備に直ちに取りかかるよう命令した。戦死者の遺骨の収集、武器弾薬の回収、傷病兵の搬送準備など撤退準備のための作業は昼夜兼行で行なわれた。

いよいよ、撤退の日の八月二十三日の朝が来た。約五ヵ月前の三月二十六日に米軍がこの島に上陸して以来、戦闘や飢餓などで多くの兵士が命を落とした。また、かろうじて生き残った者の中にも、極度の栄養失調や病気に苦しみ、生ける屍《しかばね》同然の者も多かった。

正午前、全部隊が本部近くに集まり、戦死者に哀悼の意を捧げ、野田義彦戦隊長は最後の訓示を述べた。

——われわれは、大命を拝して阿嘉島に駐屯して以来、一年近く共に戦い、飢えに苦しんできたが、今日、大命にしたがって降伏するのやむなきにいたった。いさぎよく軍門に下ることになったが、長い間ご苦労であった。[1]——

間もなく、十数人の黒人兵が野田山に上がってきた。担架を持った黒人兵は私ら義勇隊員に、ついて来るよう指示した。着いた所はナカタキのお宮で、そこには病床にあるA日本軍将校が待っていた。米兵は私とほかの一人に担架で運ぶよう命令した。われわれはしぶしぶ同将校を野田山の頂上近くまで運んだ。しかし、これまで敵対してきた米兵に命令されたことは何よりも悔しかった。

1、深沢敬次郎『船舶特攻の沖縄戦と捕虜記』元就出版社、二〇〇四年七月二十八日。

野田戦隊長の軍刀、米国の博物館で見つかる

降伏調印式で野田戦隊長がハーン大佐に差し出した軍刀は、戦後長い間その行方が分からなかった。しかし、私の弟の調査で、同軍刀が米国のスミソニアン博物館に保管・展示されていることが判明した。[1] 展示された軍刀には次のようなキャプション（説明文）が付いている。

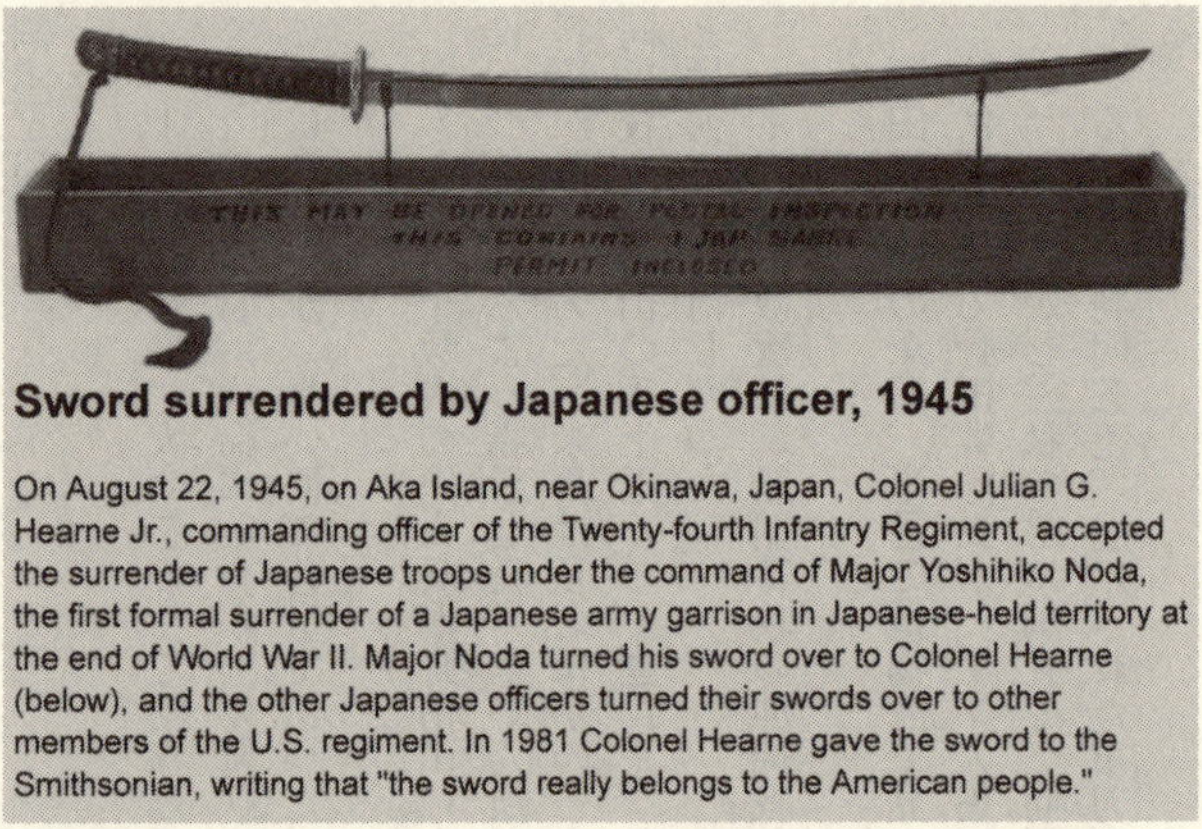
THIS MAY BE OPENED FOR POSTAL INSPECTION
THIS CONTAINS 1 JAP SABRE
PERMIT INCLOSED
Sword surrendered by Japanese officer, 1945
On August 22, 1945, on Aka Island, near Okinawa, Japan, Colonel Julian G. Hearne Jr., commanding officer of the Twenty-fourth Infantry Regiment, accepted the surrender of Japanese troops under the command of Major Yoshihiko Noda, the first formal surrender of a Japanese army garrison in Japanese-held territory at the end of World War II. Major Noda turned his sword over to Colonel Hearne (below), and the other Japanese officers turned their swords over to other members of the U.S. regiment. In 1981 Colonel Hearne gave the sword to the Smithsonian, writing that "the sword really belongs to the American people."

スミソニアン博物館に展示されている野田戦隊長の軍刀（同博物館提供）

――一九四五年八月二十二日、沖縄本島から近い距離に位置する阿嘉島で、第二四連隊司令官ジュリアン・G・ハーン大佐は、野田義彦少佐が率いる日本軍の降伏を受理した。これは、第二次世界大戦終了後、日本が領有する地域において執り行なわれた最初の公式行事だった。野田少佐は自身の軍刀をハーン大佐へ、ほかの日本軍将校は連隊のほかの隊員にそれぞれ差し出した。一九八一年、ハーン大佐は、「この軍刀はアメリカ国民の財産である」と添え書きし、スミソニアン博物館に寄贈した。――

ところで、ハーン大佐が率いた第二四歩兵連隊とはどのような部隊だったのか、以下その編成や戦歴などについて『フリー百科事典』[2]（ウィキペディア英語版）からその一部を拾ってみた。

同事典によると、第二四歩兵連隊は一八六九年十一月一日、第三八及び四一連隊を統合して組織された部隊である。もともと退役黒人兵や元奴隷で編成された同連隊は、創立当初は、アメリカ合衆国西部に駐屯し、辺境の守備や原住民対策、それに開拓者を略奪者から護る任務についた。

その後、米西戦争（Spanish-American War, 一八九八年）とフィリピン反乱（Philippine-American War, 一八九九年）に参戦し、一九一六年から一九一九年にかけては合衆国とメキシコの国境警備の任にあたった。

第二次世界大戦では、南太平洋の島々（ニューヘブリディーズ諸島、ガダルカナル島、ブーゲンビル島、サイパン島、テニアン島など）に部隊を展開する。

一九四五年七月二十九日、同連隊は慶良間諸島守備のため座間味島に移駐、終戦の年を過ぎてもしばらく同島に駐留を続けた。その間、阿嘉島日本軍守備隊の降伏調印式にも直接関わった。軍刀に関する右記キャプションにあるように、一九四五年八月二十二日に行なわれた降伏調印式には、同連隊のハーン司令官が立ち会った。これは戦後行なわれた日本帝国陸軍による降伏調印式の中では最初の正式行事だとされる。

第二次大戦後は、米国軍隊から人種差別が撤廃（一九四八年）されたあとも、同連隊はほとんど黒人のみ（将校だけは白人も）で組織を維持し、朝鮮戦争やイラク戦争に参戦した。

ところで、朝鮮戦争では、幾つかの戦闘で軍内部の評判を落とした。そのあと、特に連隊指導部の強化を契機に、低下した兵員のモラルや戦績は幾分向上はしたものの、軍内部の評価は依然として低迷し、一九五一年、ついに解散に追い込まれた。

しかし、一九九五年、同連隊は再編成され復活する。イラク戦争では、見事に名誉を挽回し、勲章も授与された。その後は第一戦闘旅団に編入され、アラスカのウェインライト基地（Fort Wainwright, Alaska）に駐屯する第二五歩兵師団の配下に入った。

1、Smithsonian Press-Legacies-Itreasure House-W word surrendered by Japanese Officer, 1945.〈http://www.smithsonianlegacies.si.edu/objectdescription.cfm-ID=49〉(accessed April 30, 2012)

2、24th Infantry Regiment (United States)〈http://en.wikipedia.org/wiki/24th infantry Regiment United States)〉(accessed April 30, 2012)

日本軍と住民の戦争犠牲者

米軍が上陸した三月二十六日の時点で、阿嘉島と慶留間島の日本軍兵力は、戦隊一〇四人、基地隊二三四人、水上特設勤務中隊の将校・下士官二一人、防衛隊八六人、義勇隊一八人、それに朝鮮人軍夫約二〇〇人であった。前述したとおり、戦隊以外の各隊は特攻艇の出撃を掩護することが主な任務であった。

しかし、上陸前の空爆や艦砲射撃で、特攻艇の多くが破壊され、使用可能な艇は第二中隊の三〇隻弱と慶留間島の第一中隊に残るごく限られた数の艇だけであった。

米軍の上陸後、戦隊長は戦隊の出撃とこれを援護するため、残る全部隊による集落や特攻艇基地周辺の米軍陣地に対し夜襲を掛けることを命じた。

阿嘉島の斬込作戦は、三月二十六日深夜から二十八日夜にかけて行なわれた。しかし、米上陸軍の妨害で舟艇の出撃は中止され、隊員は戦隊長の命令により野田山への退却を余儀なくされた。

一方、集落の米軍陣地に斬り込みを敢行した整備中隊を中心とする基地隊は、米軍の待ち伏せに遭い相当の犠牲者を出した。それ以前にも、同隊は上陸当日の昼間の戦闘で野田山の斜面で米軍と激突し、かなりの犠牲者を出している。

日本軍全体の数字で見ると、特に、慶留間島（アカムテイ）に分駐していた戦隊と基地隊（第一小隊）の犠牲者が比較的大きいことが分かる。これは出撃した四艇の乗員と、米軍の上陸により出撃を阻止された隊員が爆雷自爆したことや、孤立無援の状態で米上陸軍の猛攻にさらされた基地隊に多くの犠牲者が出たためである。

ところで、現地召集の防衛隊や義勇隊の犠牲者が少なかったことは特記すべきである。阿嘉島の防衛隊は地理に詳しいことを理由に各隊の先導役として重要な任務を負わされたが、ごく一部の者を除いて武器（小銃など）を携帯せず、したがって米軍との直接の交戦はそう多くはなかった。このため犠牲者も少なかった。義勇隊は軍籍外のため、一時期を除いて、実戦に参加することはほとんどなかった。したがって、直接戦闘による犠牲者もなかった。

住民の被害については上陸当日、避難の途中、水陸両用戦車の攻撃にさらされ一度に六人の犠牲者が出たが、そのほかには集落内の壕や避難先で米軍撤退後死亡した者や、スパイの嫌疑で日本軍に殺害された二人がいる。また、隣島の犠牲者数と比較して、阿嘉島の住民の犠牲者が極端に少なかった大きな理由は、隣島で起きた忌まわしい「集団自決」がこの島では起きなかったからである。

なお、朝鮮人軍夫については、多くの犠牲者（処刑された一三人の軍夫を含む）があったにもかかわらず、記録が見あたらないため、残念だが犠牲者の数を数字で明示できなかった。

次の表はこれらの数字を全てまとめたものである。

部隊別戦死者数

部隊	総員	戦死者	生存者	備考
海上挺進第二戦隊	一〇四	四一	六三	
海上挺進基地第二大隊（残置）	二三四	六六	一六八	
特設水上勤務一〇三中隊＊	二一	一〇	一一	下士官将校のみ
朝鮮人軍夫	約二〇〇	不明	不明	
防衛隊	八六＊＊	一〇	七六	
義勇隊	一八	二	一六	二人は戦病死
合計	四六三	一二九	三三四	朝鮮人軍夫を除く

＊朝鮮人軍夫の所属部隊。＊＊阿嘉・慶留間島出身四二人、屋嘉比島出身四四人。

中隊別戦死者数

	配置 総員	配置 慶留間	戦死者 阿嘉	戦死者 慶留間	合計
戦隊	一〇四	三七	五	三六	四一
本部	一一	六	〇	六	
一中隊	三一	三一	〇	二九	
二中隊	三一	〇	一	〇	
三中隊	三一	〇	四	一	
基地隊	三三四	五五	四七	一九	六六
本部	四〇	〇	五	〇	
一中隊	五五	〇	〇	一九	
二中隊	四〇	〇	一三	〇	
三中隊	四〇	〇	一三	〇	
整備中隊	五〇	〇	一六	〇	
水勤隊	二一	七	一三	七	一〇
小計	三五九	九九	五五	六二	一一七
防衛隊	八六	〇	一〇	〇	一〇

義勇隊	一八	〇	二	〇	二
朝鮮人軍夫	二〇〇*	六〇	不明	不明	不明
合計	四六三	九九	六七	六二	一二九

*合計には朝鮮人軍夫は含まれていない。

住民の犠牲者数

日時	場所	人数*	備考
昭和二十年三月二十六日	集落付近	六	水陸両用戦車の攻撃
四月	山中	二	スパイ容疑で処刑
四月頃	ギナの海岸	一	上陸用舟艇の攻撃
七月	集落の壕内	二	衰弱死
避難期間中	シジヤマ	約一〇	病死、衰弱死など（詳細不明）
	合計二一		

*死者数のみ。そのほかに盛興丸の撃沈（10・10空襲）による死者三人、負傷者四人。

第11章　戦いすんで

山を降りた住民と日本兵

平和が戻った集落

阿嘉島住民にとって、一九四五年八月二十三日は記念すべき日である。それは、今から六七年前、住民が約五ヵ月間におよぶ山中の惨めな避難生活から解放され集落に戻った日である。もはや米軍による攻撃の心配や日本軍の歩哨を恐れる必要もない。長く張りつめていた緊張感は一瞬にして吹き飛んだ。いったい、誰のため、何のための戦争だったのか、自問自答した。しかし、すべてが無に帰してしまった今、残ったのは虚脱感だけであった。

集落に下り、荒廃した村を久し振りにじっくり見て回った。半年近くにおよぶモグラ同然の避難生活のせいか、八月の太陽はことさらまぶしく感じられた。四月下旬、義勇隊員数人で食べ物を求めて集落に来たことがあるが、その時は海岸では米軍の舟艇、集落内では日本軍の斥候を警戒しながら移動しなければならなかった。しかし、戦争が終わった今、恐れるものはもう何もない。荒廃はしているものの、集落は元の静けさを取り戻しつつあった。平和の尊さを実感した日でもある。

生々しい戦争の傷跡

集落は多くの家屋や建物が焼失、あるいは全半壊していて、むざんな姿を現わしていた。沖縄戦が始まる三年前の一九四二（昭和十七）年に新築したわが家も完全に押しつぶされていた。米軍上陸当日の艦砲射撃で破壊されたようだ。

戦前、多くの家庭で豚や山羊などの家畜を飼っていたが、その姿はどこにもなかった。田畑も荒れ放題で、雑草がはびこっている。畑や民家の屋敷内には米軍の陣地跡が散在し、薬莢や実弾などが無造作に放置されていた。

集落から見上げる山々は緑はかなり回復しているものの、いたる所で山肌がむき出しになり、痛々しく感じられた。

マジャとニシバマの海岸に構築されていた第二、第三中隊の特攻艇基地は壊滅状態だった（戦後、第二中隊の秘匿壕の一つから特攻艇一隻が無傷のまま発見された）。一方、第一中隊のアカムティ（慶留間島）の基地も、三月二十八日に四隻の艇が出撃した後、完全に破壊され、島の岬の部分が一部変形していた。また、同基地中央部の特攻艇秘匿壕は、入口を中心に大爆発の跡形が残っていた。出撃の機を逸した隊員が、爆雷により壕内で自爆したとされる。

終戦直後、しばらくの間、同壕正面の海岸では夜になると青白い燐火（人骨に含まれる燐が燃えて）がよく見られた。それを見るたび悲しい気持ちになった。事実、波打ち際には足の骨が入った軍靴などが散在していた。

日本兵、阿嘉島を去る

住民が山を降りた日の午後三時ごろ、武装解除された日本兵は前年（一九四四年）九月に上陸した同じ海岸（メーヌハマ）から、慶良間海峡で待機する米艦船に舟艇で向かった。その後沖縄本島の屋嘉捕虜収容所に収容されることになる。住民の中には、海岸に出て見送る者もいた。

部隊副官の竹田少尉は、島を離れる際、私の伯父に阿嘉・慶留間の両島で戦死した日本兵の名簿の写し（現在私の手元にある）を手渡し、別れを告げた。わずか半年足らずで大勢の兵士が両島に骨を埋め、一方、生き延びた兵士は飢えと病に苦しみ、骨と皮で阿嘉島を後にした。

生還した元戦隊の一人儀同保氏は阿嘉島を離れた時の心境を次のように記している[1]。

――甲板上の器具に寄りかかり、改めて周囲を見渡すと、島々はすでに草も伸び、これを取り巻く澄んだ海には艦船の姿もなく、人間の世界より先に自然には平和が訪れていた。

想い出せば、この島この海は、一つとして楽しい思い出はなく、ただ苦しみだけくり返されたところであった。だから、もう一刻も早く、ここの見えない場所に運んでいってくれ、という気持ちがある反面、仲間の遺骸が山や谷に埋もれ、風雨にさらされていると思うと、もう一度隅々まで歩き回ってみたい気持ちもあった。

そうした中で、これから先日本はどうなるのか、またこの沖縄はどうなっていくのかを考えたが、見当もつかなかった。おそらく、自分の生涯の間に、再びこの島を訪れることは出来ないだろうと思ったので、せめて島の輪郭でも目にとどめておこうと、しばらくは阿嘉の山々を見つめた。

やがて、軽いエンジンの響きが始まり、艦が動き出すと、緊張がとけ楽な気持ちになった。（中略）V字に広がっていく波の先にある島々は、傾いた太陽を背にして、藍から紫色に変わり、だんだん薄れながら同じ姿のまま小さくなっていった。──
1、儀同保『ある沖縄戦─慶良間戦記』（前掲）

学校や同期生の消息が気になる

一九四四年十二月末に帰省して以来、学校の様子や同期生の消息は全く分からなかった。しかし、戦後、生存者の話や手記などから概して次のことが分かった。

一九四五年三月二十七日、沖縄一中では最後の卒業式が当日夜八時頃から、金城町（首里）の一中寄宿舎・養秀寮の中庭で催された。式が夜間に行なわれた理由は、三月二十三日以来、南西諸島全域に飛来した米艦載機による爆撃や予想される艦砲射撃を避けるためであった。しかし、実のところ艦砲射撃もすでに始まっていて、式の最中にも至近弾が数発落ちた。

ところで、全国の中学校ではこの年度から修業年限が五年から四年に短縮されたため、五年生（一中五七期）と四年生（同五八期）がこの日、同時に卒業することになった。

このような状況のもと、式は全校生徒の出席も少なく、父母の参加もないまま、配属将校・篠原中尉の司会で慌ただしく進められた。初めに藤野校長の挨拶、続いて島田知事らの来賓祝辞があり、最後に「海ゆかば[1]」が卒業式の歌「仰げば尊し」の代わりに斉唱され、式は短時間で終了した。

式終了後、卒業生と三年生は直ちに鉄血勤皇隊一中隊を編成し、第五砲兵司令部（球九七〇〇部隊）に配属された。

一方、当日式に参加した二年生には連隊区司令部が発した召集令状が配布され、明くる三月二十八日に特設防衛通信隊員として電信三十六連隊に入隊するよう学校から伝達された。しかし二年生も当日の参加者は少なく、欠席した級友への伝達は出向いて口頭で行なう以外方法はなく、困難を極めた。

二十八日、繁多《はんた》川の丘陵中腹の電信第三十六連隊の司令部壕前で、二年生約一二〇人が入隊式を行ない、日本陸軍二等兵の襟章と軍服一式が支給された。入隊式を終えた生徒らは、さっそく四個の無線中隊に分散配属され、間もなく戦闘配置についた。

仕事の内容は、手動式発電機の操作、糧秣の受領、水汲み、飯あげ、伝令、立哨、壕掘りなどが主であった。不慣れで、しかも重労働ではあったが、祖国の勝利を最後まで信じ、皆

級友 73 人が祀られている「一中健児之塔」。那覇市首里

一生懸命頑張った。

だが、入隊して一ヵ月後の四月二十九日の晩、第四中隊に突然悲劇が起きた。隊員が炊事場から食事を運んでいる最中、隊列のど真ん中に米軍の砲弾が落ち、五人が即死、一人が重傷を負ったのである。先ほどまで語り合った級友が一瞬にして犠牲になり、皆茫然自失の状態だった。

以後、戦況は日を追って激しくなり、戦闘どころか、米軍の攻撃を避けるのに精一杯で、とうとう部隊は南部への撤退を余儀なくされ、特設防衛通信隊員は解散に追い込まれた。

悪夢のような戦闘が終わってみると、入隊した級友のうち七三人の尊い生命が失われていた。一緒に机を並べた期間は短かったが、多感な少年時代を共に学んだ楽しい時期もあった。その思い出は一生忘れることはできない。

このようにして、希望と憧れを抱いて入学した中学校は、日米大戦の巻き添えを食い、中途半端で、二年で学業を中断する結果となった。

九死に一生を得た者としては、級友の冥福を祈るとともに、あの悲惨で過酷な戦争の実相を後世に伝えるとともに、恒久の平和を祈るばかりである。

1、「海ゆかば」は、元々放送局のVIP用テーマ曲（例えば総理大臣などが放送で講演する場合などに使用する）であったという。しかし、昭和十八年に文部省などは、それを儀式に用いることを決め、以来「君が代」に次ぐ準国歌として見なされた。戦争末期になると、ラジオで「玉砕」を報道するときのテーマ曲にも使われたので、悲しい思い出のイメージで聴く人も多かったという。（三国一朗『戦中用語集』岩波書店、一九八五年）

集落に戻った住民の生活

山を降りた住民や収容先の慶留間島から戻ってきた阿嘉島の住民は、さっそく住む場所を求めて集落内を見て回った。破壊を免れた家屋もほとんどが修理が必要で、いきなり住めるような状態ではなかった。

しかし、修復はしても、人口の割に住める家屋が絶対数足りなかったので、親戚または知人同士、一軒に三、四家族が同居することになった。

食料は米や、粉乳、缶詰類などが米軍から支給され、十分とはいえないまでも、飢える心配はまずなかった。衣類（米国の慈善団体から送られてきた古着が多かった）も各家庭に配られた。

このように、最低限の衣食住は何とか確保できたので、住民の日常生活も次第に落ち着きを取り戻した。

ところで、環境（とくに衛生）整備が行なわれないうちに人間が住み着いたため、伝染病が流行した。私の家族はマラリアにかかり母、姉、弟が高熱を出した。しかし、援助物資のお陰で多少体力がついたところでの流行だったので、住民に犠牲者はほとんど出なかった。

そうこうするうち、屋嘉比島の銅山で就労していた人たちが、突然大挙して阿嘉島に移動してきた。島の人口は倍増した。言うまでもなく、住まいの確保が緊急の課題になった。しかし、住民の協力でどうにか問題は解決した。

間もなく、米軍の占領行政が施行され、村行政（首長は米軍により任命される）も軍政下に入る。以後、生活必需品や援助物資などは村役場を通して阿嘉島の住民にも支給されるようになった。

十月には、四月以降休校になっていた学校（国民学校＝現在の小学校）の授業が再開された。校庭は、島出身の子供たちや屋嘉比島からきた子供たちで、久し振りに活気を取り戻した。

校舎は、にわか造りの掘っ建て小屋で、しかも全学年には行き渡らなかった。そのため、青空教室での授業が行なわれることもよくあった。それでも子供らは不満をもらさなかった。砲爆撃がないだけでも幸せであり、少々の不便は苦にならなかったようだ。

1、米は南西諸島における日本のすべての行政権および司法権を停止、「最高行政の責任は占領軍司令官の権能に帰属せしめる」という趣旨の「米国海軍軍政府布告第一号」（ニミッツ布告）を交付し、最初に占領行政を慶良間諸島にしいた。（沖縄大百科事典刊行事務局編『沖縄大百科事典』沖縄タイムス社、一九八三年）

元日本兵の阿嘉島慰霊訪問

住民との交流

戦後二七年が過ぎた一九七二（昭和四十七）年三月二十五日、阿嘉島から帰還した元日本兵と戦死者の遺族合わせて約三〇人が那覇空港に降り立った。一行は明くる二十六日阿嘉島で行なわれる「日本軍戦没者慰霊祭」参加のため来島したもので、参加者のほとんどが戦後初めての沖縄訪問だった。そのなかに元戦隊長の野田義彦氏の姿もあった。

那覇空港到着後、一行は泊港に直行し定期船の鹿島丸（一四五トン）で阿嘉島に向け出発した。春先の海上は多少荒れてはいたが、二七年前とは違い米艦載機や艦艇などによる攻撃の心配もなく、船は進路を静かに西へ取った。

泊港を離れて約一時間半後、慶良間内海に入る。感情の高ぶりを押さえきれず、ほとんどの人は船室を飛び出しデッキに上がった。春先の内海も少々荒れていたが、そこには、もはや米軍の艦船や飛行艇の姿などはなく、二七年前の慶良間内海を想起させるものは何一つ見あたらない。

しばらく内海を走ったあと、船は阿嘉島の入江に入った。船上から眺める島は何事もなかったかのように静まりかえっていた。一瞬二七年前のいろいろな出来事が脳裏に浮かび、言葉もなく、ただ涙ぐむばかりであった。

船はゆっくりと小さな船着き場に接岸した。「おそらく、自分の生涯の間に、再びこの島を訪れることは出来ないだろう……」と儀同保氏が記しているように、ほとんどの人が同じ思いだったのではないか。一行にとって、二七年振りの阿嘉島訪問は、まさに夢の中の出来事のように思えたに違いない。

船着き場には、戦時中親交のあった島の人たちの顔が多く見られた。下船すると同時に、抱き合って再会を喜ぶ人、付き合いのあった元兵士の消息を尋ねる人など、狭い船着き場は、いつの間にか幾つもの人の塊ができ、いろいろな会話が飛び交った。

一行は、旅装を解くと、米軍進攻前に分宿していた民家や集落内を見て回った。外見上、集落は復興も進み、全体として落ち着きを取り戻していた。

また、赤瓦屋根の民家や作物が植え付けられた田畑のある風景は、戦前の阿嘉島を彷彿《ほうふつ》させるものがあり懐かしかった。

慰霊祭に参列した野田元戦隊長は、二七年振りの阿嘉島訪問の印象を次のように述べている。[1]

――（前略）沖縄が本土へ復帰する直前の昭和四十七年三月、わたしは戦死した戦友や部下の慰霊祭のため、遺族たちとともに戦後初めて阿嘉島をおとずれた。だが、約四半世紀の歳月は、島の様相を一変していた。

1972年3月26日、焼香する野田元戦隊長（阿嘉小中学校）

艦砲射撃や飛行機による爆撃で木々をふきとばし、山の形がかわるほどの攻撃をうけた島もすでに昔のとおり樹木も茂り、われわれが上陸する以前の姿にもどっていた。われわれが掘った秘匿壕もほとんどがくずれ、かろうじて数か所だけが残っていた。

もっとわたしをおどろかせたのは、当時、われわれとともに玉砕を覚悟で行動をともにした少年義勇隊の子供たちが、すっかり成長していたことである。（中略）「ああ、やはり義勇隊を斬り込みに参加させなくてよかった」とつくづく思ったものである。――

慰霊祭は到着した明くる日（三月二十六日）の午後、小中学校の校庭で、住民も参加して行なわれた。野田元戦隊長の弔辞のあと、参加者全員が焼香を行ない、戦没者の御霊を慰めた。故郷から遠く離れた阿嘉島や慶留間島で眠る兵士も、やっと戦友や家族との再会がかない喜んだことと思う。また、島を訪れた慰霊訪問団の一行も長い間の胸のつかえが取れ、気が楽になったことでしょう。

その日の晩、島の公民館で懇親会が催され、二七年振りに住民と元日本兵や遺族が一堂に会し、戦時中のいろいろな出来事を話題に、夜遅くまで歓談した。

懇親会の様子を元戦隊長の野田さんは次のように述べている。

——この日は、近くの学校でおこなわれた慰霊祭のあと、われわれのほかに二七年前、ともに戦った人たちと合同のささやかな宴がひらかれた。当時われわれの食事の世話を手伝ってくれたオカッパ頭のかわいい女の子も、いまやよき母親となってやってきた。また少年義勇隊のリーダー格だった男の子も顔をみせて合計五、六〇名があつまった。そして、宴は夜のふけるのも忘れてつづいた。

しかし、だれの口からもでることばは、あの阿嘉島および同島とわずかに海をへだてて浮かぶ慶留間島での熾烈な戦闘の思い出であった。艦砲射撃のすさまじかったこと、海をうめつくすほど米艦艇が来襲したこと、戦車の群れが島をとりかこんだこと、食料が不足してひもじかったこと等々、どれもすべてわたしの脳裏に焼きついているものばかりであった。目をつぶりながら彼らのはなしを聞いていると、昨日のことのような錯覚にとらわれた。（後略）——

1972年3月26日、慰霊祭に参加した元兵士や遺族（阿嘉小中学校）

慰霊祭終了後、慰霊訪問団は戦時中立て籠もっていた野田山の陣地跡や特攻艇基地跡を見て回った。山中の壕や特攻艇秘匿壕はほとんどが崩れていたが、形跡はあった。戦後二七年が経っても、当時のことは決して忘れることはできない。壕跡に立った一行は、言葉もなく崩れた壕をじっと見つめたまま、しばらくそこを立ち去ろうとしなかった。

一方、かつて本部の壕があった野田山の山頂から四方を見渡すと、美しい景色が眼下に広がり、眺める人の魂を奪った。目の前の自然に見とれていると、二七年前の戦争が夢のように思えてならなかった。一行は、二泊三日の短い阿嘉島慰霊訪問を終え、二十七日帰途についた。

なお、その後も元日本兵や遺族の阿嘉島への慰霊訪問は毎年のように続いた。一九九四（平成六）年三月には、慶留間島の特攻艇基地跡のアカムティで同島で戦死した基地隊および戦隊の慰霊祭も行なわれる。そ

上、1994 年 3 月 26 日、中村健次郎中尉の遺族（慶留間島アカムテイにて）
下、2005 年 3 月 26 日、戦後 60 年忌慰霊祭（アカムテイの特攻艇秘匿壕前）

こには、当時基地隊の小隊長だった中村健次郎中尉の遺族中村啓三さんらも愛媛県からはるばる参列した。

　また、終戦六〇年の節目に当たる二〇〇五年三月二十六日には、元日本兵や阿嘉島・慶留間島住民も参列して戦隊六〇年忌慰霊祭がしめやかに行なわれた。

　元日本兵や遺族の中には、戦後、島の施設や学校などに多額の浄財や物品などを寄贈した人も多い。一九七二年の慰霊訪問団は、島の公民館にテーブルや椅子を寄贈して島の住民に喜ばれた。儀同保氏は高価な顕微鏡、特攻艇で出撃した帆足孝夫大尉の遺族はこれまでに五〇〇冊以上の図書を島の学校（阿嘉小中学校）に寄贈している。遺族の芳志に応えて同校は一九六九年、「帆足文庫」を校内に設立した。二〇〇九（平成二十一）年三月二十六日に行なわれた寄付贈呈式の模様を、『琉球新報』[2]は二〇〇九年四月十五日付朝刊で「日本兵遺族が最後の寄贈」などの見出しで次のように写真入りで報じている。

――【座間味】沖縄戦で戦死した日本兵の遺族が座間味村立阿嘉小中学校（賀数昌治校長）に創設した「帆足文庫」への寄付贈呈式が三月二十七日、同校で開かれた。同文庫には沖縄戦で戦死した日本兵の帆足孝夫さん（享年二二歳、福岡県出身）の遺族が、約四〇年間寄付を続けてきたが「（八〇代と高齢のため）今回が最後の寄付となるだろう」と話している。賀数校長は「これまでこつこつと寄付をされ、感謝の一言しかない」と敬意を表した。

（前略）帆足さんは阿嘉島に駐屯していた陸軍海上挺身隊第二戦隊の少尉だった。（中略）米軍が阿嘉島に上陸した一九四五年三月二十六日、「マルレ」とよばれる特攻艇で出撃し、戦死した。

同文庫は帆足さんの母親ハヤさんが一九六九年、島の人へのお礼の意をこめて図書を贈った機に創設された。（中略）

式典には、妹の多恵子さんと古賀敦子さんが訪れ「二度と繰り返してはならない。平和な

「平和な世の中に」

日本兵遺族が最後の寄贈

【座間味】沖縄戦で戦死した日本兵の遺族が座間味村立阿嘉小中学校（賀数康治校長）に創設した「帆足文庫」への寄付贈呈式が三月二十七日、同校で開かれた。同文庫には沖縄戦で戦死した日本兵の帆足孝夫さん（享年二十二歳、福岡県出身）の遺族が、約四十年間寄付を続けてきたが「（八十代と高齢のため）今回が最後の寄付となるだろう」と話している。賀数校長は「これまでこつこつと寄付をされ、感謝の一言しかない」と敬意を表した。

贈呈式に出席した帆足孝夫さんの妹の古賀敦子さん（前列左から2人目）と帆足多恵子さん（同3人目）＝阿嘉小中学校

帆足文庫、阿嘉小中に40年

帆足さんは阿嘉島に駐屯していた陸軍海上挺進隊第二戦隊の少尉だった。もともと体育教師をしていたこともあって島の子供をとてもかわいがり、地域の人からも慕われていたという。米軍が阿嘉島に上陸した一九四五年三月二十六日、「マルレ」と呼ばれる特攻艇で出撃し、戦死した。

同文庫は帆足さんの母ハヤさんが一九六六年、島の人へのお礼のを込めて図書を贈ったことを機に創設された。一九七五年、ハヤさんが亡くなった後も帆足さんのきょうだいが遺志を引き継ぎ、本や図書購入費を寄贈した。これまで寄贈した本は五百冊以上にもなる。

式典には、妹の多恵さんと古賀敦子さんが出席。「二度と戦争を繰り返してはならない。平和な世の中にしてほしい」とあいさつした。子供たちから「長い間ありがとうございました」と感謝の言葉が述べられ、二人は涙を流して感激していた。

寄付贈呈式を報じた 2009 年 3 月 26 日付の『琉球新報』

世の中にしてほしい」とあいさつした。子供たちから「長い間ありがとうございました」と感謝の言葉が述べられ、二人は涙を流して感激していた。——

そのほか、多くの元日本兵や遺族が二〇〇一年に催された阿嘉小学校百周年記念行事に多額の浄財を寄付している。

このように、住民と元日本兵や遺族との交流は戦後六七年を過ぎた今日でも続いている。

1、野田義彦「地獄の慶良間に兵たちの雄叫びが絶えたとき」『丸』潮書房（十二月特大号）昭和五十五年十二月一日。

2、「日本兵遺族が最後の寄付」『琉球新報』朝刊、二〇〇九年四月十五日。

交流を通して戦闘の詳細が明らかに

一連の慰霊訪問などを通して、元日本兵と住民の交流は親密になっていった。儀同保氏らのようにほとんど毎年三月二十六日（米軍が阿嘉島に上陸した日）に、阿嘉島を訪れた人もいる。同氏の沖縄訪問はこれまでに約一〇〇回を数えるという。そのほか、各県から遺族や関係者の来訪も相次いだ。

ところで、阿嘉島の戦闘では、島出身の防衛隊や義勇隊も戦闘に参加はしたが、防衛隊の任務は限定的で、また義勇隊の役目も主に弾薬運びなど後方支援に限られていて、一部を除いて防衛隊と義勇隊は米兵と直接戦闘を交えることはなかった。

しかし、守備隊の兵士や戦隊は、当然のことではあるが、戦闘が始まると最前線で直接米軍と対峙し戦闘を交えた。したがって、彼らは島の戦闘の情況を防衛隊や義勇隊よりもより詳しく知る立場にあった。このため、彼らとのこれまでの交流は、阿嘉島の戦史に欠落した部分を埋め、不明な点を明確にするうえでも非常に役だった。

なお、元日本兵の中には、著作物や手記などを世に出している人も多い。なかでも、阿嘉島の戦闘情況を詳細に記してある儀同、深沢両氏の著書は貴重な記録である。

私も、両氏らとの交流の過程で、いろいろな情報や知識を得ることができた。彼らの協力なしには、この書をまとめることはできなかった。

六三年振りのシジヤマの避難所

二〇〇八年七月十日、戦後六三年振りに戦時中阿嘉島の住民が避難していたシジヤマの谷間に行ってみた。同行者は金城忠信、従兄弟の新城幸一（故人）の両氏、それに弟の仁政。

一行は午前九時半、金城氏の車で阿嘉島の集落を出発し、約一〇分後ナカタキのお宮の前の広場に到着した。

シジヤマの谷間に入る前に、場所を確認するため通称タキバルの山頂に登ることにした。現在、そこには展望台が設置され、そこから周りの山々や阿嘉島を取り囲む慶良間の島々が一望できる。この展望台には私自身戦後幾度か訪れているが、そこから眺める内海の眺めは素晴らしいものがある。しかし、この絶景も、私にとっては六三年前の内海を埋め尽くした艦船や飛行艇の姿がオーバーラップして、素直に楽しむことはできなかった。

タキバルの山頂(当時台じょうと呼んだ)でシジヤマの谷間の位置を確認したあと、山頂の裏手にあった日本軍の本部壕、私が配置されていた医務室壕、それに防衛隊の壕などに立ち寄った。雑木林の中は茅などが生い茂り、しかも周辺の地形も変わり、これらの壕を探すのに一苦労した。また、探しだした壕も入口が崩れ落ち、その形跡を僅かばかり留めているだけであった。六三年という年月の重みをまざまざと実感させられた。周辺には、ほかにも多くの壕跡が見つかった。このように戦争の足跡は今なおタキバルの山中に人知れず残っている。

壕群を見て回ったあと、ナカタキのお宮の前で小一時間ほど休憩をとり、その日の目的地であるシジヤマの谷間へ向かった。しかし、そこは道がないばかりか、すすきが密生していて、谷間への進入は困難を極めた。真夏の炎天下のこと、ペットボトルから補給する水量よりも、発汗量が多いように感じられた。

たどり着いた場所は、谷間の中央からやや下った所だった。そこは、高木が谷間から斜面一帯に生い茂っていて、空はまばらにしか見えない。地表は背の高い雑草に覆われているが、見通しは予想していたほど悪くはなかった。ただ、地形が荒れ、倒木がいたる所に横たわり、

手前の木々が茂る一帯がシジヤマ。2008年7月

一帯は雑然としていた。また、当時はなかったせせらぎまで出現し、小さな水溜まりには鹿の足跡もあった。小鳥のさえずる声だけは昔と変わらないが、「戦争の音」は何一つ聞こえない平和で静かなたたずまいを見せていた。六三年前のシジヤマは、そこには、もはや存在しなかった。

すぐ近くに、私の家族が住んでいた掘っ建て小屋跡を見つけた。幸いそこは地形の変化も比較的少なく、場所を確認するのに苦労しなかった。約五ヵ月間家族の厳しい山中の生活を支えてくれた小屋跡に立つと、六三年前のいろいろな事が昨日のように想い出された。また、近くには住民の投降の理由の一つになったとされる、いわく付きの軍の壕跡も残っていた。当時、一部の住民の間では、この壕は住民を監禁・虐殺するために掘ったものだという噂（真偽のほどは定かでは

ない）が流れ、そのため多くの住民が日本軍に不審感を抱き米軍に投降したとされる。

その場所から、谷間を少し下り、日本軍の炊事場跡に出た。炊事場の石垣の跡が一部残っていて、若干当時の面影を残していた。その近くには、住民と軍が共同使用していた水汲場（小さな堰《せき》）も見つかった。土石で埋まってはいたが、石積みの囲いはまだ残っていた。

炊事場跡にしばらく立ち止まっていると、当時そこで目撃したいろいろな出来事が脳裏を去来する。アグの海岸の処刑場へ連行される朝鮮人軍夫へのパイナップルの差し入れ、炊事場の角の茅葺小屋で「お前は先になるだけだ」と上司の将校が処刑前の部下に言葉をかける場面、谷川を隔てて立つ小屋で将棋盤を挟んでふざけあっている将校ら――、いずれも今日昨日のことのように思えてならなかった。

炊事場を後にした一行は、谷間の中央部から上の方に移動することにした。緩やかな両斜面には横穴式の住民の壕跡、谷底に近いやや平坦な場所には人為的に均《なら》された小屋跡らしい場所が幾つも見つかった。そのほか、石がまばらに敷き詰められた人跡路みたいなものが谷間のところどころに伸びていた。

六三年前、米軍が阿嘉島に上陸した当日の夜、多くの住民が恐怖におののいて寄り添った谷間は、今は堆積した土石で埋まり盛り上がっていて、当時の面影とは大部違っていた。一方、日本軍の機関銃が備え付けられていた小高い場所は、雑木が生い茂ってはいたが、その面影はあった。

このように、阿嘉島住民の戦時中の避難生活はこの谷間のいたる所にその痕跡《こんせき》を留めていた。

谷間は緩やかな両斜面に囲まれ、目測で幅は最も広いところで約四〇メートル（尾根間の直線距離）で、狭いところでは約二〇メートル。長さは約一〇〇メートルで、深さは最も深いところで約二〇メートル。四〇〇〇人余の避難民を収容するには決して十分な広さとはいえないが、非常事態をしのぐには、何とか我慢ができる空間ではあった。それに、谷川の水量

上、著者の家族の小屋がたっていたあたり。中、石垣は日本軍の炊事場の跡。下、米軍が上陸した当日、多くの住民が集まった谷間。いずれも2008年7月、撮影

も避難生活に特に支障を来すことはなかった。

なお、米軍上陸直後、多くの阿嘉島の住民がこの谷間をいち早く避難場所として選んだ背景には、戦争前から多くの住民が椎の実狩りをするため、シジヤマ一帯の谷間をよく訪れていて、地形を熟知していたからである。私自身も一度だけ椎の実を採りに来たことがある。

シジヤマの谷間は、米軍上陸後約三～五ヵ月にわたり、多くの阿嘉島住民が米軍の砲爆撃や飢餓に苦しみながら生死を共にした唯一の場所であり、阿嘉島住民にとって忘れてはならない戦争の遺跡である。

年表（沖縄戦〈慶良間諸島を含む〉中心に）

１９４１年（昭和16年）
１月８日　東条英機首相、戦陣訓を示達。
４月１日　小学校を国民学校と改称。
10月18日　東条英機（陸軍大将）内閣設立。
12月８日　日本軍による真珠湾攻撃。米英に宣戦布告、太平洋戦争始まる。日本軍、マレー半島に上陸。
12月10日　日本軍、グアム島を占領。

１９４２年（昭和17年）
１月２日　日本軍、マニラを占領。
６月５日〜７日　ミッドウェー海戦、日本海軍主力空母四隻を失い敗北。
８月７日　米軍、ソロモン諸島のガダルカナル島に上陸（米軍の反攻開始）。
10月24日　ガダルカナルの日本軍（第十七軍）、総攻撃失敗。

１９４３年（昭和18年）
２月１日〜七日　日本軍、ガダルカナル島撤退、戦死餓死者約二万八〇〇〇人。

4月6日　沖縄県立第一中学校入学式（第六〇期生）。
18日　山本五十六連合艦隊司令長官戦死（ブーゲンビル島上空）。
5月29日　アッツ島の日本軍守備隊約二五〇〇人玉砕。
7月11日　東条首相がマニラからの帰途、来沖。

1944年（昭和19年）

2月17日　米機動部隊、トラック島空襲、艦船四三隻沈没、航空機二七〇機焼失。
21日　東条首相が陸相および参謀総長を兼任、軍政両面で独裁体制を確立。
3月22日　南西諸島に第三十二軍（沖縄守備軍）が新設される。
29日　司令官渡辺正夫中将、参謀長北川潔少将着任。
6月15日　米軍、マリアナ諸島のサイパン島に上陸。
7月7日　南西諸島の老若女子・学童の集団疎開決定。
サイパン島の守備隊・住民合わせて四万人が玉砕。
8日　長勇少将、第三十二軍参謀長に任命。
18日　東条内閣総辞職。
8月8日　牛島満中将、第三十二軍司令官に任命。
22日　学童疎開船対馬丸が悪石島付近で米潜水艦により撃沈される。
25日　船舶特別幹部候補生隊第一期卒業式。

9月8日　阿嘉島のカツオ漁船盛興丸と乗組員が軍に徴用される。
　9日　第三十二軍は10月26日までに、海上挺進戦隊三個戦隊（兵員各一〇四人、特攻艇数各一〇〇隻）と海上挺進基地大隊三個大隊（兵員各九〇〇人）を慶良間諸島の座間味島、阿嘉島・慶留間島、渡嘉敷島に配備し、水上特攻作戦に備えた。特攻艇三〇〇隻は南西諸島に配備された全艇数の半数にあたる。
10月3日　米軍、沖縄攻略（アイスバーグ作戦）を決定。
　10日　米機動部隊の艦載機、南西諸島を空襲（10・10空襲）。
　15日　初年兵一一人入隊のため阿嘉島から沖縄本島へ。
11月17日　第三十二軍は第九師団（武部隊）の台湾転出を決定。同師団は12月中旬から翌一月上旬にかけて沖縄から全部隊を撤収した。

1945年（昭和20年）
1月12日　泉守紀沖縄県知事解任。後任に島田叡氏が任命される（大阪府より1月31日に着任）。
　22日　米艦載機による空襲。阿嘉島の軍連絡船撃沈（ハギシ沖）。
2月18日　慶良間諸島に配備されていた海上挺進基地大隊三個大隊の主力（各大隊約七〇〇人）が急遽、沖縄本島へ移動する。これは第九師団の台湾

19日　米軍、硫黄島上陸。
転出にともなう防衛力低下を補強するための措置。

23日　特設水上勤務一〇三中隊（朝鮮人軍夫）が阿嘉島に配置され、戦隊長の指揮下にはいる。

3月8日　防衛召集が実施され、同日、阿嘉・慶留間の両島より四一人、11日に屋嘉比島から四四人の計八五人が阿嘉島の基地隊に配属される。同日、阿嘉島より六人の志願兵が入隊のため沖縄本島へ渡る。

22日　第三十二軍第十一船舶団長大町茂大佐一行一五人が戦隊巡視のため座間味島へ。

23日〜24日　慶良間諸島全域に米艦載機による空襲。大町大佐一行は24日午前4時、二隻のサバニで阿嘉島に到着。

25日　米艦船群、阿嘉島の南西沖に出現、艦砲射撃始まる。午後10時、大町大佐一行、渡嘉敷島へ渡る（宮下少尉艇ほか一隻とサバニ三隻）。

26日　米第七歩兵師団、慶良間諸島に上陸。
米軍が公表した各島の上陸時刻はつぎのとおり。
8：04　阿嘉島
8：25　慶留間島
9：00　座間味島

9：21　外地島
13：41　屋嘉比島
米軍上陸約一時間半前の午前6時24分、八重山の白保飛行場から発進した、同島出身の伊舎堂用久大尉が率いる第八飛行師団所属特別攻撃隊一〇機が、久場島沖に集結する米艦船群に突入する。

後藤オジー夫婦、沖縄戦捕虜第一号に。

シジヤマでの住民の避難所生活始まる。

慶良間諸島に海軍軍政布告第一号（ニミッツ布告）公布。

午後10時、大町大佐らは第三戦隊の特攻艇二隻で渡嘉敷島を離れ沖縄本島へ向かうが、途中大佐艇は前島南方を東進中消息を絶つ。

硫黄島の日本軍守備隊約二万人玉砕。

27日　米軍、渡嘉敷島に上陸（9：11）。

県立第一中学校、五七および五八期生合同卒業式（養秀寮）。

28日　アカムティから四隻の特攻艇出撃する。

県立一中三年生以上は沖縄一中鉄血勤皇隊を編成して入隊。同二年生は電信第三十六連隊（球一八八三〇部隊）に通信兵として入隊。

4月1日　米軍、沖縄本島の読谷、嘉手納方面の海岸に上陸する。

7日　戦艦「大和」沖縄へ出撃、途中徳之島沖で撃沈される。

5月25日　野田戦隊長、島の草木の採取禁止命令を出す。
6月13日　米第一〇軍情報機関は阿嘉島日本軍守備隊に降伏を勧めるため交渉団を組織し、日米会談の開催を呼びかける。
13日～7月2日　三〇〇人の阿嘉島住民が米軍に投降、慶留間島に収容される。
19日　野田戦隊長は米軍交渉団に軍使を派遣し予備交渉を行なう。その結果、一週間以内に日米会談を開くことを日米双方が合意する。
23日　第三十二軍牛島満司令官、長勇参謀長が摩文仁で自決する。現地日本軍の組織的抵抗が終わる。
26日　阿嘉島日本軍守備隊の降伏について、米側交渉団と阿嘉島日本軍守備隊との間で日米会談が開かれる。負傷して米軍の捕虜になり、本島で入院中の第一戦隊長梅沢少佐も担架で来島、同会談に加わった。
27日　野田戦隊長、米軍側の降伏勧告を拒否。
8月15日　正午、「終戦の大詔」を放送（玉音放送）。太平洋戦争終結する。
17日　日本が連合軍に降伏したことを、米軍側から軍使を通じて阿嘉島の日本軍守備隊に正式に伝えられる。
22日　阿嘉島正面海岸にて降伏調印式催される。
23日　阿嘉島の日本軍武装解除。日本軍兵士及び住民は五ヵ月ぶりに山を降りる

24日　渡嘉敷島の日本軍武装解除。
9月7日　南西諸島の日本軍降伏。これより同諸島は米軍の統治下に入る。

参考文献＊Appleman, R. E. et al（1984）『OKINAWA: THE LAST BATTLE』The War in the Pacific-WASHINGTON, DC.: CENTER OF MILITARY HISTORY. UNITED STATES ARMY. ＊上原正稔『沖縄トップシークレット』沖縄タイムス社、一九九五年＊海野福寿・権内卓『恨―朝鮮人軍夫の沖縄戦』河出書房新社、一九八七年＊沖縄県教育委員会『沖縄県史 第一〇巻 各論九 沖縄戦記録二』サン印刷、一九七四年＊大田静男『石垣島事件』南山社、一九九六年＊儀同保『ある沖縄戦―慶良間戦記』日本図書センター、一九九二年＊Crew. T. E.（2007）『COMBAT LOADED』Across the Pacific on the USS Tate:Texas A & M University Press College Station. ＊謝花直美『証言 沖縄「集団自決」―慶良間諸島で何が起きたか』岩波書店、二〇〇八年＊曾野綾子『「集団自決」の真実―沖縄戦・渡嘉敷島』ワック株式会社、二〇〇六年＊曾野綾子『ある神話の背景―沖縄・渡嘉敷島の集団自決』文芸春秋、一九七三年＊中川好延（編者・大和瀬克司）『零対無限大』中島印刷株式会社、二〇〇一年＊秦郁彦『沖縄戦〔集団自決〕の謎と真実』PHP研究所、二〇〇九年＊林博史『沖縄戦 強制された「集団自決」』吉川弘文館、二〇〇九年＊深沢敬次郎『船舶特攻の沖縄戦と捕虜記』元就出版社、二〇〇四年＊Frank B. M.（1970）『Okinawa: touchstone to victory』Ballantine Books Inc.＊外間守善『私の沖縄戦記―前田高地・六十年目の証言』角川学芸出版。二〇〇六年＊防衛庁防衛研修所戦史室『沖縄方面陸軍作戦』朝雲新聞社、一九六八年＊又吉康助『千尋の海』池宮商会、一九八九年＊宮城恒彦『潮だまりの魚たち―沖縄・座間味島の戦世イクサユー』クリエイティブ21、二〇〇四年＊Morison. S. M.（1945）『Victory in the Pacific』History of United States Naval Operations in World WarII-vol. 14. Boston: Little. Brown and Co.＊八原博通『沖縄決戦―高級参謀の手記』読売新聞社、一九七二年＊養秀同窓会『若き血潮ぞ空をそめける―一中学生の戦記』精印堂印刷、二〇一一年＊陸軍船舶特幹第一期生会㋹の戦史（改訂・増補版）編集部『㋹の戦史―陸軍水上特攻の記録』共同精版印刷株式会社、一九七一年

単行本　平成二十五年二月「沖縄・阿嘉島の戦闘」改題　元就出版社刊

NF文庫

昭和20年3月26日
米軍が最初に上陸した島

二〇一九年五月二十四日　第一刷発行

著　者　中村仁勇
発行者　皆川豪志
発行所　株式会社　潮書房光人新社
〒100-8077　東京都千代田区大手町一-七-二
電話／〇三-六二八一-九八九一(代)
印刷・製本　凸版印刷株式会社
定価はカバーに表示してあります
乱丁・落丁のものはお取りかえ致します。本文は中性紙を使用

ISBN978-4-7698-3118-1　C0195
http://www.kojinsha.co.jp

NF文庫

刊行のことば

第二次世界大戦の戦火が熄《や》んで五〇年——その間、小社は夥しい数の戦争の記録を渉猟し、発掘し、常に公正なる立場を貫いて書誌とし、大方の絶讃を博して今日に及ぶが、その源は、散華された世代への熱き思い入れであり、同時に、その記録を誌して平和の礎とし、後世に伝えんとするにある。

小社の出版物は、戦記、伝記、文学、エッセイ、写真集、その他、すでに一、〇〇〇点を越え、加えて戦後五〇年になんなんとするを契機として、「光人社NF（ノンフィクション）文庫」を創刊して、読者諸賢の熱烈要望におこたえする次第である。人生のバイブルとして、心弱きときの活性の糧《かて》として、散華の世代からの感動の肉声に、あなたもぜひ、耳を傾けて下さい。

＊潮書房光人新社が贈る勇気と感動を伝える人生のバイブル＊

NF文庫

海軍フリート物語［黎明編］ 連合艦隊ものしり軍制学
雨倉孝之
日本人にとって、連合艦隊とはどのような存在だったのか――編成、訓練、平時の艦隊の在り方など、艦艇の発達とともに描く。

なぜ日本陸海軍は共に戦えなかったのか
藤井非三四
どうして陸海軍は対立し、対抗意識ばかりが強調されてしまったのか――日本の軍隊の成り立ちから、平易、明解に解き明かす。

フォッケウルフ戦闘機 ドイツ空軍の最強ファイター
鈴木五郎
ドイツ航空技術のトップに登りつめた反骨の名機Fw190の全てとともに異色の航空機会社フォッケウルフ社の苦難の道をたどる。

新人女性自衛官物語 陸上自衛隊に入隊した18歳の奮闘記
シロハト桜
一八歳の〝ちびっこ〟女子が放り込まれた想定外の別世界。タカラヅカも真っ青の男前班長の下、新人自衛官の猛訓練が始まる。

特攻隊長のアルバム B29に体当たりせよ「屠龍」制空隊の記録
白石　良
帝都防衛のために、生命をかけて戦い続けた若者たちの苛烈なる日々――一五〇点の写真と日記で綴る陸軍航空特攻隊員の記録。

戦場における小失敗の研究 勝ち残るための究極の教訓
三野正洋
敗者の側にこそ教訓は多く残っている――日々進化する軍事技術と、それを行使するための作戦が陥った失敗を厳しく分析する。

＊潮書房光人新社が贈る勇気と感動を伝える人生のバイブル＊

NF文庫

大空のサムライ 正・続
坂井三郎

出撃すること二百余回――みごと己れ自身に勝ち抜いた日本のエース・坂井が描き上げた零戦と空戦に青春を賭けた強者の記録。

紫電改の六機 若き撃墜王と列機の生涯
碇 義朗

本土防空の尖兵となって散った若者たちを描いたベストセラー。新鋭機を駆って戦い抜いた三四三空の六人の空の男たちの物語。

連合艦隊の栄光 太平洋海戦史
伊藤正徳

第一級ジャーナリストが晩年八年間の歳月を費やし、残り火の全てを燃焼させて執筆した白眉の〝伊藤戦史〟の掉尾を飾る感動作。

ガダルカナル戦記 全三巻
亀井 宏

太平洋戦争の縮図――ガダルカナル。硬直化した日本軍の風土とその中で死んでいった名もなき兵士たちの声を綴る力作四千枚。

『雪風ハ沈マズ』 強運駆逐艦 栄光の生涯
豊田 穣

直木賞作家が描く迫真の海戦記！ 艦長と乗員が織りなす絶対の信頼と苦難に耐え抜いて勝ち続けた不沈艦の奇蹟の戦いを綴る。

沖縄 日米最後の戦闘
米国陸軍省 編
外間正四郎 訳

悲劇の戦場、90日間の戦いのすべて――米国陸軍省が内外の資料を網羅して築きあげた沖縄戦史の決定版。図版・写真多数収載。